PERGUNTE AO SEU ANJO
*Um Guia Prático para Lidar com os Mensageiros do Céu e
Fortalecer e Enriquecer a sua Vida*

PERGUNTE AO SEU ANJO
Um Guia Prático para Estabelecer o Mensageiro do Céu e
Fornecer a Linguagem a seu Vale

Alma Daniel
Timothy Wyllie
Andrew Ramer

PERGUNTE AO SEU ANJO
Um Guia Prático para Lidar com os Mensageiros do Céu e Fortalecer e Enriquecer a sua Vida

Ilustrado por
YANNI POSNAKOFF

Tradução
PAULO CESAR DE OLIVEIRA

EDITORA PENSAMENTO
São Paulo

Título do original:
Ask Your Angels
A Practical Guide to Working With the Messengers of
Heaven to Empower and Enrich Your Life

Copyright © 1992 by Alma Daniel, Timothy Wyllie e Andrew Ramer.
Publicado mediante acordo com a Ballantine Books, uma divisão da Random House, Inc.

Edição	Ano
7-8-9	97-98-99-00

Direitos de tradução para a língua portuguesa
adquiridos com exclusividade pela
EDITORA PENSAMENTO LTDA.
Rua Dr. Mário Vicente, 374 – 04270-000 – São Paulo, SP – Fone: 272-1399
E-MAIL: pensamento@snet.com.br
http://www.pensamento-cultrix.com.br
que se reserva a propriedade literária desta tradução.

Impresso em nossas oficinas gráficas.

Sumário

Lista de exercícios 7
Agradecimentos 10
Prólogo 12

Parte I

Anjos, anjos em todos os lugares 19
Capítulo 1 – *Anjos velando por nós* 23
Capítulo 2 – *Anjos através dos tempos* 43
Capítulo 3 – *Como encontrar os nossos anjos* 55

Parte II

Como invocar os seus anjos – O processo da GRAÇA 89
Capítulo 4 – *Ligação com a Terra* 95
Capítulo 5 – *Libertação* 112
Capítulo 6 – *Alinhamento* 126
Capítulo 7 – *Conversando* 142
Capítulo 8 – *Divertindo-se (O Oráculo dos Anjos)* 155

Parte III

Em parceria com os anjos 175
Capítulo 9 – *Como sintonizar a conexão angélica* 179

Capítulo 10 – *Escrevendo cartas e sonhando com os anjos* 194
Capítulo 11 – *O trabalho com os anjos para alcançar suas metas* 208
Capítulo 12 – *O trabalho com os anjos na recuperação e na cura* 226
Capítulo 13 – *O trabalho com os anjos em todos os nossos
relacionamentos* 249
Capítulo 14 – *O trabalho com os anjos em grupos* 262

Posfácio 282
Leituras adicionais 287
Sobre os autores 290

Lista de exercícios

Capítulo 4

1. Introdução à ligação com a Terra em seu corpo físico 97
2. Como explorar os seus chakras 103
3. Meditação básica de ligação com a Terra 105

Capítulo 5

4. A lista da lavanderia espiritual – Parte I – Coletando 114
5. A lista da lavanderia espiritual – Parte II – Separando 116
6. Exercício básico de libertação 120

Capítulo 6

7. Audição expandida 129
8. Uma meditação de centralização 131
9. Vocalização para abrir o chakra da garganta 132
10. Uma invocação angelical 134
11. Uma visualização de harmonização de energia 135
12. Abrindo as asas 139

Capítulo 7

13. Abrindo-se para o seu anjo 144
14. Pergunte ao seu anjo 151

7

Capítulo 8

15. Uma maneira rápida de usar o Oráculo dos Anjos 156
16. Fazendo uma leitura com as cartas do seu Oráculo dos Anjos 160

Capítulo 9

17. Ligação avançada com a Terra 180
18. O telefone interior 184
19. A libertação da terra 187
20. A libertação da água 189
21. A libertação do fogo 190

Capítulo 10

22. Cartas para o seu anjo 196
23. Afirmações feitas durante os sonhos 202
24. O elevador de Jacó 206

Capítulo 11

25. Como fazer os sonhos se tornarem realidade 214
26. Libertação e esclarecimento rápidos 216
27. Libertação do ar 219
28. O guarda-chuva angelical 221
29. O aspirador de pó angelical 223

Capítulo 12

30. Sintonização do terceiro olho 235
31. Uma estufa angelical 236
32. Trabalhando com o seu anjo para curar o coração 242

Capítulo 13

33. Como sintonizar os seus anjos de conexão 250
34. Visualização para curar um relacionamento 252

35. Ligando-se à Terra com uma outra pessoa 254
36. Alinhando-se com uma outra pessoa 256
37. Como invocar os anjos para outra pessoa 258

Capítulo 14

38. Visualização grupal para a cura do planeta 268
39. Trabalhando com os seres angelicais superiores 276
40. Uma visão do futuro 278

Agradecimentos

Nenhum livro jamais foi escrito apenas pelo autor ou, neste caso, três autores. Estamos em débito com muitas pessoas cujos nomes talvez não sejam mencionados, em especial com aquelas pessoas que compareceram aos nossos seminários e nos ajudaram a aprimorar as técnicas que apresentamos neste livro. Queremos expressar o nosso sincero apreço a cada um de vocês e a todos os anjos, citados ou não, que contribuíram para a elaboração deste livro.

Dois anjos cujas contribuições certamente merecem ser reconhecidas são Barbara Bowen, que nos proporcionou um inestimável aconselhamento estrutural, e Barbara Shor, que nos ajudou a ver as coisas com clareza e a organizar todo o conteúdo deste livro.

Queremos agradecer também a Jeff Doctoroff, que coordenou a complexa interação entre editor, autores, produção e anjos.

Estamos profundamente gratos a Yanni Posnakoff, pelas alegres e primorosas ilustrações que embelezam este livro, e a Malachi McCormick, pela permissão para usar o desenho do anjo que abre e encerra este livro e que anuncia cada um dos exercícios.

Um agradecimento especial a Mona Brookes, da Monart Schools. Ela estimulou seus alunos a produzirem encantadoras versões de anjos que, lamentavelmente, não pudemos utilizar. Queremos expressar também o nosso profundo reconhecimento a Christopher Castle, a William Giese, a June Atkin Sanders e a todos os outros artistas que nos cederam os seus desenhos.

Muitas pessoas nos proporcionaram o material anedótico utilizado neste livro. Em alguns casos, os nomes e detalhes identificadores foram modificados.

Pela sua contribuição na forma de transmissões angelicais, experiências e conhecimentos que foram generosamente compartilhados conosco, queremos fazer um agradecimento especial a Hilda Brown, Mimi DeMirjian, Lee Ellis, Carolina Ely, Anne Entus, Deborah Hicks, Dorothy Maclean, Mercury, Sara

Michaels-Smith, Monte Morris, Patricia Powell, Joe Rodriguez, Gail San Filippo, Michael Schwager, Paul Selig, Carolyn Short, Solara, David Spangler, Betsy Stang, Elsita Sterling, Felicia Telsey, LiLi Townsend, Martha Wakefield e Paul Waterman.

Queremos também expressar o nosso profundo reconhecimento a Jackie e John Sideli, por terem colocado à nossa disposição o encantador esconderijo que incubou e alimentou uma parte substancial deste livro.

Fomos abençoados com a amizade e a confiança de pessoas que organizaram seminários ou nos ofereceram sua ajuda durante seminários realizados nos Estados Unidos, no Canadá e na Europa: Mary Bohaychuk, Carmel Bouzane, Andy Cox, Cathy Deutsch, Mary Donker, Elana Freeman, Glenn of Trees, Liane Haynes, Carol Horne, Karen Malcolm, Cynthia O'Neal, Ralph Pittman, Ann Seamster, Ellen Sokolow, Emerald Star, Jill Steiner, John Stowe, David Tenerowicz, Ruth Terry, Laura Watts e Mindy Yanish.

Pela orientação na pesquisa a respeito dos anjos queremos agradecer a Abi'l-Khayr, ao rabino Steve Blumberg, ao presbítero Eldon Cooley, a David Gitomer, a Menachem Kallush, a Herman Mills, ao Dr. Abdel-Rahman Osman e aos bibliotecários da seção de religião da Biblioteca Pública do Brooklyn, na Grand Army Plaza.

Muitas outras pessoas nos ajudaram e nos encorajaram ao longo do caminho: Elli Bambridge, Jean Barrett, Teza Bates, Nelson Bloncourt, Judith Borg, Gail Brudny, Ivan Chelnick, Connie Costa, Valerie de Montvallon, Anjani DiBello, P. R. D'Or, Ruth Drayer, Annete e Ed Eckart, Robert Faust, Marilyn Ferguson, John Fletcher Harris, Kamala Hope-Campbell, Cher Jung, Samuel Kirschner, Linda e Rob Leahy, Frederic Lehrman, Susan Lorette, Susan Meadowcroft, Steve Milkis, Rita Maloney, Michael Morrison, Rosie Murray, Tom Patrick, Maryanne Quinones, Richard Ramer, Lilith Rochas, Prudence See, Joan Sexton, Don Shewey, Peter Sonnenberg, Marty Spiegel, Anya Sprinkle, Starheart, Ruth Strassberg, Linda Tellington-Jones, Simon Vinkenoog, Teddy Vitchell, Jeff Wadlington, Ingrid Wagner, Anne Walsh, Bill Walsh, Robert Windslow, Ora Yemini e as "Mulheres no Poder" – vocês sabem de quem se trata.

Pela dádiva da vida e por sua confiança e carinhoso apoio, agradecemos às nossas mães Rita Sachs, Gerry Shields e Diana Wyllie.

Por fim, este livro não estaria em suas mãos se não fosse pela idéia de um livro que pudesse ensinar as pessoas a conversar com os seus anjos. Por sua firme determinação de moldar este livro e, acima de tudo, por acreditar que três pessoas e quatro anjos poderiam escrevê-lo, o nosso sincero agradecimento a Cheryl Woodruff, nossa editora.

Prólogo

Você está conduzindo um veículo por uma estrada interestadual no grande deserto do sudoeste dos Estados Unidos. É noite. Na confluência dos feixes de luz de seus faróis você vê um grande aro metálico de pneu caindo de um caminhão que está trinta metros à sua frente. Ele quica uma vez e desloca-se rapidamente na direção do seu pára-brisa. A trinta centímetros de distância, ele simplesmente desaparece.

Isso aconteceu com Carolina.

Você está viajando numa perua com um amigo sentado ao seu lado. É tarde da noite. Vocês estão dirigindo há muitas horas e o cansaço já tomou conta dos dois. A neve parou de cair mas a estrada ainda está escorregadia por causa do gelo. Subitamente, enquanto os dois observam tudo paralisados pelo terror, um caminhão de dezoito rodas, à frente de vocês, dobra-se ao meio. Depois, tudo parece estar acontecendo em câmara lenta. Você, seu companheiro de viagem e a perua cheia de bagagens são arremessados por cima de duas faixas de tráfego no sentido oposto. Vocês caem do outro lado da rodovia e tocam o chão com tanta suavidade que o veículo não sofre nenhum dano e ninguém fica ferido.

Isso aconteceu com Sara e sua amiga.

Joe nunca pôde explicar o que tinha acontecido, embora tivesse repassado mentalmente todos os acontecimentos. Alguma coisa em tudo aquilo o fazia sentir-se pouco à vontade, como se tivesse sido injustificadamente privilegiado. Ser salvo por um capricho do destino.

Isto aconteceu no Vietnã. Joe estava trabalhando no depósito de munições de um acampamento quando um morteiro inimigo conseguiu um impacto direto. A granada destruiu o depósito. Morreram 186 homens – mas Joe saiu ileso.

Três exemplos reais de acontecimentos misteriosos – incidentes que desafiam qualquer explicação lógica e racional. Embora a nossa cultura nos levasse a acreditar que os anjos não existem, Carolina, Sara e Joe sabem que sua existência é real. Os anjos salvaram suas vidas.

Os anjos não intervêm apenas em situações nas quais alguém está correndo risco de vida. Eles estão ao nosso lado o tempo todo. Polly viu um anjo em sua cozinha, numa tarde ensolarada em que estava assando biscoitos para os filhos, e Ben costuma conversar com anjos desde 1957, quando sua avó lhe falou pela primeira vez a respeito deles.

É possível que, quando criança, você estivesse em contato com os seus amigos invisíveis; como você deixou de acreditar neles, porém, eles aprenderam a ficar em silêncio e foram esquecidos. Quase todas as pessoas passaram por algum acontecimento misterioso e inexplicado. A sua história talvez não seja tão dramática quanto os três primeiros exemplos que apresentamos ou, possivelmente, você talvez nem acredite que tem alguma história para contar. Todavia, os anjos se manifestam na nossa vida de diferentes maneiras. Se este livro já lhe chegou às mãos, os anjos já entraram em contato com você. Este é o início da sua história.

O que você vai encontrar neste livro

Existem muitos livros a respeito de encontros entre pessoas e anjos. Existem também diversos livros sobre referências a anjos nas artes e na literatura. Este livro é diferente de todos os outros. Ele vai ensiná-lo a conversar com os seus anjos. O método simples que você vai usar, dividido em cinco estágios, é chamado de Processo da GRAÇA.

Pergunte ao seu Anjo é um guia para a construção de um novo tipo de relacionamento com os seus companheiros celestes – aquele que existe entre os melhores amigos. A elaboração deste livro é parte do grande redespertar para os anjos, atualmente em curso. Qualquer que tenha sido a sua opinião a respeito deles, a aplicação das lições que você vai aprender aqui colocará ao seu alcance uma nova maneira de se relacionar com esses mensageiros abençoados.

Na Parte I nós vamos compartilhar um pouco da história dos encontros entre anjos e seres humanos. Depois disso, vamos descrever a evolução do modo como as pessoas têm percebido a presença dos anjos e sua influência sobre a Mente Universal. Para que você tenha uma idéia de como isto nos aconteceu, nós lhe contaremos de que modo encontramos os nossos próprios anjos. Esperamos que as nossas histórias pessoais preparem o caminho para que você também entre em contato com os seus companheiros espirituais.

Qualquer pessoa pode conversar com as entidades celestiais – os três autores deste livro vêm fazendo isto há anos. Além disso, com a contribuição direta de nossos companheiros, temos ensinado inúmeras pessoas a fazer o mesmo. Com base em todas essas experiências, desenvolvemos o Processo da GRAÇA, o qual vai orientá-lo na Parte II deste livro. Se abordar com sincera honestidade os exercícios e meditações que lhe oferecemos, você fará um contato pleno e prazeroso com os seus anjos da guarda.

Existem muitos métodos diferentes de divinação, tais como o tarô, as runas e o *I Ching*. Neste livro, nós iremos compartilhar um novo método com você: o Oráculo Angelical. Sua utilização é uma maneira agradável de entrar em contato com uma grande variedade de anjos e, além disso, irá ajudá-lo a ter acesso ao seu próprio conhecimento intuitivo.

Depois que tiver desenvolvido um novo tipo de relacionamento com os seus companheiros celestes, perspectivas inteiramente novas irão surgir. Na Parte III você começa a atuar em parceria com os seus anjos, tendo em vista a sua transformação pessoal e a transformação do planeta. Você vai aprender a se sintonizar com os seus relacionamentos e a associar-se aos anjos para atingir as suas metas. Nós lhe mostraremos como trazer as entidades celestiais para todos os seus relacionamentos, sonhos, curas e recuperações. Nossos anjos encerram este livro com suas inspiradoras visões a respeito do modo pelo qual poderemos dançar com eles no século XXI.

Quem ou o que são os anjos?

Os anjos são seres inteligentes, com capacidade de sentimento – ainda que de um tipo diferente – e que existem numa freqüência vibracional ligeiramente mais elevada do que aquela com a qual os nossos sentidos físicos estão sintonizados. Isto significa que, embora normalmente não consigamos percebê-los com os nossos olhos e ouvidos, eles conseguem perceber a nossa presença. As nossas realidades se interpenetram – sendo que a realidade deles engloba e envolve a nossa.

A palavra *anjo* é um nome genérico para um grupo de seres tomados coletivamente – cidadãos do "espaço interior" – cujas responsabilidades incluem a organização harmoniosa do universo habitado. Algumas pessoas acreditam que os anjos são os pensamentos de Deus, enquanto outros afirmam que eles foram criados pelo Divino Espírito Maternal. Uma parcela relativamente pequena desta vasta multidão está diretamente envolvida com a humanidade e com o nosso planeta. Entre esses estão os nossos companheiros mais íntimos – os nossos anjos da guarda – e também os milhões de anjos que cuidam da nossa realidade planetária. Nossas pesquisas comprovaram sem sombra de dúvida a existência de anjos que velam por praticamente todos os aspectos da atividade humana.

Nós, por exemplo, recebemos um anjo para nos ajudar na criação e na redação deste livro. É difícil imaginar o que teria acontecido sem a habilidosa atuação de Abigrael. Este é realmente o seu nome, o que nos coloca diante da primeira singularidade com que nos deparamos quando nos comunicamos com um anjo. Os anjos não têm sexo. Dois de nós, por exemplo, viam Abigrael como um ser feminino; para o terceiro, porém, ele era indiscutivelmente do sexo masculino. Os anjos são andróginos. Além de suas características individuais, eles apresentam tanto atributos masculinos como femininos.

Isto deixa bem claro um fato extremamente importante que se deve ter em mente durante a leitura deste livro: não existe uma forma correta de se perceber os anjos. Eles vêm até a nossa presença em seus próprios termos, aparecendo diante de nós de maneiras altamente pessoais, que variam de indivíduo para indivíduo. Eles estão aqui para nos ajudar a elevar a nossa compreensão amorosa e se ligam a nós no nível mais elevado em que conseguimos operar.

O contato e o diálogo com o seu anjo é repleto de ternura, amor e admiração pela descoberta de um amigo – o qual sempre conhecemos mas nunca vimos. Conversar com os anjos é um relacionamento inteiramente natural, embora ao longo dos séculos isso tenha sido prejudicado pela idéia de que, se você não pode ver ou tocar em alguma coisa, então ela não é real.

Agora, porém, numa época em que, mais do que em qualquer outra, precisamos de ajuda, os anjos estão uma vez mais se apresentando. Curiosamente, eles nos dizem que estão recebendo instruções para entrar em contato conosco por causa da reorganização dentro de seus próprios domínios. Da mesma forma como estamos nos preparando para as enormes modificações que nos aguardam, os anjos estão nos dizendo que eles também estão evoluindo. Assim como em cima, assim também embaixo.

Sua presença mais próxima é profundamente encorajadora – a mão amiga pela qual tantos de nós têm estado rezando. *Os anjos estão aqui.* Eles estão conosco, quer acreditemos neles ou não. O universo opera com base na necessidade do conhecimento; quando fazemos uma pergunta, recebemos a resposta. Quando conversamos com os nossos anjos, estendemos e expandimos a nossa capacidade de crescimento e transformação – e chegamos mais perto do nosso destino.

Como atuam os anjos?

Parte da resposta está na própria palavra *anjo*, derivada do grego *angelos*, que significa mensageiro. Os anjos são mensageiros do nosso Criador. Eles contêm dentro de si os padrões básicos da criação, os quais se manifestam no nosso mundo tridimensional. Eles são ao mesmo tempo os mensageiros e a mensagem.

Os anjos atuam sobre as nossas almas, juntamente com a Mente Universal, para nos fazer lembrar da verdade, da beleza e da bondade que existem em todas as coisas e, assim, ajudar-nos a elevar o nosso espírito e a nossa capacidade de visão. Quando invocamos os nossos anjos para nos ajudar a realizar tarefas elevadas ou corriqueiras, podemos ter a certeza de que tudo irá se desenrolar de acordo com a Vontade Superior, e não apenas segundo a nossa vontade. Através deste ato de cooperação, deixamos de nos sentir isolados. Começamos a compreender que realmente não estamos sós e desamparados e que podemos contar com a ajuda e a orientação das entidades celestiais que estão à nossa volta.

Além disso, começamos a nos abrir para um estado de gratidão em que os milagres podem ocorrer.

Como fazer uso deste livro

Da mesma maneira como você deixou de falar como bebê e passou a usar palavras e, depois, frases, aprender a falar com os seus anjos é um processo gradual. Ele se expande e se aprofunda à medida que as linhas de comunicação se ampliam e você vai adquirindo mais confiança.

Para auferir o máximo de benefício deste livro, sugerimos que você grave antecipadamente os exercícios e meditações. Ouvir as instruções faladas com a sua própria voz cria uma sensação de segurança que irá aumentar significativamente o potencial do contato com os anjos.

Um caderno de notas ou um diário é também um companheiro fundamental nesta aventura. Todos os três autores deste livro descobriram como é importante deixar registrado aquilo que ouvimos e dizemos, especialmente para futuras consultas.

A capacidade de ouvir e de falar a verdade é uma importante aliada no seu relacionamento com os seus anjos. Embora isto possa constituir um verdadeiro desafio, o diálogo é sempre agradável e, freqüentemente, muito divertido.

O entusiasmo também é importante, da mesma forma que a gratidão.

À medida que você reconhecer e expressar quaisquer opiniões que possa ter, maior será a sua facilidade para se abrir para a realidade dos anjos. Embora seja muito divertido conversar com os seus anjos, não se trata de um jogo de salão como a tábua Ouija ou uma outra maneira de prever o futuro. Conversar com os anjos é muito mais do que isso. O desenvolvimento de uma relação com os anjos parte do pressuposto de que você é um estudioso da vida e de que as metas que você estabeleceu para si mesmo visam o bem geral e não apenas o seu próprio benefício.

Novas maneiras de atuar nos novos tempos

Nossos anjos deixaram claro que queriam três pessoas diferentes para colaborar na delicada tarefa de escrever este livro. Esta exigência teve por objetivo demonstrar a proficiência de uma obra feita com a ajuda angelical e, também, assegurar que nenhum ponto de vista individual prevalecesse. Existem muitas maneiras de conversar com os anjos, e a busca de sua amizade não está limitada a nenhum sistema de crenças. A ligação com os anjos é o próximo passo na nossa evolução como uma espécie constituída por seres dotados de consciência. De fato, conforme Abigrael nos disse, este é também o passo seguinte no processo de evolução angelical. Assim, o intercâmbio é feito em ambos os sentidos, como em qualquer bom relacionamento.

O valor da intuição

A intuição é baseada em sentimentos sutis. Ela pode atrofiar-se quando você atribui importância excessiva à mente racional e às questões materiais. Quantas vezes você já teve um palpite e resolveu rejeitá-lo, apenas para descobrir, posteriormente, que se tivesse seguido sua intuição os resultados teriam sido muito melhores.

Todos nós temos essa capacidade intuitiva, e este livro coloca ao seu alcance uma poderosa maneira de sintonizar-se com a Fonte dessa sabedoria interior. Quando invocamos os nossos anjos nós nos abrimos para um nível de sabedoria e compreensão a que raramente temos acesso na consciência comum. O Ego nos limita àquilo que *eu* sei, que *eu* penso e que *eu* faço. O contato com as vozes angelicais demonstra que não precisamos seguir em frente sozinhos – e que podemos ter acesso a uma base mais ampla de conhecimento. Quando nos libertamos dos conceitos de que nós e apenas nós temos de saber, pensar ou fazer, e deixamos para trás as limitações provocadas por esses pontos de vista, aí então podemos ter acesso ao inestimável manancial de informações e de orientação que está à nossa disposição através da Mente Universal.

Invocar é...

Invocar é um estender de mãos, uma atitude receptiva da nossa parte. Quando nos mostramos receptivos, nós nos tornamos preparados para receber. Isto nos faz transcender as restrições e limitações imediatas desta vida e nos revela as maravilhas da vida que existem ao nosso redor.

Invocar não significa pedir e nem tampouco nos apoderarmos de alguma coisa. Invocar significa permanecer receptivos, sem formar opiniões ou formular críticas, enquanto os fragmentos de informação vão se acumulando. Invocar significa simplesmente aceitar o que quer que apareça e ter confiança de que, no momento certo e para o bem de todos, o entendimento correto chegará à nossa consciência.

A verdadeira invocação não tem sua origem no medo ou na agressão; ela surge a partir do profundo desejo de conhecer e da disposição para ouvir e receber. Estar com os seus anjos não significa sentar-se num quarto escuro com uma música estranha, uma bola de cristal e velas bruxuleantes. Significa, simplesmente, uma conversa. Todos nós temos a capacidade de andar por uma rua e ter uma conversa com os nossos anjos, não como um sintoma de esquizofrenia, mas como parte do que significa ser uma pessoa integral e sadia, uma pessoa eminentemente sã. Conversar com os anjos é a coisa mais natural do mundo. Qualquer um pode fazer isso. Ademais, é uma coisa que lhe faz bem. É bom para a sua alma, bom para o seu corpo e bom para todas as pessoas com as quais você entra em contato.

Esteja certo de que, quando invocar os seus anjos, você vai receber uma resposta.

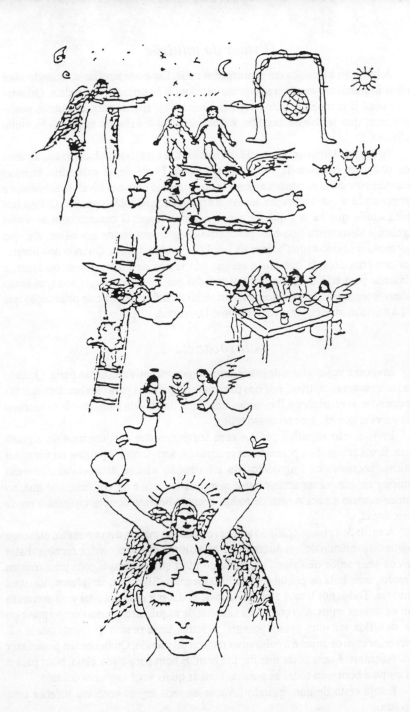

Parte I

Anjos, anjos em todos os lugares

Você está prestes a embarcar numa aventura com os anjos e o seu passaporte é um coração aberto. Sugerimos que você faça essa viagem como se fosse uma diversão.

Visto que o terreno não é físico, você não precisa de um mapa; como qualquer bom explorador, entretanto, ser-lhe-á útil saber onde foram os seus precursores e o que eles descobriram por lá. Cada um de seus encontros esclarece um aspecto adicional do território. Conhecer alguma coisa a respeito deles lhe proporcionará um contexto para os seus próprios encontros.

No Capítulo 1 você terá um resumo do modo como os anjos têm sido vistos através dos séculos, bem como informações a respeito da hierarquia e das ordens angélicas. Você vai saber por que as técnicas para nos comunicarmos com eles não são mais um conhecimento oculto, como já foram no passado. Como são os anjos? Qual o seu sexo? Qual a diferença entre um anjo e um espírito da natureza? Nós lhe damos as respostas a essas perguntas, junto com uma descrição resumida dos dez anjos principais – algumas das mais conhecidas entidades celestiais do mundo ocidental.

No Capítulo 2 narramos a história dos encontros angelicais e de sua influência através da história – desde o tempo da Bíblia até a Segunda Guerra Mundial.

Por fim, para inserir toda essa questão na nossa vida contemporânea, no Capítulo 3 nós lhe contamos como cada um de nós, os autores deste livro, encontramos os nossos próprios anjos. Nós não somos personagens históricos – somos tão reais quanto você. Da mesma forma como isso aconteceu conosco, também pode acontecer com você.

Faça uma boa viagem!

1

Anjos velando por nós

Os anjos sempre velaram por nós, em todas as épocas e culturas. Desde que surgimos, no obscuro e distante passado, tem havido registro e representações de uma outra categoria de seres que compartilha este mundo conosco. Através de pictogramas e pinturas, de poesias e de histórias infantis, nossos ancestrais tentaram nos transmitir o que sabiam a respeito desses seres.

Nos últimos séculos, passamos a acreditar que alguma coisa é real somente quando podemos enxergá-la através de um microscópio ou telescópio. Todavia, nenhum telescópio jamais será suficientemente poderoso para observar os domínios angelicais. Isto, no entanto, em nada afeta os anjos. Só porque na nossa época nós geralmente não reconhecemos a sua presença entre nós, isto não significa que eles deixem de existir!

Tudo está mudando, porém, como veremos num breve resumo do modo como os anjos têm sido vistos através dos séculos. À medida que a nossa espécie amadurece e cada um de nós, individualmente, desperta para as surpreendentes dimensões do nosso verdadeiro ser, o acesso aos anjos torna-se cada vez mais fácil.

Para todos nós, durante todo o tempo, e não apenas para algumas pessoas especiais, em ocasiões também especiais.

Conceitos tradicionais a respeito dos anjos

Qual é a primeira coisa que lhe vem à cabeça quando você pensa em anjos? Jacó e a sua escada; o anjo que impediu Abraão de matar seu filho Isaac; os anjos que estavam com Daniel, na cova do leão; Gabriel, comunicando a Maria as surpreendentes novidades acerca de sua iminente gravidez; ou, seis séculos depois, o mesmo arcanjo aparecendo para Maomé numa jornada para o céu numa noite cheia de estrelas. Estes são apenas alguns dos seres dos reinos angelicais.

Todas as três principais religiões ocidentais – o Cristianismo, o Judaísmo e o Islamismo – bem como virtualmente todos os outros sistemas de crenças incluem as entidades celestiais em suas cosmologias. Toda as suas escrituras apresentam referências a intervenções angelicais.

Os anjos, assim como as pessoas, pertencem a famílias ou clãs. Embora lhes tenham sido atribuídos muitos nomes, na opinião de diversos estudiosos da questão os anjos mais conhecidos podem ser classificados em três categorias ou esferas, começando por aqueles que estão mais próximos de Deus e, descendo, até os que estão ligados ao mundo físico.

Informações sobre as esferas angelicais

Todos os entendidos estão de acordo quanto à existência de muitas categorias de seres celestiais que fazem a ponte entre os reinos espiritual e físico. As opiniões divergem quanto ao número de categorias existentes, aos nomes que recebem e às funções de cada uma. O sistema de classificação mais comum no Ocidente deriva de um livro publicado no século VI, supostamente escrito por Dionísio, o Areopagita, discípulo de São Paulo. Nele são descritas três categorias ou esferas de anjos, com três ordens cada uma.

A própria palavra *anjo* é usada tanto de forma genérica, para designar todos os seres celestiais como, de forma específica, para nos referirmos aos membros da terceira esfera, aquela que está mais próxima do mundo físico. Da mesma maneira, a palavra *arcanjo* freqüentemente é usada como um termo genérico para designar todas as ordens mais elevadas de seres celestiais, embora eles, na verdade, pertençam a apenas uma ordem.

Ordens de seres angelicais

A Primeira Esfera – anjos que atuam como conselheiros celestiais:
1. Serafins
2. Querubins
3. Tronos

A Segunda Esfera – anjos que atuam como governantes celestiais:
4. Dominações
5. Virtudes
6. Potestades

A Terceira Esfera – anjos que atuam como mensageiros celestiais:
7. Principados
8. Arcanjos
9. Anjos

Os números indicam as respectivas ilustrações.

Como este não é de modo algum o único sistema de classificação na longa história da observação dos anjos, nós pedimos ao nosso coordenador angelical, Abigrael, que o explicasse e simplificasse.

Anjos

ABIGRAEL: Os anjos com os quais você está mais familiarizado são aqueles da última ordem. São eles os anjos que estão mais próximos da humanidade e mais preocupados com as questões humanas. Dentro da categoria dos anjos existem muitas subdivisões diferentes, cada uma com sua função específica. Você irá encontrar informações sobre eles mais adiante neste livro. Aqueles que você conhece melhor, e que constituem o principal objeto deste livro, são os anjos da guarda. Em virtude das modificações em suas funções e na sua consciência, é útil encarar os seres celestiais como anjos da guarda. Quando você e o planeta penetrarem numa época de mais luz e amor, eles não precisarão mais protegê-lo e poderão guiá-lo para um estágio de maior consciência.

Arcanjos

Acima dos anjos estão os seres que costumamos chamar de arcanjos. Todavia, sugerimos que você os chame de anjos superluminosos, já que eles cuidam de diversos aspectos da existência humana. Esses seres pertencem a uma família diferente daquela dos anjos. Existem muitos tipos diferentes de anjos superluminosos nessa grande família. Os quatro mais conhecidos são Gabriel, Miguel, Rafael e Uriel.

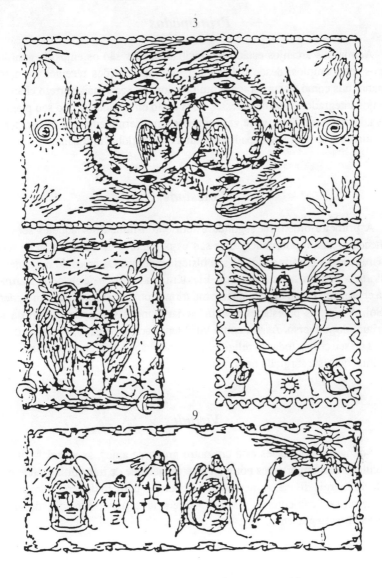

Principados

Acima dos arcanjos estão os principados. Eles são os anjos da guarda de grupos mais amplos, desde cidades e países até criações recentes do esforço humano, tais como as corporações multinacionais. Seria mais correto chamá-los de anjos integradores. Muitos desses seres estão envolvidos com o seu planeta e, mais adiante, neste livro, você vai conhecer um determinado anjo integrador que transporta em seu coração o padrão de uma ordem global unificada.

Potestades

A primeira ordem na segunda esfera é constituída por aqueles seres que conhecemos como potestades. Eles são os portadores da consciência de toda a humanidade, os encarregados da sua história coletiva. Os anjos do nascimento e da morte pertencem a essa categoria. Eles têm a capacidade de absorver e armazenar a energia do plano divino, da mesma forma como as árvores captam a energia do Sol. Assim, as potestades podem enviar a todos vocês uma visão da rede espiritual do universo. Assim como você tem coração, fígado, rins e os demais órgãos do seu corpo, todas as religiões do mundo são os diferentes órgãos do corpo espiritual que está surgindo neste planeta.

Virtudes

Acima das potestades está um outro grupo de anjos, as virtudes. Eles são particularmente importantes porque têm a capacidade de transmitir grande quantidade de energia divina. À medida que aumenta o número de seres humanos que aprenderam a lidar com as virtudes, haverá uma maior captação de energia espiritual no seu planeta.

Dominações

As dominações são os seres celestes que governam as atividades de todos os grupos angelicais situados abaixo deles. Burocratas divinos, eles também atuam como elementos de integração entre os mundos material e espiritual. Embora suas ordens venham de Cima e raramente entrem em contato com as pessoas, eles ainda estão ligados à realidade de vocês.

Tronos

A primeira ordem da terceira esfera é constituída pelos tronos. Eles são os anjos da guarda do planeta. Neste momento da sua história, é importante para vocês terem consciência de que existe um determinado trono, o Anjo da Terra, que é o guardião do nosso mundo. Posteriormente vocês irão conhecê-lo.

Querubins

Acima dos tronos estão os querubins. Eles são os guardiões da luz e das estrelas. Embora estejam longe do plano da sua realidade, a luz dos querubins ainda afeta a vida dos seres humanos, uma luz divina que provém do Céu e é filtrada através deles.

Serafins

A ordem mais elevada da esfera mais alta é constituída pelos serafins, os seres celestiais que supostamente ficam ao redor do trono de Deus, cantando a música das esferas e regulando o movimento dos Céus à medida que ele emana de Deus.

Segundo Abigrael, quatro ordens das hostes celestiais são particularmente importantes para nós: os anjos, os arcanjos, os principados e os tronos. Você poderá obter mais detalhes sobre isto no Capítulo 14.

Embora pareça que existe um escalão superior e outro inferior, seria mais correto visualizar todas essas ordens num grande círculo em que os níveis hierárquicos superiores e inferiores se tocam. Os serafins, por exemplo, que parecem estar perto do Criador, também servem ao nosso Deus interior.

O conhecimento secreto através dos séculos

Os anjos interferem na nossa vida de diversas maneiras. Algumas pessoas têm encontros diretos, pessoalmente ou através de visões e sonhos. Outras já sentiram sua presença cintilante ou já os ouviram falando ou cantando. Outras, ainda, já tiveram contatos com eles na forma de musas que estimularam sua criatividade. Por fim, existem algumas poucas que dedicaram sua vida ao estudo dos anjos, a partir de uma perspectiva exclusivamente teológica ou filosófica.

Além dos relatos sobre anjos existentes nas escrituras hebraicas, no Novo Testamento e no Corão, cada uma dessas religiões tradicionais tem uma vasta literatura "secreta" a respeito dos seres celestiais e de como fazer contato com eles.

Este livro utiliza um método de encontro com os anjos derivado daquele usado tradicionalmente no mundo ocidental – exceto por uma grande diferença. No passado, os métodos usados para estabelecer contato com os anjos eram mantidos rigorosamente secretos. Somente certos iniciados de seitas espiritualistas, aqueles que eram mais velhos e mais abastados e, geralmente, homens, podiam aprender as técnicas de meditação e de alteração da consciência necessárias para que a pessoa se tornasse receptiva aos nossos companheiros invisíveis. A maior parte desse conhecimento só poderia ser transmitida verbalmente, do mestre para o discípulo. Em épocas mais supersticiosas, esta era uma boa razão para que as informações fossem tratadas com cuidado e as anotações escritas em linguagem codificada ou tornadas deliberadamente incompreensíveis para os não-iniciados.

O fim da era dos segredos

Agora, no entanto, estamos vivendo numa outra época histórica. As tradições secretas atualmente estão sendo compartilhadas em todo o planeta. Estamos perto de presenciar uma fase de profundas mudanças no nosso planeta. Por um lado, estamos diante de um desastre de proporções planetárias; por outro, existe o potencial necessário para a ocorrência da mais gloriosa transformação espiritual por que a nossa espécie já passou. Parece que estamos mais desequilibrados do que nunca. Todavia, também estamos mais unidos, em termos planetários, mais receptivos, mais cuidadosos e mais evoluídos. Nesta época de aceleração pessoal e planetária, as antigas regras e padrões estão sendo descartados. O contato com os anjos, que antes requeria anos de estudo e meditação, agora está ao alcance de todos os que o buscam porque os anjos, mais do que em qualquer outra época, nos últimos milhares de anos, estão mais perto de nós e mais inclinados a interagir conosco no nível consciente.

Com base no interesse suscitado por seminários e conferências ministrados pelos três autores deste livro, fica claro que os anjos atualmente estão interferindo na vida de um número cada vez maior de pessoas e transmitindo a mesma mensagem – é hora de mudar, de crescer e de curar a nossa vida e a do nosso querido planeta. E os anjos não estão fazendo contato apenas com pessoas especiais ou de forma secreta. Eles estão fazendo isso aberta e jubilosamente, trazendo-nos bom humor e boas notícias.

Os anjos e os espíritos da natureza

Depois que tiver se tornado receptivo para os anjos – e, em alguns casos, até mesmo antes – você poderá entrar em contato com os seus primos, os *espíritos da natureza*. Os espíritos da natureza fazem parte de uma ordem angelical própria, mas existem num comprimento de onda diferente daquele dos nossos companheiros espirituais.

Dependendo da cultura, os espíritos da natureza têm sido chamados de *devas*, elfos, fadas, ondinas, silfos, salamandras, faunos, duendes e gnomos. Eles são os padrões diretores que superintendem todos os seres que vivem e crescem, as plantações e os jardins, as florestas e os lagos, os peixes, as aves e os animais em geral. Vemos sua obra em configurações tais como bandos de aves, cardumes de peixes e nas singulares e delicadas nervuras de uma folha.

Os espíritos da natureza co-participam da criação e sustentam o ambiente físico – o que, aliás, fazem independentemente das atividades humanas. Em Findhorn, Escócia, e em Perelandra, no Estado de Virgínia, dois locais onde são feitas maravilhas em matéria de horticultura, podemos ver e apreciar por nós mesmos o enorme benefício mútuo resultante de um trabalho de equipe desenvolvido conscientemente entre os seres humanos e os espíritos da natureza. As pessoas que trabalham com a terra, qualquer que seja o seu nível de sensibilidade, sempre tiveram algum tipo de suspeita relacionada com a existência desse domínio invisível. Quer tenhamos ou não consciência disto, entramos em contato com os espíritos da natureza sempre que cuidamos das nossas plantas, cedemos ao impulso de abraçar uma árvore, de passear num jardim ou de comer alguma coisa que plantamos.

O nosso corpo humano também tem espíritos naturais ou *devas*, como os denominamos. Os *devas* do nosso corpo são os princípios organizadores que coordenam a enorme quantidade de informações que fluem constantemente através do corpo físico. Eles são os equivalentes espirituais das miríades de células, organismos e microorganismos que concordaram em cooperar para o funcionamento de órgãos como os nossos rins, fígado, pulmões, coração e pâncreas.

Dentre todos os seres angelicais, os espíritos da natureza são aqueles que estão mais próximos da nossa realidade humana. Os espíritos da natureza merecem o nosso respeito porque foram eles que agüentaram as conseqüências da maioria de nossas loucuras ambientais – e, apesar disso, continuam de bom grado a nos servir. É importante que nos tornemos receptivos a eles, porque os espíritos da natureza têm muitas informações que são de importância vital nesta nossa época de transformação planetária.

A natureza dos anjos

Os anjos não têm um temperamento humano, embora nós continuemos a projetar nossas características sobre eles. Eles vêem e interpretam as coisas a partir de uma perspectiva muito diferente da nossa. Embora tenhamos muita coisa em comum com eles, especialmente em relação às nossas metas mais elevadas, são justamente as diferenças que existem entre nós que propiciam os diálogos mais fascinantes.

Pode-se encontrar todo tipo de informação contraditória nos conhecimentos populares a respeito dos anjos. Alguns acreditam que eles são imortais, enquanto outros afirmam que eles são criados apenas para uma determinada época e função. As pessoas discutiam até altas horas da noite sobre questões como estas: Quando os anjos foram criados? Eles são dotados de livre-arbítrio? São criaturas constituídas exclusivamente de mente e espírito ou têm algum tipo de corpo físico? As pessoas podem se transformar em anjos ou eles pertencem a uma categoria inteiramente distinta? Ocupam uma posição mais elevada que a dos seres humanos, na cadeia evolutiva, e, portanto, são potencialmente nossos professores? Não seria mais correto considerá-los nossos servos espirituais?

E, por fim, aquela antiga questão: eles são realmente criaturas que existem num universo exterior ao nosso? Os anjos poderiam ser aspectos de nossas almas? Quem sabe eles não seriam reflexos de nosso futuro eu interior em direção ao qual estamos evoluindo?

Todas estas idéias conflitantes têm sido sustentadas por diversos eruditos e exploradores espirituais ao longo dos últimos três mil anos. Todavia, nenhum encontro com um anjo é igual a outro e, conforme temos salientado, não existe uma única maneira correta de estabelecer contato com eles.

Embora eles estejam vindo até nós de um modo novo e diferente, e estabelecendo contato conosco com mais facilidade do que em qualquer outra época, é ao mesmo tempo útil e instrutivo conhecer algo a respeito de como os nossos predecessores viam os anjos. Ao ler alguns dos relatos, lembre-se de que quase tudo o que foi escrito sobre os anjos revela-nos mais um aspecto da sua realidade fluida e, certamente, encerra uma grande verdade. Ao mostrar a você que cada encontro é diferente dos outros, esperamos facilitar o seu embarque na nossa singular e agradável aventura.

Como são os anjos?

Assim como não existe uma maneira correta de entrar em contato com os anjos, também não existe uma maneira correta de vê-los. Eles se apresentam sob inúmeras formas de acordo com a pessoa. À medida que formos descrevendo algumas de suas aparições através dos séculos e nos inteirarmos do modo como eles preferiram se apresentar aos nossos ancestrais, você vai começar a compreender sua admirável fluidez.

Como somos por demais dependentes das informações fornecidas pelos nossos cinco sentidos, pedimos a Sargolais, o anjo da guarda de Andrew, que nos contasse como seria um anjo, se pudéssemos vê-lo.

SARGOLAIS: Esta é uma pergunta difícil de responder. Os físicos estão enfrentando o mesmo problema para descrever o elétron. Trata-se de uma partícula ou de uma onda? Ele está num só lugar, num determinado instante, ou em diversos lugares? O mesmo acontece com os anjos.

Nossos corpos estão em diversos lugares ao mesmo tempo. Assim, como se poderia desenhar um anjo ou tirar uma fotografia sua? Não se pode fazer isso. Embora possamos modificar-nos o suficiente para dar a impressão de que estamos em apenas um lugar, num dado instante, nós o fazemos por vocês.

Se os seus sentidos sutis estivessem desenvolvidos, como estarão no futuro, vocês poderiam começar a ver-nos como radiantes seres de luz. Esta luz não é igual à luz emitida pelo Sol, pelo fogo ou por uma lâmpada incandescente. Trata-se de uma luz muito mais sutil e penetrante.

Portanto, vocês nos veriam com essa aparência mas também nos veriam em muitos lugares diferentes ao mesmo tempo. Seria algo semelhante a segurar muitos *slides* de uma mesma pessoa sob uma luz brilhante, para que se pudesse ver todos eles ao mesmo tempo. Em meio a essa sobreposição de corpos, você veria um complexo padrão de fibras, como uma filigrana ou, mais precisamente, como os meridianos – as fibras de fluxo de energia – do sistema acupuntural de nossos corpos. Algumas dessas fibras seriam vistas dentro de nossos corpos, mas muitas delas se estenderiam para fora, de forma intemporal e sem ocupar lugar no espaço, para todas as partes do universo. São essas fibras que alguns de vocês pensaram que eram asas, embora tenha sido a nossa luz que levou outros de vocês a nos verem como seres dotados de auréolas.

Existem muitos tipos diferentes de anjos. Aos olhos de vocês, muitos de nós seriam vistos como esferas multidimensionais, ao passo que outros pareceriam feixes, espirais ou cones de luz, com tamanho variando desde um ponto até o de uma galáxia. Ainda que o nosso tamanho seja distorcido pelos órgãos de percepção de vocês, ele está de certa forma relacionado com a nossa função e natureza. Assim, aqueles dentre nós que vocês chamariam de "seres superiores" irão parecer maiores aos seus olhos.

Transformações entre os anjos

Para os estudiosos dos anjos, tornou-se claro que ultimamente vêm ocorrendo profundas mudanças nos domínios de nossos companheiros celestes. Nós pedimos a Abigrael que nos fornecesse algumas informações internas sobre a questão.

ABIGRAEL: O que está sendo reorganizado é o relacionamento de determinados anjos que lidam com o seu mundo. Isso está sendo feito porque as mudanças sofridas pelo inconsciente coletivo da humanidade estão permitindo que nos aproximemos mais de vocês agora do que em qualquer outra época.

Fui encarregado de lhes informar, para este livro, em que pé as coisas estão atualmente. Parte do que ocorreu no passado foi registrado incorretamente, gravado incorretamente ou deliberadamente distorcido para se adequar aos sistemas de crenças humanos em diferentes momentos de sua história.

Por exemplo: quatro arcanjos principais superluminosos estão envolvidos com a vida humana na Terra. Quando vocês pensaram que a Terra era o centro do universo, esses quatro pareciam estar no Céu e serem muito importantes. Isso não é verdade. Existem milhões de arcanjos. Esses quatro, todavia, são muito importantes na Terra. Antes, quando vocês eram menos receptivos, havia necessidade de um maior número deles para fazer com que as informações chegassem até vocês. Agora que vocês evoluíram, porém, há necessidade de um número menor de arcanjos!

Atualmente, são relevantes para a Terra os arcanjos Gabriel, Miguel, Rafael e Uriel. Mais adiante, neste livro, eu vou lhes fornecer informações atualizadas a respeito do modo como eles atuam em seu favor. Isto não é o mesmo que as informações que você obteve a partir do passado; eles não estão mais atuando exatamente da mesma maneira. Miguel, por exemplo, era sempre visto portando uma espada e eliminando o mal. Agora que estão dominando a dualidade, Miguel não precisa mais fazer isso. Suas funções se modificaram e ele é agora o guardião da Paz.

Um outro exemplo: embora Gabriel sempre tenha sido visto como o Anjo da Revelação, agora que vocês se aproximaram de nós, a natureza da revelação se modifica. Como vocês estão mais receptivos, de outras maneiras, não é mais preciso que as coisas lhes sejam reveladas. Assim, Gabriel está assumindo outras funções e se transformando simplesmente no Anjo do Relacionamento.

Ainda que isto, à primeira vista, não lhes pareça evidente, vocês estão vivendo em maior harmonia com o universo. É por isso que este livro pôde surgir agora; no passado, adquirir a mesma capacidade de estabelecer relações com os anjos poderia exigir vinte anos de prática.

Eu me congratulo com vocês pela sua evolução como espécie senciente – ainda que isto não possa ser demonstrado visualmente.

Lúcifer: um estudo da luz e das trevas

Nenhum estudo sobre os nossos companheiros celestiais seria completo sem que fosse abordada a questão dos anjos "decaídos". Embora existam opiniões divergentes quanto ao que aconteceu exatamente no passado que pudesse ter levado os anjos a perder a inocência, é indiscutível a persistência com que esta idéia se apresenta na maioria dos sistemas de crença do planeta. O cristianismo e o judaísmo têm o seu Satanás e o seu Lúcifer e, dependendo da seita, diversos anjos decaídos. O islamismo tem o seu Eblis ou Shaytan, como algumas vezes é chamado, o qual é o equivalente de Satanás.

Mesmo na nossa época, filmes como *The Omen*, *O Bebê de Rosemary* e *The Seventh Sign* provocam horror porque levantam a possibilidade de que possamos ser influenciados, de alguma maneira, pelos mensageiros universais do mal.

Segundo os nossos informantes angelicais, porém, isso, felizmente, não acontece.

Lúcifer, segundo uma tradição, era um dos sete grandes arcanjos do nosso sistema solar, servindo como guardião do planeta Vênus. Deus procurou entre os seus principais anjos, voluntários que se dispusessem a ir à Terra para robustecer a resolução espiritual da humanidade, oferecendo-lhe constantemente uma tentação. Lúcifer apresentou-se como voluntário. A despeito de suas boas intenções, ao longo dos séculos, Lúcifer foi sendo lentamente identificado em nossa consciência como um demônio e não como um aspecto de Deus que se dedica ao nosso crescimento, ao nos ajudar a fortalecer nossos músculos espirituais. "O diabo me levou a fazer isto" é uma tentadora desculpa para quase qualquer coisa, e isso nos induziu a descrever Lúcifer como a causa de tudo o que consideramos "maléfico" no universo.

Uma das tarefas celestiais de Lúcifer, cujo nome significa "provedor da luz", "portador da luz", consiste em ensinar-nos a necessidade do lado escuro da vida. Lúcifer é a sombra que, por contraste, revela a luz. Sob muitos aspectos, não podemos enxergar a verdadeira luz sem que tenhamos tido uma primeira experiência com a escuridão. Nós tendemos a não dar valor às coisas até que as perdemos e depois as reconquistamos com o nosso próprio esforço. A parábola do filho pródigo diz respeito a este aspecto da natureza humana.

Essa interdependência entre luz e trevas, entre alegria e tristeza, entre o bem e o mal, e entre todos os opostos no nosso sistema dualista de realidade nos permite compreender que, num contexto mais amplo, Cristo e Lúcifer, embora não sejam exatamente complementares, constituem partes de um mesmo todo integral.

Muitos cristãos contemporâneos têm começado a abandonar o conceito de que o diabo realmente existe, reconhecendo uma vez mais que há uma só força onipotente no universo. O "mal", como escreveu o poeta e filósofo William Blake, "é apenas a privação do bem, e quando a alma escapa dessa ilusão do mal, Lúcifer reassume a sua condição original de um dos grandes arcanjos de Deus".

O fim da ilusão

É certo que, lentamente, estamos todos deixando de lado essa ilusão do mal. Fazer isso significa acreditar firmemente no conceito de Deus como o Todo-Poderoso, como o Princípio Vital definitivo, do qual tudo o mais emana. Naturalmente, a ilusão do medo e do ódio ainda dominam nossas cidades e, algumas vezes, se prestarmos demasiada atenção à mídia, podem convencer-nos de que isso tudo tem algum grau de realidade objetiva.

Todavia, este não é exatamente o desafio com que estamos nos defrontando – chegar a um acordo mais satisfatório com o lado sombrio da nossa própria natureza? Quando aprendemos a liberar e, finalmente, a nos livrar de um comportamento negativo ou autodestrutivo, nós também deixamos de projetar a nossa própria negatividade sobre um demônio imaginário, ou anjos decaídos ou sobre as outras pessoas. Quando alcançamos este ponto, não temos mais a necessidade de nos apegarmos à ilusão do mal.

Ao reconciliar essas características aparentemente opostas, nós também demonstramos possuir aquelas qualidades que os anjos tanto reverenciam em nós. Além disso, também podemos livrar os assim chamados anjos decaídos da negatividade que projetamos sobre eles ao longo de todos esses milênios. Ao fazer isso, podemos permitir que eles voltem a cumprir as funções para as quais originalmente foram criados.

Alguns anjos famosos

Todos os três autores deste livro têm contado com a sorte de ter a presença dos anjos em suas vidas. Como não tínhamos abordado a questão a partir de uma perspectiva histórica ou acadêmica antes de começar a fazer as pesquisas para este livro, só conseguimos fazer uma idéia da enorme quantidade de material disponível sobre os anjos depois que começamos a fazer essas pesquisas. Praticamente todas as sociedades que estudamos – e não apenas nas culturas judaica, cristã e islâmica – demonstraram uma crença profundamente arraigada nos anjos da guarda ou em espíritos companheiros de um ou outro tipo.

Nas religiões monoteístas ocidentais, os anjos têm sido usados para ajudar a distinguir os bons dos maus, os espíritos benevolentes dos demônios malevolentes. Nas culturas politeístas, as tarefas que os anjos realizam para nós são executadas pelos próprios deuses. As funções se confundem. Nas grandes religiões orientais e na maioria das culturas xamânicas, por exemplo, existe um grande número de seres que são invocados para cuidar das questões da vida cotidiana – colheitas, tempo, fertilidade e outras questões importantes. Raramente, porém, eles são vistos como guardiães pessoais. Esses seres lidam com questões e não com indivíduos. Na Índia, por exemplo, as *pitarah* são divindades domésticas, de certa forma semelhantes aos espíritos guardiães, que protegem a casa contra doenças, contra a fome, a seca e outras catástrofes. Entre os *pueblos* do sudoeste dos Estados Unidos, o *kachina* é um espírito-guia benévolo; para o aborígine australiano, um *wajima* assemelha-se mais ao espírito de um ancestral.

Todos esses seres, de uma ou de outra forma, são angelicais. O próprio fato de os anjos poderem se manifestar de diferentes maneiras, em diferentes épocas e lugares, surgindo em culturas que muitas vezes estão em guerra umas com as outras, sugere que eles são seres dotados de paciência, persistência e de um afiado senso de ridículo.

Uma seleção celestial dos dez mais

A influência e a presença dos anjos mais conhecidos no Ocidente – Gabriel, Miguel, Rafael, Uriel e alguns dos outros que estão incluídos em nossa lista dos Dez Mais – estendem-se através dos séculos, afetando sensivelmente o processo humano. Curiosamente, às vezes o mesmo anjo – Samuel, por exemplo – tem sido considerado como uma força do bem, numa determinada época, e um demônio, em outra. Em geral, porém, nossas relações com os anjos têm sido caracterizadas pelo bom humor, pela exploração mística, pela aventura e por um nível assombroso, quase atordoante, de amor incondicional.

Vamos seguir em frente, portanto, e nos encontrar com a nossa seleção dos anjos mais conhecidos do Ocidente. Antes de cada encontro você talvez queira repetir algumas vezes o nome do anjo, lentamente e com os olhos fechados. Depois, quando estiver lendo, comece a respirar mais fundo e reduza conscientemente o ritmo da respiração. Reserve algum tempo simplesmente para observar como você está se sentindo à medida que for conhecendo cada um desses seres e tornando-se receptivo a um possível contato com eles.

Miguel, cujo nome é uma pergunta – "Quem é semelhante a Deus?"–, é com certeza o mais conhecido dos arcanjos superluminosos. Miguel é reconhecido por todas as três tradições sagradas ocidentais. Acredita-se que ele tenha aparecido a Moisés como o fogo da sarça ardente e que tenha resgatado Daniel e seus amigos do covil dos leões. Para os cristãos, ele é o anjo que comunicou a Maria a proximidade de sua morte. Segundo o folclore islâmico, suas asas eram "verde-esmeralda e cobertas com pêlos cor de açafrão, cada um dos quais contendo um milhão de faces e bocas, e o mesmo número de línguas que, num milhão de dialetos, imploravam o perdão de Alá". O Corão também descreve a comovedora imagem de um querubim sendo formada a partir das lágrimas de Miguel.

Nos pergaminhos do Mar Morto, Miguel é retratado como o Príncipe da Luz, empenhado em travar uma guerra contra os Filhos das Trevas, na qual lidera uma batalha angelical contra as legiões de Belial, um anjo decaído. Mais recentemente, em 1950, o papa Pio XII proclamou Miguel o padroeiro de todos os policiais.

Gabriel, cujo nome significa "Deus é a minha força", parece ser o nosso mais freqüente visitante dos domínios superiores. Ele causou assombro a Maria e a sua prima Isabel, mãe de João Batista, com seus pronunciamentos sobre o nascimento de seus respectivos filhos. Para os seguidores do Islã, Gabriel é o espírito da verdade, que ditou o Corão a Maomé. Segundo as lendas judaicas, foi Gabriel quem separou as águas do Mar Vermelho para que os hebreus pudessem escapar dos soldados do faraó.

De acordo com um depoimento prestado a um tribunal da época, foi Gabriel que apareceu para Joana d'Arc e inspirou-a a ir em socorro do delfim. O evidente interesse de Gabriel por este nosso planeta deve-se muito provavelmente às suas funções como despertador celestial, o anjo da transformação vibracional.

Metatron, segundo os místicos judeus, veio a integrar as fileiras dos anjos de hierarquia mais elevada apesar de não ser mencionado na Bíblia. O significado do seu nome nunca foi explicado satisfatoriamente, embora uma interpretação seja a de "aquele que ocupa o trono vizinho ao trono divino". Ele também poderia ter surgido a partir do latim *metator*, guia ou medidor.

Segundo diversas fontes, Metatron teria sido o profeta Enoch, que foi levado para o Céu e transformado no anjo do fogo, com 36 pares de asas, para continuar seus dias como escriba celestial. Metatron também tem sido identificado com o Anjo Libertador e com aquele que lutou com Jacó; com o anjo que segurou a mão de Abraão, impedindo-o de sacrificar seu filho Isaac; e com aquele que liderou os hebreus durante os quarenta anos passados no deserto. Em determinadas escolas de misticismo, Metatron – que se dizia ter a estatura mais alta dentre todos os seres celestiais – ficou conhecido como YHWH. Em hebraico, as letras *YHWH* representam o sagrado e impronunciável nome de Deus.

Assim como Deus tinha muitos nomes, pensava-se que Metatron também os tivesse, e acreditava-se que o uso desses nomes proporcionava proteção e acesso aos poderes desse grande anjo. Yahoel, Yofiel, Surya e Lad são apenas alguns desses nomes.

Uriel significa "Fogo de Deus", e é classificado como serafim, querubim, regente do Sol, chama de Deus, governante do Hades e, em seu papel mais conhecido, como o Arcanjo da Salvação. Da mesma forma que Metatron, Uriel é considerado um dos anjos da Presença, um posto de enorme distinção porque apenas os anjos de hierarquia mais elevada podem ficar na presença de Deus.

Acredita-se que Uriel tenha sido o "espírito que se postou, com a espada de fogo, na entrada do Éden perdido". Enoch conta-nos que Uriel foi enviado por Deus para avisar Noé da iminente inundação, e em alguma outra parte está escrito que ele revelou os mistérios celestiais a Ezra e também guiou Abraão para fora de Ur, na Caldéia.

Há quem tenha afirmado que a divina arte da alquimia foi trazida à Terra por Uriel, e que foi também este anjo que ofereceu a Cabala – a tradição mística judaica – à humanidade. John Milton descreve Uriel como "o espírito com a visão mais aguçada de todo o Céu". O anjo também se fez presente para repreender severamente Moisés por esquecer-se de providenciar a circuncisão de seu filho Gershom. Isso é que é visão aguçada!

Moroni é o anjo dos mórmons. Embora pareça haver uma escassez de anjos nativos dos Estados Unidos, Moroni apareceu para Joseph Smith em 1823, no norte do Estado de Nova York, e levou-o a descobrir, enterradas, placas de ouro com uma inscrição em caracteres minúsculos. Traduzido por Smith, mais uma vez com a ajuda de Moroni, esse texto transformou-se no *O Livro de Mórmon,* o qual nos diz que, por volta de 600 a.C., antes da destruição de Jerusalém, uma família judia fugiu da cidade e conseguiu chegar de navio ao que hoje é a América do Norte. Seus descendentes formaram duas nações – a dos ancestrais dos índios norte-americanos e outra que desapareceu. Todavia, os registros mantidos por um dos últimos anciãos desse povo perdido diz que Jesus apareceu para eles depois de Sua morte na cruz. O nome do ancião era Mórmon e foi seu filho Moroni que, por volta de 400 d.C., enterrou as placas que seu pai havia conservado. Segundo esta história, Moroni está na mesma condição de Enoch e de Elias, que foram transformados em anjos, e segue a tradição de Gabriel por ser o doador angelical de um livro de revelação.

Há uma estátua de Moroni, com 12 metros de altura, no alto de uma colina próximo de Palmyra, Nova York, onde Smith descobriu as placas enterradas. O anjo é representado tal como apareceu para Smith, sem asas e com uma longa túnica. Smith, que viria a fundar a Igreja de Jesus Cristo dos Santos dos Últimos Dias, descreveu Moroni como um "ser de luz com o rosto de um relâmpago".

Melquisedeque, o Sábio de Salém, é um dos poucos casos conhecidos de um anjo de elevada posição que assume a forma de um corpo humano. Segundo o *Livro de Urantia,* ele apareceu completamente desenvolvido, cerca de dois mil anos antes de Cristo, anunciando ser o servo de El Elyon, o Supremo. Depois disso, ele fundou uma instituição de ensino que dirigiu pessoalmente durante 94 anos.

Foi Melquisedeque quem entregou o pacto de Deus a Abraão e introduziu o revolucionário conceito de salvação através da pura fé. Ele criou um programa extraordinariamente vasto de proselitismo, baseado em Salém, onde estava situada a antiga Jerusalém, e enviou milhares de missionários para todo o planeta.

Chamado de Sydik na mitologia fenícia, acreditava-se que Melquisedeque fosse o pai dos sete Elohim – que são Anjos da Presença Divina. No século III d.C., um grupo de "hereges" que se denominavam melquisedecanos afirmou estar em contato com "um grande poder chamado Melquisedeque, que era maior do que Cristo". Diz-se que sua passagem pela Terra, como o Sábio de Salém, foi um esforço organizado, por parte dos seres celestiais, para levar alguma luz a uma época sombria e conturbada, e preparou o terreno para a vinda de Cristo.

Ariel significa "Leão de Deus". Todavia, não está bem claro de que lado Ariel está. Ele é um dos sete príncipes que governam as águas e é também conhecido como o Grande Senhor da Terra. Para o poeta John Milton, no entanto, Ariel é um anjo rebelde derrotado pelo serafim Abdiel no primeiro dia da grande guerra do Céu.

Os místicos judeus usaram Ariel como uma designação poética de Jerusalém. Na tradição gnóstica, Ariel é o anjo que controla os demônios. Ariel também tem sido associado à ordem angélica dos tronos, e sabe-se que ajudou o arcanjo Rafael na cura de doenças.

John Dee, mago, ocultista e astrólogo da corte de Elisabete I, considerava Ariel uma mistura de Anael e de Uriel, o que o coloca na categoria dos arcanjos superluminosos!

Ariel aparece em *A Tempestade,* de William Shakespeare, o que poderia muito bem explicar por que Percy Bysshe Shelley, o poeta do século XIX, gostava de referir-se a si mesmo como o anjo Ariel.

Israel, cujo nome no folclore árabe significa "O Queimado", é ao mesmo tempo um anjo da ressurreição e do canto. Israel preparou o terreno para Gabriel ao servir durante três anos como anjo da guarda de Maomé, que teria sido encaminhado por ele para o papel de profeta.

Na versão islâmica da parte do Gênesis que narra a criação de Adão, Alá envia Israel, Gabriel, Miguel e Azrael – o Anjo da Morte – com a missão de buscar os sete punhados de terra necessários para fazer o progenitor da humanidade. Segundo a lenda, apenas Azrael obteve sucesso.

Edgar Allan Poe, autor de poesias e contos de mistérios e de terror, fez uma nota de rodapé, num poema, com uma referência críptica ao "anjo Israel, cujas cordas da alma eram um alaúde, e que tem a voz mais doce dentre todas as criaturas de Deus". Em outra passagem, Israel é descrito como um anjo de quatro asas, "cujos pés estão sob a Sétima Terra e a cabeça alcança os pilares do trono de Deus".

Raziel, cujo nome significa "Segredo de Deus", é um "anjo das regiões secretas e Chefe dos Supremos Mistérios". Há uma lenda de que Raziel é o autor de um grande livro "onde está contido todo o conhecimento celestial e terreno". Quando o anjo deu esse livro a Adão, alguns anjos invejosos o roubaram e o jogaram no mar. Depois de ter sido recuperado por Rahab, anjo/demônio primordial das profundezas, o livro chegou às mãos de Enoch, que aparentemente reivindicou sua autoria, e depois a Noé, que nele aprendeu como construir a sua arca. Acreditava-se que Salomão também tenha possuído esse livro, o qual teria tornado possível os seus extraordinários conhecimentos mágicos e seu controle sobre os demônios.

O Zohar, a principal obra do misticismo judaico, afirma que no livro de Raziel há um trecho codificado "explicando as 1.500 chaves [para os mistérios do mundo], as quais não foram reveladas nem mesmo aos anjos". Outros místicos judeus afirmam que "do alto do Monte Horeb, o anjo Raziel proclama todos os dias os segredos dos homens a toda a humanidade".

Embora não soubéssemos disto quando começamos a escrever este livro, Abigrael, o nosso anjo registrador, disse-nos posteriormente que Raziel é o seu chefe.

Rafael é talvez o mais estimado de todos os anjos e aquele representado com mais freqüência na arte ocidental. Sua imagem pode ser encontrada em obras de mestres como Botticelli, Ticiano e Rembrandt. Seu nome significa "Deus Tem Curado". Ele não apenas parece ser o sublime arcanjo encarregado de curar a Terra mas também, segundo o Zohar, "a Terra proporciona uma morada para o homem, e Rafael também cura suas doenças".

De fato, a carreira de Rafael parece estar repleta de missões médicas. Ele curou a dor da circuncisão de Abraão, pois o ancião não fora submetido ao ritual quando criança. Rafael, em seguida, foi enviado por Deus para curar a coxa de Jacó, depois que este foi espancado por Samuel. Afirma-se também que Rafael deu a Noé um valioso "livro de medicina", depois da inundação.

Segundo uma lenda, quando Salomão rezou a Deus, pedindo ajuda para a construção do templo de Jerusalém, Rafael entregou-lhe pessoalmente um anel mágico que possuía o poder de vencer todos os demônios. Foi com esse trabalho escravo que o rei hebreu completou a construção do templo.

Rafael também tem sido chamado de "guia do inferno", local onde, afinal de contas, a cura se faz mais necessária.

Os seus favoritos

Agora que você já conheceu os dez anjos mais importantes, é provável que tenha descoberto que alguns dos seus favoritos não foram incluídos na nossa lista. Talvez este seja aquele anjo que tem o sonoro nome de Sandalfão, no qual Elias teria se transformado depois de morrer; ou talvez Belzebu, caso você tenha uma predileção pelas trevas; ou Zofiel; ou Zadkiel. Conforme nos lembra Abigrael, existem inúmeros anjos. Dentre todos eles, o mais importante para você será o seu anjo da guarda. Todavia, quando você vier a conhecer melhor os anjos, e a amizade e a confiança entre vocês se tornarem mais profundas, você talvez deseje pedir a eles que o ponham em contato com um desses sublimes príncipes angelicais.

De acordo com a nossa experiência, uma solicitação sincera do estabelecimento de contato com um membro da família celeste não será ignorada. Peça e você será atendido.

2

Anjos através dos tempos

Como ondas quebrando-se através da história, a presença dos anjos na nossa vida tem avançado e se aprofundado através dos encontros celestiais de homens e mulheres corajosos e da lenta e paciente construção de conhecimentos que eles foram capazes de conservar e transmitir às gerações posteriores.

Abigrael nos diz que atualmente estamos diante da terceira grande onda de anjos. A primeira foi nos tempos bíblicos, quando eles apareciam apenas ocasionalmente para profetas ou patriarcas. A segunda ocorreu durante o período medieval, e eles apareceram principalmente para santos e videntes. A terceira onda começou a formar-se nos séculos XVIII e XIX. É agora, nesta terceira onda, que os anjos estão entrando em contato com cada um de nós. Eles estão visitando poetas, artistas e, cada vez com maior freqüência, pessoas de todas as condições sociais. Estão presentes em romances populares, em filmes e como estrelas de *shows* que fazem muito sucesso na televisão. Através de todo o planeta, as pessoas estão recebendo esta mensagem: os anjos estão prontos para entrar na vida de todos nós. E isso tudo é possível graças a uma evolução de consciência duramente conquistada.

Os anjos velam por nós – sendo esta, com certeza, uma de suas funções. No entanto, eles também desvendam os nossos mistérios para nós mesmos, expandindo gradualmente a maneira como vemos o mundo para incluir nela um universo muito amplo, tanto no plano interior como no exterior. Eles ajudam-nos a perceber que não estamos sozinhos e à deriva num universo grande e vazio, e que não somos simples agrupamentos aleatórios de moléculas, sem poesia, razão ou propósito.

Somos todos parte dessa crescente onda de conhecimento, e a história desta onda é parte da nossa herança espiritual global. Ela não pertence aos membros de nenhuma religião, raça, credo ou sexo, sendo antes um patrimônio de toda a humanidade.

Os anjos no mundo antigo: a primeira onda

A base do conhecimento dos ocidentais a respeito dos anjos é o Velho Testamento, que está repleto de histórias a respeito de anjos. O patriarca hebreu Abraão e sua família tiveram numerosos encontros com anjos. Eles apareceram para Hagar, a mãe de seu primeiro filho, Ismael. Três anjos anônimos apareceram para Abraão e sua esposa Sara para lhes dizer que iam ter um filho. Embora o casal tivesse mais de 90 anos na época, nove meses depois nasceu-lhes Isaac. Posteriormente, quando Deus mandou Abraão sacrificar-Lhe Isaac como prova de sua fé, foi outro anjo que, no último instante, deteve-lhe a mão. Através de toda a história os anjos têm interferido na vida humana como portadores de milagres.

Histórias do Velho Testamento

Sara e o neto de Abraão, Jacó, também receberam diversas visitas de anjos. Eles freqüentemente apareciam a Jacó em seus sonhos. Num desses sonhos, ele viu uma escada que chegava até o Céu e pela qual os anjos subiam e desciam. Jacó construiu um altar no local onde teve o sonho. Uma outra noite, estando só e acordado, um anjo de Deus apareceu e travou com ele uma luta corpo a corpo. Os dois lutaram a noite inteira e Jacó ficou ferido na coxa. Pela manhã, tendo Jacó se mantido firme, o anjo o abençoou. Todos nós vez por outra não tivemos de lutar com a nossa natureza espiritual e, depois, nos sentimos felizes por termos passado por aquilo que, no momento, nos parecia tão difícil de suportar?

Os anjos acompanharam os hebreus enquanto eles vagaram pelo deserto depois do Êxodo do Egito. E os anjos também apareceram para muitos dos antigos profetas. Dois desses encontros mais profundos ocorreram com os profetas Ezequiel e Daniel, que viveram quase mil anos depois da época de Jacó.

Ezequiel tinha sido deportado, junto com a classe dominante de seu povo, quando o rei da Babilônia conquistou o reino de Judá. Vivendo uma das horas mais negras de seu povo, suas palavras eram cheias de ódio e de esperança. Como todos os profetas, ele pediu a seu povo que santificasse suas vidas. Suas visões do trono de Deus e dos anjos tornaram-se modelos para as gerações de estudiosos de anjos que vieram depois dele. Naquela que provavelmente foi a sua melhor visão, Ezequiel viu o trono de Deus como uma carruagem rodeada de querubins com quatro rostos e igual número de pares de asas. Os batimentos de suas asas podiam ser ouvidos de um extremo ao outro do Céu.

Daniel foi o primeiro profeta a chamar um anjo pelo nome. (Jacó perguntou o nome do anjo com o qual lutara, mas não obteve resposta.) É no Livro de Daniel que vemos ser mencionados os nomes de Miguel e de Gabriel e onde, pela primeira vez, ouvimos falar de anjos da guarda de nações. Gabriel apareceu para Daniel com o propósito de ajudá-lo a interpretar os seus sonhos. Quando o rei fez com que Daniel fosse atirado no covil dos leões, um anjo fechou a boca das feras. Quando o covil foi aberto, pela manhã, Daniel surgiu incólume. Nesse livro também encontramos os três amigos de Daniel: Shadrach, Meshach e Abednego – que foram salvos da fornalha ardente a que tinham sido atirados graças a um anjo que surgiu em meio às chamas. Ao longo de toda a história, os anjos salvaram incontáveis homens e mulheres de situações nas quais a morte parecia ser inevitável. Eles nos trazem esperança em épocas de desespero.

No Livro de Tobit, apócrifo, encontramos uma maravilhosa história a respeito de como Rafael, o anjo da cura, apareceu para Tobias, o filho de Tobit, disfarçado de viajante. No decorrer da história, Rafael cura Tobit de sua cegueira, livra Tobias de um demônio e restitui a felicidade à família. Essa história foi contada pela primeira vez há mais de dois mil anos, e desde então os anjos têm vindo até nós para efetuar curas. Quantos anjos disfarçados você supõe que já tenha encontrado na sua vida?

Histórias do Novo Testamento

Talvez a visita angelical mais famosa tenha sido feita a uma mulher judia chamada Maria. Conforme está descrito no Novo Testamento, no Livro de Lucas, o arcanjo Gabriel apareceu-lhe para dizer que ela iria ter uma criança. O nascimento dessa criança, Jesus, modificou a história deste planeta. Desde seu nascimento até a sua morte, os anjos sempre estiveram à sua volta. Segundo outra fonte, foram os anjos que fizeram rolar a pedra que cobria o seu túmulo.

O último livro do Novo Testamento é o Apocalipse de João. Assim como Ezequiel e Daniel, quinhentos anos antes, João também estava vivendo no exílio.

45

Um anjo apareceu para ele e determinou que ele escrevesse para os guardiães de várias igrejas cristãs primitivas. Nas visões de João a respeito do Apocalipse encontramos descrições dos diversos anjos envolvidos no nascimento do novo mundo. João viveu numa época cheia de desafios – tal como a nossa. Parteiras angelicais estão ao nosso redor, prontas para nos ajudar no nascimento do novo mundo que João previu há tanto tempo.

Os anjos em épocas medievais: a segunda onda

Os anjos aparecem quando menos se espera. É igualmente imprevisível o que eles vão dizer ou fazer. Ao longo de milhões de anos, boa parte dos esforços dos anjos parece ter se concentrado na manutenção de um equilíbrio espiritual no mundo dos humanos e em prevenir, de maneira geral, os piores excessos de que eles são capazes.

Durante todo o início da Idade Média, o interesse pelos anjos continuou a crescer em meio às comunidades cristãs e judias. Cidades e impérios estavam surgindo e desaparecendo. Talvez tenha sido o caos que existia à sua volta que levou as pessoas a tentarem compreender de que modo era organizado o domínio celestial. Nos textos medievais, os anjos eram designados para lugares, dias da semana e, até mesmo, partes do dia. Debatia-se ardorosamente a respeito da quantidade de anjos, sua hierarquia, suas funções, seus dirigentes e a mais importante de todas as questões: Quantos poderiam dançar sobre a cabeça de um alfinete?

Os anjos como servos

Na antiguidade, os anjos tinham sido encarados como servos de Deus e nossos guias para o Reino dos Céus. Na Idade Média, porém, houve uma crescente tendência para encarar os anjos como servos potenciais de quem quer que soubesse os seus nomes. Surgiram tratados discorrendo sobre como invocá-los e controlá-los. Não admira que, ao longo de todo esse período, houvesse um grande fascínio pelos anjos decaídos, pois as pessoas acreditavam que esses seres celestiais poderiam proporcionar poderes ilimitados a quem quer que se juntasse a eles.

Em 613 d.C., o arcanjo Gabriel tentou mais uma vez interferir na história humana, desta vez fazendo sua parte na criação do Islamismo. Gabriel começou ditando o Corão ao profeta Maomé, tarefa que teve prosseguimento até a morte deste, em 632. Esse grande feito, junto com o vôo noturno do profeta em direção ao Paraíso na companhia dos anjos, colocou os seres celestiais no centro de outra importante obra de engenharia social e religiosa.

Nos séculos seguintes, enquanto a Europa estava mergulhada na Idade das Trevas que se seguiu à queda do Império Romano, houve um maravilhoso florescimento da ciência, das artes e da tradição mística quando as comunidades judias e muçulmanas entraram em contato umas com as outras na Espanha, no norte da África e no Egito.

Amigos queridos

Foram os sufis, os místicos do mundo islâmico, que deram uma nova ênfase ao encontro com os nossos amigos invisíveis. Eles encararam os anjos como companheiros de nossos corações, reflexos de Deus. Essa profunda percepção, que se baseou em autênticos encontros com seres celestiais, introduziu a conceituação dos anjos como amigos queridos.

Na Europa, a Idade das Trevas gradualmente deu lugar às sublimes percepções celestiais da arte gótica. Ergueram-se graciosas catedrais, em cujas intrincadas estruturas foram esculpidas imagens sagradas. Os anjos que estão em volta da entrada principal da catedral de Chartres, por exemplo, expressam com perfeição alguns dos belos sentimentos que a humanidade passara a associar aos domínios celestiais.

Anjos femininos

Ao mesmo tempo, o pensamento europeu começou a enfatizar cada vez mais o ideal da beleza e do amor romântico. Isso resultou na percepção dos anjos femininos. Durante as cruzadas, os códigos de comportamento da cavalaria combinaram-se com a revelação sufi do anjo como um querido ser interior. Ibn Arabi, um grande poeta sufi, afirmou que a sua principal obra em prosa, *The Meccan Revelations* [*As Revelações de Meca*], tinha sido dada a ele pelo Anjo da Inspiração. Suhrawardi, autor de *The Crimson Archangel* [*O Arcanjo Vermelho*] e *The Rustling of Gabriel's Wing* [*O Farfalhar das Asas de Gabriel*], legou-nos o mais rico registro de encontros angelicais do mundo islâmico.

O principal texto cabalístico, o Zohar, é obra dos filósofos judeus dessa estimulante época. Ele contém muitos métodos de alteração de consciência voltados para a obtenção de estados místicos nos quais é possível conversar diretamente com os anjos. Considerando os perigos associados a uma acusação de heresia, não é de surpreender que a informação seja obscura e, muitas vezes, esteja cuidadosamente disfarçada.

São Francisco de Assis, mais conhecido por conversar com pássaros e animais, teve um encontro com um serafim no final de sua vida. A moderna doutrina cristã a respeito dos domínios celestiais foi em grande parte moldada pelo grande teólogo católico do século XIII, Tomás de Aquino, cujo grande tratado, a *Summa Theologica*, contém toda uma seção dedicada aos anjos. Ele os visualizava como seres destituídos de corpo, excedendo-nos em número e em perfeição porém não inteiramente capazes do rápido e contínuo desenvolvimento espiritual característico da humanidade.

Na Alemanha, nessa mesma época, o místico cristão Meister Eckhart teve diversos encontros diretos com anjos. Na Itália, o grande poeta Dante Alighieri deixou-nos a sua *Divina Comédia*, um dos mais duradouros relatos de um peregrino nos domínios celestiais. Assim como o caso dos sufis, o querido anjo de Dante inspirou sua poesia e, junto com o poeta romano Virgílio, conduziu-o através dos diferentes reinos de um universo apinhado de anjos e demônios, até chegarem ao trono de Deus.

Nunca poderemos enfatizar suficientemente a importância do reconhecimento, feito pelos sufis, de que os anjos são nossos queridos amigos. Graças aos seus esforços, podemos conciliar o conflito entre aqueles que vêem os anjos como seres externos e aqueles que os consideram como aspectos da nossa alma ou Eu Superior. Quando percebemos que é o nosso anjo – o nosso verdadeiro eu, o companheiro de nossa alma na jornada rumo a Deus – deixará de ser relevante saber se o anjo é interior ou exterior – o paradoxo terá sido transcendido e uma nova era no relacionamento entre as nossas duas espécies terá começado.

Um renascimento para os anjos

Todos os grandes artistas do Renascimento pintaram anjos, e não apenas por trabalharem sob o patrocínio da Igreja Católica. A preferência dos artistas pela Anunciação ajudou a fazer do aparecimento do arcanjo Gabriel à Virgem Maria um dos mais famosos de todos os encontros com anjos. O artista Rafael – esse nome seria uma coincidência? – gostava de mostrar os domínios celestiais em suas pinturas, muitas vezes representando essa dimensão lado a lado com a realidade normal e cotidiana. Posteriormente, Rembrandt, o grande pintor holandês, foi continuadamente inspirado a pintar anjos, e muitos deles podem ser vistos em suas principais obras, embora também haja vislumbres de anjos extraordinariamente belos em seus desenhos, em particular um do arcanjo Rafael junto a Tobit.

Inspirando as artes

Entre os objetos mais sagrados da tradição artística estão os ícones, aquelas lindas obras de arte em joalheria, gesso ou têmpera, encontradas principalmente nas Igrejas Ortodoxas russa e grega. Aqui, as imagens são pintadas como invocações diretas de santos e anjos; elas são meditações que, através de seu simbolismo visual, evocam alguns dos conhecimentos que adquirimos a duras penas a respeito desses seres.

Como a terceira onda de encontros celestiais está se iniciando, os anjos começam a se apresentar para diversos artistas, cientistas e santos. Em épocas mais remotas, Teresa de Ávila, uma freira espanhola, contou como um anjo perfurou seu coração com uma lança que a encheu com o amor de Deus. Seu relato inspirou muitas obras de arte nessa época.

Inspirando a literatura

Menos sangrenta, talvez, são as visões angelicais de Jacob Boehme, um místico protestante alemão. Também não podemos esquecer que as importantes investigações sobre o domínio celeste, feitas pelos sábios judeus Moses Cordovero e Isaac Luria, muito contribuíram para o estudo da Cabala. Luria, por exemplo, foi um dos primeiros a chamar a atenção para o importante papel que nós, humanos, temos a desempenhar na restauração do equilíbrio da bondade no mundo.

Na Inglaterra, o poeta John Milton retomou a formidável tarefa de tentar descobrir a verdade sobre os anjos decaídos e sua influência sobre o destino humano. Seu esforço deu-nos os épicos *Paraíso Perdido* e *Paraíso Reconquistado*.

Um século depois, na Suécia, o eminente cientista Emanuel Swedenborg teve uma série de encontros com os domínios celestiais, desde 1747 até sua morte, ocorrida em 1772. Diversos incidentes de sua vida – nos quais ele previu corretamente acontecimentos como, por exemplo, incêndios que viriam a ocorrer a muitos quilômetros de distância – confirmaram que ele estava em sintonia com os anjos.

Ele escreveu copiosamente a respeito de suas experiências com anjos e exerceu uma profunda influência sobre muitos dos grandes pensadores de sua época, incluindo William Blake, o místico, poeta e pintor inglês que nos legou alguns dos anjos mais apaixonadamente complexos jamais pintados.

Imagens populares

É possível que as imagens de anjos mais conhecidas – aquelas em que a maioria de nós pensa quando evoca a representação de um anjo – tenham sido as criadas nos últimos séculos a partir dos desenhos em água-forte do ilustrador francês Gustave Doré. Quem poderá esquecer as magníficas ilustrações que ele fez para a *Divina Comédia*? Demônios nas profundezas do inferno e as hostes celestes – anjos movendo-se em círculos no infinito!

De 1850 até a virada do século, numa tentativa de contrapor-se ao que era visto como o espectro ameaçador do materialismo industrial, os pintores pré-rafaelitas (eis esse nome mais uma vez!) concentraram boa parte de sua atenção nos domínios celestiais. Em termos artísticos, considerando-se aquilo que leva um pintor a produzir um trabalho autêntico e relevante, este foi o último suspiro. Os anjos logo foram quase que completamente eclipsados por um mundo novo e efervescente no qual a tecnologia era o mais poderoso símbolo da era moderna. Todavia, embora nossa atenção tenha sido desviada para longe deles, os anjos de modo algum desapareceram.

Na verdade, eles ainda estão aparecendo em todos os lugares. Suas imagens podem ser encontradas em virtualmente todas as cidades e vilarejos do mundo ocidental: em estações ferroviárias, em monumentos de guerra, em murais e frisos de bibliotecas, em fachadas de museus, hospitais, cinemas e em lojas de departamentos. Nós os vemos vestidos de bronze no meio de fontes, flutuando nas cúpulas e afrescos de nossas prefeituras e pintados nas paredes dos corredores do poder. Olhe à sua volta e você os verá em qualquer lugar para onde volte a cabeça.

Anjos nos tempos modernos

Não se pode excluir os Estados Unidos das intervenções angelicais. Como já vimos, a Igreja de Jesus Cristo dos Santos dos Últimos Dias, da qual são adeptos os mórmons, foi fundada por Joseph Smith depois de uma visita do anjo Moroni. Nas décadas de 1840 e 1850, houve uma grande atividade espiritual nas comunidades da Igreja do Milênio, iniciada por mãe Ann Lee. Os adeptos dessa seita estavam recebendo palavras e tendo visões de anjos, muitas das quais foram preservadas e constituem um importante ramo do conhecimento relativo aos anjos

Pouco depois, na Europa, o poeta alemão Rainer Maria Rilke brilhou como artista e foi um dos poucos escritores dessa época que tinha os anjos como musas. Um exemplo também muito inspirador!

Renascimento do interesse

Na última parte do século XIX e no início do século XX, tanto a Europa quanto os Estados Unidos assistiram a um vigoroso renascimento do interesse por questões transcendentes, embora o interesse fosse mais voltado para as questões psíquicas do que espirituais. Tanto Madame Helena Petrovna Blavatsky, a fundadora da Teosofia, como o místico alemão Rudolf Steiner, escreveram extensivamente sobre anjos e defenderam a importância do papel desempenhado por eles nas questões humanas. A ordem celestial de Steiner aproveitou as nove ordens de anjos originais e acrescentou um décimo grupo evolutivo – os seres humanos. Houve também um revivescimento do interesse pelos anjos no mundo muçulmano, cujo melhor exemplo são os brilhantes livros de Henry Corbin.

Nos Estados Unidos, de 1905 a 1935, houve uma das mais notáveis revelações angelicais de toda a história. Ditado em grande parte pela boca de um homem adormecido, *The Urantia Book* é um alentado compêndio de informações sobre Deus, o Universo, os anjos e seu trabalho. Ele nos proporciona uma visão da vida no nosso planeta da perspectiva de um universo que contém milhões de mundos habitados e trilhões de anjos.

Os anjos na Segunda Guerra Mundial

Um dos mais poderosos e comoventes encontros angelicais do último meio século ocorreu na Hungria, entre 1943 e 1944. Quatro artistas amigos, vivendo em Budapeste sob o domínio dos invasores nazistas, subitamente descobriram que os anjos estavam se comunicando com eles através de uma integrante do grupo, quando esta entrava num ligeiro transe. As comunicações continuaram durante mais de um ano e lhes proporcionaram conselhos práticos e de natureza espiritual a respeito de como lidar com as catástrofes que estavam para acontecer e de como transmitir para a posteridade algumas das descobertas mais pertinentes e mordazes e respeito dos domínios celestiais.

Gitta Mallasz, a única dos quatro artistas que sobreviveu à guerra, registrou as palavras dos seres celestiais no maravilhoso livro *Talking With Angels* [*Conversando com os Anjos*], que transmite primorosamente a profundidade e o impacto da brilhante sabedoria dos anjos.

"Alguma coisa poderia ser mais natural do que estarmos aqui conversando?", perguntaram os anjos aos quatro artistas, num momento de cumplicidade cósmica. Em termos coletivos, o nosso novo relacionamento com esse domínio torna-se gradual e progressivamente mais íntimo. Embora o nosso livre-arbítrio seja sempre escrupulosamente respeitado, existem poucas dúvidas de que, à medida que se aproxima o fim do século, nossas duas espécies estão ficando mais próximas do que jamais estiveram.

Os anjos na cultura popular: a terceira onda

Os anjos não apenas estão falando com todos aqueles que conseguirem silenciar sua mente o bastante para ouvi-los, como também a nossa percepção dos seres celestiais já ultrapassou o terreno da religião. Com o advento das comunicações modernas, eles também fizeram sentir sua presença na indústria das diversões.

Na música

A música tem sido a principal via de acesso para os anjos fazerem sentir sua presença na cultura global popular. Determinados tipos de música conseguem criar estados transcendentes de consciência e, quando isso acontece, esta é certamente uma fonte de grande alegria mútua tanto para os anjos como para os seres humanos. Dos anos 50 em diante têm havido referência a anjos em letras de músicas como *"Earth Angel"*, *"Angel Eyes"*, *"Johnny Angel"*, *"I'm Living Right Next Door to an Angel"*, *"Where Angels Fear to Tread"* e, obviamente, *"You Are My Special Angel"*.

Por mais profanas que essas canções populares possam parecer, elas na verdade seguem uma venerável tradição e sua origem remonta diretamente aos mestres sufis e aos místicos que criaram o conceito de anjos como um amigo querido. A partir disso, podemos perceber como uma idéia revolucionária, quando alinhada a uma verdade superior, pode transformar-se num conceito presente na nossa vida cotidiana.

Nos filmes

Embora ao longo do século XX os anjos tenham aparecido com menos destaque nas artes plásticas, eles sempre estiveram presentes no cinema através de filmes como *Angel on My Shoulder*, *The Bishop's Wife*, *The Milagro Beanfield War* e no eterno favorito, *Felicidade Não se Compra* [*It's a Wonderful Life*]. Quem poderá esquecer a frase: "Quando um sino toca um anjo recebe suas asas"? Existe na cultura popular norte-americana um anjo mais famoso do que Clarence?

Entre os diversos filmes recentes em que aparecem anjos está *Wings of Desire*, do diretor alemão Wim Wenders. Esse filme é uma comovente exploração da natureza dos anjos e do que eles poderiam encontrar pela frente em sua vida e em suas missões. A aspiração por um toque de mão, pelo cheiro do vento, por um cigarro e uma xícara de café, que Wenders atribui a seus anjos supercorpóreos, é para nós, de alguma forma, profundamente familiar. Talvez isto tenha algo a ver com a maneira como chegamos a abordar esta questão.

Wenders descreve com grande sensibilidade a natureza multidimensional da realidade dos anjos – suas camadas de sons e imagens visuais interpenetrando-se para formar uma vasta pátina de informação sensual. O fato de os filmes poderem transmitir esse grau de encanto e complexidade de forma talvez mais eficaz do que a pintura e a escultura possivelmente explicaria por que os anjos agora estão usando esse meio para chegar até nós.

Na TV e nos livros

Nos anos 80 e no início da década de 90 os anjos parecem estar voltando a se tornar populares graças a uma bem-sucedida série de TV, *Highway to Heaven*, cujo herói é um anjo, e em diversos romances populares, incluindo *Angel Fire*, a esplêndida aventura de Andrew Greeley. Encontrado na estante de brochuras de qualquer supermercado, esse livro contém informações precisas e aprofundadas a respeito de anjos da guarda, mas expõe tudo isto de uma forma fácil e agradável de ler.

Em encontros pessoais

Ultimamente, o arcanjo Rafael tem feito sua voz ser ouvida através dos lúcidos escritos de Ken Carey. Seus livros (*Starseed 2000, Transmissões da Estrela-Semente** e *O Retorno das Tribos-Pássaro**) constituem obras-primas modernas na área da visão de anjos. Numa linha semelhante, o filósofo norte-americano contemporâneo David Spangler continua a trabalhar com os anjos, tal como faz sua colega Dorothy Maclean, que registrou suas experiências em *To Hear the Angels Sing*.

Sophy Burnham, autora de *The Book of Angels*, recebeu milhares de cartas de pessoas de todo o país em resposta ao seu livro. Em todos os níveis sociais, em vilarejos e em cidades grandes, essas pessoas tiveram sua vida modificada pelos anjos e queriam contar suas histórias. A seqüência de seu primeiro livro, *Angel Letters*, contém muitos desses relatos pessoais.

Uma coisa surpreendente que aconteceu a nós três quando começamos a nos envolver com os anjos e com a sua realidade foi a freqüência com que eles se manifestaram em nossa vida. Cartazes, letras de músicas, comerciais, programas de televisão e *jingles* faziam referências aos nossos amigos invisíveis com espan-

---

* Publicados pela Editora Cultrix, São Paulo.

tosa regularidade. Encontrávamos motoristas de táxi chamados Ângelo com extraordinária freqüência e, invariavelmente, em momentos significativos. Coisas assim aconteciam o tempo todo.

Onde quer que fôssemos, ouvíamos as mesmas histórias, relatadas por incontáveis pessoas. Isso não está acontecendo apenas a nós ou a você – os anjos estão entrando em contato com todas as pessoas, de todas as maneiras possíveis e num grau nunca visto anteriormente.

Os anjos da guarda

A relação entre os seres humanos e os anjos é, por natureza, muito íntima. Os anos nos mostraram que nós, seres humanos, somos aquela parte do Criador que foi enviada para uma dimensão mais densa da realidade. Os anjos reconhecem o Criador que existe dentro de nós e isso lhes serve de motivação para ajudar-nos no nosso dia-a-dia.

O médico holandês H. C. Moolenburgh teve seu interesse pelos anjos despertado depois de ouvir muitos de seus pacientes falarem sobre eles, e registrou sua impressões em *A Handbook of Angels*. Ele vê os seres humanos como uma equipe de mergulhadores buscando tesouros perdidos no mar e ligados à superfície apenas por alguns tubos de ar e pelo rádio. Os anjos são a equipe de superfície, trabalhando a bordo do navio para garantir a nossa segurança.

"Recebemos até mesmo", escreve ele, "instruções detalhadas quanto ao tipo de tesouro que deveríamos coletar, o qual tem de ser do tipo que pode ser levado para cima. Provavelmente somos puxados para cima todas as noites, para tomar fôlego, e quando morremos somos puxados permanentemente."

Quantas vezes nos esquecemos de que dispomos de toda a ajuda do mundo? Para podermos evoluir, porém, tivemos de aprender a "esquecer". Caso contrário, teríamos continuado a ser, nas palavras de Moolenburgh, "crianças dependentes, dominadas pelo esplendor dos irmãos mais velhos".

"Nenhuma criatura está privada de sua proteção pessoal", diz Abigrael – e os anjos que nos dão proteção e aconselhamento estão a postos no rádio e nos tubos de ar.

Todas as pessoas têm os seus anjos da guarda no convés. Quando procuramos viver a vida e adotar maneiras de ser que estão mais alinhadas com Deus e com o nosso destino mais elevado, os nossos anjos vêm para mais perto de nós com o propósito de nos dar orientação e aconselhamento.

Os próprios anjos nos dizem que, no momento em que um de nós toma a decisão consciente de dedicar sua vida ao Criador, os anjos da guarda dessa pessoa passam a dedicar-se integralmente ao ser humano em questão.

Este livro foi escrito para ajudá-lo a encontrar o seu anjo da guarda. No momento em que for feito o contato, você terá ganho as suas asas.

3

Como encontrar os nossos anjos

Introdução

Conforme você provavelmente já deve ter percebido, existe um grande desígnio aqui. Os anjos estão mais acessíveis do que nunca e uma profunda mudança está em curso. Cada um de nós, na medida em que puder ter algum tipo de visão, faz parte deste grande plano.

Os anjos dizem que o pior já passou – a maré virou. Todavia, será necessário algum tempo para que essa grandiosa visão seja plenamente percebida na nossa realidade material. Tudo está pronto para a transformação que se aproxima. Vamos olhar para trás e nos perguntar como tudo isso aconteceu. Como penetramos de forma tão suave e graciosa numa nova era de luz e vida em que espírito e matéria estão unidos?

Ao fazer isso, obviamente, contamos com a ajuda, a orientação e a sabedoria de nossos anjos. Contamos também com o seu amor e com o amor Daquele que criou a todos nós.

A maneira extremamente fácil e espontânea com que nós três nos juntamos para escrever este livro, aliás, é um exemplo de coordenação angelical. Todas as peças simplesmente deslizaram para os seus lugares.

55

Depois de organizarem sessões de meditação coletiva durante cerca de um ano, Alma e Timothy começaram a ensinar as pessoas a conversar com os seus anjos. Eles tiveram a idéia de escrever um livro sobre o assunto em 1986, num seminário sobre "Comunicação com os Anjos", que estavam realizando em Filadélfia. No final de uma agradável reunião, um dos participantes disse: "Sabe de uma coisa, vocês deveriam realmente escrever um livro sobre isto. Vocês poderiam chamá-lo ... *Ask Your Angels*", disse ele, fazendo uma pausa e pronunciando as palavras como se elas estivessem vindo de algum outro lugar.

Mais ou menos na mesma época Andrew estava associando-se aos anjos por iniciativa própria e, em suas atividades de cura e aconselhamento, ensinando pessoas a entrar em contato com esses seres maravilhosos.

Timothy e Andrew conheceram-se no oitavo dia do oitavo mês de 1988, numa celebração realizada no Círculo Sagrado, no Central Park, em Nova York. Houve uma afinidade imediata e mútua. Eles passaram as horas seguintes compartilhando entusiasticamente suas experiências com anjos e o extraordinário impacto que os seres celestiais tiveram em suas vidas. Alguns dias depois, Timothy apresentou a Andrew sua parceira Alma, e nós três iniciamos uma amizade que logo se transformaria num trabalho em comum.

Enquanto isso, sem que tivéssemos conhecimento, os anjos também estavam fazendo sentir sua influência no coração da maior editora do mundo. Pouco depois de nos termos conhecido, Andrew, que já tinha publicado um livro de histórias, *little pictures*, com a editora Ballantine, estava sentado na sala de Cheryl Woodruff, editora para livros de meditação, auto-ajuda e recuperação. Ela havia acabado de receber uma proposta de um livro sobre o papel dos anjos na história e, embora não a considerasse boa, isto serviu para lhe inspirar uma idéia.

"Quero um livro que ofereça ao leitor meios concretos para lidar com os anjos", disse ela a Andrew.

"Acabo de conhecer um homem muito interessante que já escreveu um livro sobre anjos", respondeu ele.

Cheryl conhecia o livro de Timothy, *Dolphins * Extraterrestrials * Angels*, e pediu a Andrew que conversasse com ele sobre a idéia que ela tivera.

A ocasião era propícia. Timothy disse a Andrew que ele e Alma já estavam reunindo material para a elaboração do livro. Uma coisa conduzia suavemente a outra. Em virtude de seus contatos anteriores com os anjos e de sua experiência como escritor, Andrew foi convidado para fazer parte da equipe. Considerando a facilidade com que tudo aconteceu, nós concluímos que, uma vez mais, e ainda que de forma inconsciente, havíamos participado de um milagre de coordenação que contara com a ajuda de anjos.

Mas os anjos ainda não tinham terminado.

Algumas semanas depois, Cheryl estava na sala de Susan Petersen, presidente da *Ballantine Books*.

"Em que é que você está trabalhando?", perguntou Susan.

56

Cheryl respondeu: "Acabo de receber uma proposta para um livro chamado *Ask Your Angels*. Ele ensina as pessoas a entrar em contato com os anjos."

"Parece ótimo", disse Susan. "Compre-o."

Dentro de duas semanas, assinamos o contrato. Considerando a quantidade de propostas que a Ballantine recebe todos os dias e os complicados canais por onde elas normalmente têm de passar antes de serem aceitas, só podemos presumir que o dedo, ou melhor, as asas dos anjos também estavam nisso.

Mais tarde nos disseram que havia grandes anjos tridimensionais decorando a sala de reuniões onde foi feita a apresentação do livro *Book of Angels*, de Sophy Burnham. Conforme Susan Petersen havia solicitado, eles estavam pairando delicadamente sobre a cabeça dos representantes de vendas reunidos ali.

Conforme Susan disse ao grupo:"A Ballantine está do lado dos anjos." Ela deu prosseguimento à sua exposição dizendo que todos os dias recebe cartas de leitores contando como um determinado livro causou-lhes profunda emoção e ajudou-os a atravessar um trecho difícil de sua vida.

"A Ballantine não está interessada apenas em livros que dão dinheiro", disse ela. "Queremos publicar livros que exerçam uma influência positiva sobre a vida das pessoas."

Para nós, foi como se um anjo nos estivesse falando.

Você sem dúvida vai notar, com base nas histórias pessoais que se seguem, que somos pessoas muito diferentes, e com pontos de vista também muito diferentes a respeito dos nossos amigos angelicais. Se cada um de nós tivesse escrito o livro por si mesmo, teríamos três livros totalmente diferentes. Mas os anjos não queriam isso – através de nós três eles demonstraram que a colaboração mútua, e não a competição individual, é o novo caminho. Os anjos não se limitaram a providenciar para que tudo isto acontecesse; não fosse pela sua paciência e habilidosa ajuda, nós nunca teríamos conseguido conciliar nossos pontos de vista às vezes extremamente divergentes!

À medida que você for lendo as nossas histórias e nos conhecendo melhor, ficará claro que não existe uma maneira correta de entrar em contato com os anjos. O mais importante para você é encontrar o seu próprio caminho. É nosso desejo que as nossas experiências possam ajudá-lo a transformar em realidade o seu próprio e ilimitado potencial.

Como encontrei o meu anjo e como trabalhamos juntos

Alma

Quando me lembro dos conselhos claros e compassivos que meu anjo sempre me deu, parece loucura ou estupidez eu ter relutado durante tanto tempo em conhecê-la e ouvi-la. Quando nos encontramos, porém, eu era muito mais teimosa do que agora e estava mais interessada em falar do que ouvir. Foi preciso um ato de Deus para fazer com que nos encontrássemos.

As ocorrências místicas e sobrenaturais freqüentemente coincidem com épocas de grande tensão pessoal. Quando todos os recursos e meios normais tiverem se esgotado, a ajuda surge de alguma outra parte. Foi o que aconteceu comigo na terceira semana de outubro de 1985. Nessa época, eu cuidava de três filhos e trabalhava. Tudo muito equilibrado, pé no chão. Meu trabalho era fora de casa. Tinha um consultório de psicoterapia, uma piscina que alugava por hora e dava cursos de auto-ajuda.

Duas semanas antes, um rombo na piscina tinha inundado o apartamento do meu vizinho de baixo com 600 litros de água na qual estava dissolvida uma certa quantidade de sais de Epson. A água salgada tinha ensopado um tapete persa, presente do Xá do Irã e estragado uma coleção de livros encadernados em couro. Foi um pesadelo. Esse alagamento obrigou-me a abandonar um próspero negócio que eu tocava havia mais de cinco anos: mostrar às pessoas os benefícios da flutuação numa câmara à prova de luz e de som. Foi um desastre financeiro e emocional, este último agravado pelo fato de eu já estar passando por uma fase difícil. Dois de meus filhos estavam saindo de casa e havia muita tensão e transtornos na nossa família. Como você pode imaginar, a combinação de todos esses fatores criou um peso enorme para a minha psique.

Como muitas vezes ocorre quando acontecem coisas que não compreendemos ou com as quais não podemos lidar, depois desse dilúvio eu adoeci e tive de ficar de cama. Isto significava que eu não podia encobrir o meu desalento com a vida, dedicando-me às minhas atividades usuais – atender clientes e dar os cursos de auto-ajuda. Obrigada a ficar na cama por causa da gripe, eu não tinha disposição para fazer coisa alguma, a não ser folhear casualmente alguns velhos cadernos de notas. Neles eu havia registrado minhas experiências em muitos dos cerca de sessenta seminários que eu freqüentara, num esforço decidido (e que algumas pessoas considerariam fracassado) de elevar a minha consciência.

Num seminário realizado oito anos antes, haviam me pedido que visualizasse um espaço ideal no qual eu pudesse criar qualquer coisa que desejasse. Disseram-me que dois "guias" iriam aparecer e que eu deveria observar como eles eram e perguntar os seus nomes. Minhas anotações indicavam que eu tinha visualizado um lindo ambiente e esperado pela chegada dos guias. Subitamente, surgiu um homem com calças púrpura e um gibão elisabetano, que se apresentou como Greg. Logo atrás dele apareceu uma mulher que usava um penteado à Pompadour, tinha uma fita em volta da cabeça e vestia um casaco axadrezado com enchimento nos ombros, do tipo usado na década de 40; ela se apresentou como Eleanor.

Lembro-me de ter pensado desdenhosamente que Eleanor era um nome demasiado comum para um guia, e a senhora ainda por cima tinha a aparência de alguém que estivesse vivendo numa época cerca de trinta anos atrás. Quanto ao sujeito de calças cor de púrpura... Eu não queria nada com nenhum deles e, assim, prontamente os rejeitei e os tirei do meu pensamento.

Enquanto eu estava relendo essas anotações, Timothy entrou no quarto trazendo uma xícara fumegante de chá de ervas. Ele estava insistindo havia meses para que eu fizesse contato com o meu anjo. Durante meses, eu resistira como uma louca. Embora algumas explorações nos domínios da paranormalidade, feitas na minha vida adulta, tivessem me tornando receptiva quanto à possibilidade de contatos com outras dimensões, na minha infância eu não havia sido criada num ambiente que aceitasse a existência de anjos da guarda e, simplesmente, não acreditava neles. Guias espirituais? Bobagem! Feiticeiros indígenas e monges tibetanos? Por que não? Anjos? De jeito nenhum!

Colocando a xícara sobre um móvel, Timothy olhou por sobre o meu ombro direito. "O seu anjo está aqui neste exato momento. Posso sentir a sua presença. Apenas pergunte-lhe como se chama", insistiu ele.

Olhei furiosamente para Timothy e respondi irritada: "Já que é tão esperto, pergunte você o nome dele."

Timothy fechou os olhos e, depois de alguns momentos, murmurou: Elena (com acento tônico no *el*).

"Não!", disse eu, mal acreditando nos meus ouvidos. Então eu lhe contei como havia rejeitado a Eleanor que havia aparecido diante de mim oito anos antes, por não ter gostado do seu nome. "E a pronúncia de Élena é muito parecida!" Recusei-me obstinadamente a aceitar esta nova versão.

"Está bem, está bem, então faça você", insistiu Timothy. Quando protestei, argumentando que não sabia como fazer isso, ele disse que bastava eu fechar os olhos e invocar. Para provar como ele estava errado e que isso não funcionava, fechei rapidamente os olhos."Qual o nome do meu anjo?", perguntei. Instantaneamente, três letras maiúsculas apareceram na minha mente: *LNO*.

Parei de resistir e me rendi, reconhecendo a presença dela. Graças à insistência de Timothy, peguei uma caneta para anotar alguma mensagem que ela porventura tivesse para mim. A primeira coisa que ela disse foi algo que eu não queria ouvir.

"Timothy foi convidado a libertar você da corrupção e do medo, e a tarefa não é fácil nem agradável."

Corrupção? Medo? Quem, eu? Bobagem! Esqueça tudo isso porque eu não vou continuar esta brincadeira. LNO prosseguiu, dominando misteriosamente os meus pensamentos:

"Isto não é uma brincadeira entre você e Timothy. Você resiste porque ainda não se livrou completamente de crenças falsas e negativas a respeito de si mesma e do seu próprio valor."

A raiva que senti fez minha mão tremer enquanto continuava a escrever as palavras que ouvi dentro de mim. Implacável e compassiva, LNO concluiu:

"O equilíbrio do ego ao qual Timothy se referiu é fundamental para a integração e a compreensão da sua Deusa. Ele deve ser feito no plano físico. Isto significa eliminar as fraquezas humanas e deixar as suas melhores qualidades – devoção, coragem e verdade – intactas."

LNO tinha chegado. Eu assinalei esse acontecimento com um ataque de raiva.

Numa ocasião mais tranqüila, um ano depois, LNO lembrou-me gentilmente: "Ninguém agradece uma informação que não quer receber."

Desde então aprendi a agradecer a LNO – e aos meus outros anjos – por *todas* as suas intervenções e orientações, quer eu gostasse delas ou não! Nas semanas seguintes, a presença de LNO encorajou-me a ver o fracasso do meu negócio com a piscina não como um desastre mas como um ato de Deus. O alagamento forçou-me a buscar novas possibilidades, uma das quais levou-me ao desenvolvimento dos seminários sobre "Comunicação com os Anjos", que Timothy e eu começamos a oferecer dois meses depois.

Atualmente LNO às vezes se manifesta sem ser chamada, mas nunca interfere ou se intromete. Ela só aparece quando eu realmente preciso dela. Não faz muito tempo, eu estava conversando com alguns amigos, matraqueando sem parar e encantada com o som da minha própria voz, quando notei o embaciamento de seus olhos. Tive aquela desagradável sensação de ter consciência de estar sendo maçante mas não saber o que fazer a respeito; assim, continuei tagarelando. De súbito, ouvi uma voz razoavelmente alta dentro de minha cabeça: "Nunca é tarde demais para calar a boca!" Parei de falar no meio de uma frase mas ninguém deu a impressão de se importar com isso. "O silêncio é sempre apropriado", disse-me mais tarde LNO. "O silêncio é o refúgio do sábio."

À medida que fui conhecendo LNO e passando a respeitar seus sábios conselhos, sua influência sobre mim tornou-se cada vez mais importante, primeiro em termos pessoais e depois, gradualmente, também em minhas atividades como psicoterapeuta. LNO é agora uma preciosa colega e uma amiga em quem posso confiar. Quando trabalho com um cliente, eu a chamo e invoco também a presença do anjo da guarda da outra pessoa, para fazer o alinhamento entre corpo, mente e emoções. LNO dá sua contribuição ajudando-me a tirar o meu ego do caminho.

Quando sinto sua presença ou ouço a sua voz, penetro no meu Eu Superior. Associando-me às suas vibrações, eu me transformo num canal aberto para a inteligência cósmica. Isto me capacita a me transformar num recipiente de amor que pode facilitar a cura que Deus realiza naqueles que estão dispostos e prontos para serem curados.

O meu anjo intensifica esse processo ajudando-me a me libertar de quaisquer temores egocêntricos que possam surgir numa determinada situação. Eu saberei o que fazer? O que dizer? Usar LNO como uma lente através da qual concentro as minhas energias e intenções me ajuda a eliminar as preocupações a respeito da minha atuação pessoal e a ter confiança de que Deus sabe o que está fazendo! LNO me diz que eu faço o trabalho, como terapeuta espiritual, mas que os resultados são devidos a Deus.

Na meditação e na oração que precedem o meu trabalho, eu peço para ser um canal perfeito para a graça e a luz curativa de Deus. Peço que o cliente e eu possamos unir energia curativa. Posso sentir quando isto acontece, pois significa a nossa entrada num estado alterado de consciência. A freqüência das ondas cerebrais passa de beta (consciência normal no estado de vigília) para alfa e, às vezes, para teta, que caracteriza os estados de meditação e de transe. A consciência do cliente também se altera, pois vibramos na mesma freqüência.

Nesse estado, eu muitas vezes ouço as respostas do anjo do cliente antes que ele próprio possa fazê-lo. Ela vem na forma de palavras, tal como acontece quando entro em contato com o meu anjo. Dentro de alguns segundos, ou menos de um minuto, o cliente geralmente pronuncia as palavras que eu ouvi. Descobri que esta é uma forma muito eficaz de ajudá-lo. Quando as pessoas entram em contato com os seus anjos, elas adquirem a capacidade de ter acesso às informações de que necessitam e estabelecem uma ligação com a sua própria fonte superior.

Nas sessões, LNO também colabora comigo de diversas maneiras. Primeiro, através de orientações específicas, tais como "faça a ligação entre os chakras do Terceiro Olho e o do Coração" ou "dirija a energia para a garganta", orientações que se manifestam na minha mente de forma intuitiva, sem a intermediação do pensamento. Existe uma certeza que passa ao largo da mente consciente. Depois, em colaboração com o anjo do meu cliente, LNO proporciona-me idéias integradoras. Os conhecimentos obtidos dessa maneira permitem-me identificar a origem de determinados comportamentos, descobrir qual a verdadeira necessidade que levou ao desenvolvimento desses padrões e encontrar uma nova e saudável maneira através da qual essas necessidades possam ser atendidas e o comportamento obsoleto eliminado.

Em outras ocasiões, LNO trabalha com os anjos da guarda de meus clientes para me fornecer mensagens por escrito sobre a natureza emocional e espiritual de seus problemas. Completamente precisas e profundamente penetrantes, essas informações às vezes chegam de forma espontânea – geralmente quando estou completamente perdida!

Eis aqui alguns trechos das anotações relativas a LNO. Você vai ver que dialogo com ela da seguinte forma:

"Melody" tem 25 anos e é originária do Missouri. Ela veio para Nova York com 18 anos e desde então tem trabalhado como *baby-sitter*. Ela gosta de lidar com crianças e adora o seu trabalho; veio procurar-me por causa de uma dor nas costas. Perguntei a LNO qual era a origem dessa dor.

LNO: Ela tem o propósito de refreá-la – impedindo-a de se soltar e viajar livremente. Ela é um ser que não carrega sua bagagem emocional – ela não tem nenhuma – e que adotou a de outras pessoas para melhor adaptar-se ao seu mundo. Embora Melody tenha na verdade pouquíssimos vínculos de natureza sentimental, isso desperta tal oposição por parte das pessoas e do mundo à sua volta que ela adotou alguns para livrá-la do seu senso de alheamento e solidão.

O problema com as costas de Melody – a queimação que ela sente durante as sessões – está relacionada com as chamas que sua alma sentiu em outro corpo e em outra época. Ela foi queimada por causa de seus pontos de vista heréticos, os quais estavam em conflito com os de sua comunidade. Tal como agora, ela estava em desacordo com as pessoas à sua volta, à frente de seu tempo, mais avançada do que seus contemporâneos. Nesta existência, ela também pertence a uma família cujo nível de consciência é inferior ao dela. Este fato tem provocado essa dor nas costas porque Melody sentiu que não seria correto ser melhor do que eles.

Tendo forma humana, Melody é presa de sentimentos humanos, embora seus efeitos sobre ela sejam diferentes daqueles exercidos sobre as outras pessoas. Ela ainda não começou a exercer a sua sexualidade, e este retardamento deve-se a dois fatores. Primeiro, medo do nível de possessão que ocorre nos relacionamentos sexuais, pois Melody é um espírito independente, que deseja viajar muito e manter-se livre de qualquer empecilho. Em segundo lugar, há uma relutância em envolver-se fisicamente, pois em suas encarnações anteriores ela envolveu com mais freqüência sua mente e seu espírito.

Para integrar-se plenamente como ser humano nesta existência, Melody precisa envolver-se com níveis mais humanos de emoções e experiências físicas. Ela ainda está se refreando e precisa ser estimulada a se soltar.

Obrigada, LNO. Esta resposta pareceu-me um pouco mais longa do que eu tinha em mente...

LNO: Neste caso, querida, faça perguntas mais curtas.

Melody e eu trabalhamos juntas durante quase um ano, na medida em que havia necessidade. Nessa época, ela viajou para Hong Kong, Europa, Bahamas e, na última semana, partiu numa viagem de um mês pela Nova Zelândia. Ela ficou muito mais sociável e expansiva, começou a se encontrar com rapazes e está escrevendo um livro sobre suas experiências como *baby-sitter* em Nova York.

"Mark", um jovem e brilhante escritor, veio me procurar porque sofria períodos de depressão que às vezes chegavam a durar meses. Quando chegava ao fundo do poço, ele não conseguia escrever, parava de se encontrar com os amigos e comia demais. Quando entrou na minha sala para a primeira consulta, ele tinha um excesso de peso de 25 quilos e estava rígido de medo. Ele me disse que tinha 27 anos de idade e havia sido um menino prodígio, tendo publicado aos 18 anos um romance que recebeu grandes elogios da crítica e, posteriormente, serviu de base para um roteiro de cinema. Embora tivesse causado sensação no mundo literário quando tinha seus vinte e poucos anos, fazia muito tempo que não publicava nada. Seu talento havia desaparecido, sua vida amorosa era nula e ele estava se sentindo solitário.

Embora a depressão estivesse obviamente encobrindo os seus medos, depois de meses de sessões semanais ele estava mais assustado do que nunca e eu não conseguia atinar por quê. Assim, perguntei a LNO por que Mark estava se agarrando aos seus medos e qual o significado desses medos. Antes de responder, ela me censurou: "Esta é uma pergunta curta?" Depois, prosseguiu:

> LNO: O medo que Mark sente é comum a muitas pessoas. Ele tem medo de não ser amado e de que, sem amor, acabe morrendo. Ele se apega aos seus medos porque não tem coragem de enfrentá-los – e enfrentar o fato de que ele não tem amado a si mesmo. Ele quer e reclama o amor dos outros mas não dá o seu amor a si mesmo a não ser que consiga preencher as suas próprias condições para ser amado, as quais se baseiam na realização profissional e no reconhecimento público.
>
> Ao se concentrar em seus temores, ele evita aquilo de que tem medo. Ele ainda não está disposto a chegar a um acordo com a falta de amor por si mesmo, com a sua própria auto-rejeição. Quando Mark começar a aceitar a idéia de que está sozinho e de que se basta a si mesmo, ele começará a se ligar verdadeiramente com o Todo. Ele precisa saber que isso não implica a necessidade de passar o resto da vida sozinho, mas sim que ele só poderá ser feliz junto a uma outra pessoa depois que passar a se valorizar pelo que é enquanto ser humano, sem medir os seus méritos com base em suas realizações ou conquistas amorosas.

Obrigada, LNO. Esta me parece uma resposta absolutamente precisa e também curta!

LNO: Querida, ficamos contentes que a resposta seja do seu agrado e nos divertimos com a sua surpresa!

Fiz uma cópia da transmissão, sem minhas notas interativas, e fiz com que ela chegasse às mãos de Mark, que tinha manifestado interesse por qualquer coisa que LNO tivesse a dizer. Passaram-se seis meses antes que eu voltasse a vê-lo.

"Você se lembra daquela mensagem do seu anjo que você entregou a mim?", perguntou Mark, pelo telefone. "Bem, eu acabo de relê-la."

"Verdade?", respondi, um tanto desconfiada.

"Tudo o que ela disse é verdade. Naquela época, eu não estava pronto para ouvir, mas agora isso faz muito sentido", disse Mark. "Eu gostaria de voltar e retomar o nosso trabalho."

No decorrer das sessões seguintes, eu ajudei Mark a se encontrar com o seu anjo da guarda. Desde então ele perdeu mais de 17 quilos. Voltou a escrever, está trabalhando no seu terceiro romance, e arranjou emprego como professor numa universidade, onde dá cursos de redação criativa. Ele adora lecionar e seus alunos gostam muito dele. Sua produção é fluente. Da última vez que conversamos ele estava indo para o aeroporto buscar a namorada.

LNO lida com questões da vida cotidiana das pessoas e é extremamente incisiva. "Gail", uma de minhas clientes, diz que ela é um "anjo que gosta de nos chutar o traseiro". Todavia, suas mensagens sempre começam e terminam com uma palavra de encorajamento, e ela nos faz recordar as escolhas de que dispomos:

LNO: Fique em paz com o seu coração, apesar de todas as dificuldades do momento, e saiba que tudo caminha em direção à grande cura. Acontecimentos decisivos estão ocorrendo à sua volta. Estes são tempos desafiadores. Todas as almas estão sendo testadas e submetidas a provações. Você pode escolher entre refletir as dificuldades ou usar o bom humor e a coragem para aliviar a sua própria carga e a daquelas pessoas que estão à sua volta.

Melhorar as condições de vida, a sua e a dos outros; ficar do lado da verdade, da simplicidade e da humildade – estes poderiam ser os seus lemas nos dias de hoje. Ser amável, bondosa, afetuosa e digna de confiança. Evitar queixar-se das dificuldades ou contribuir para agravá-las. Bendizer em vez de amaldiçoar. Saber que você é realmente amada e abençoada. Agradecer as suas bênçãos. Compartilhar com os outros essas bênçãos e a sua luz.

Mesmo depois de LNO ter entrado na minha vida eu continuei a ter os meus momentos de dúvida. Embora tudo o que ela dizia fizesse sentido, eu não podia deixar de me perguntar se aquilo que eu estava ouvindo não seria apenas a expressão de uma parte mais inteligente de mim mesma. Finalmente, eu lhe perguntei sobre isto e LNO deu-me a seguinte resposta:

LNO: Você pode dizer que essas palavras são os seus próprios pensamentos, e isto é verdade no sentido de que você, Alma Daniel, selecionou e combinou essas palavras. Nós não nos comunicamos através de palavras mas por meio de vibrações e emanações. Você capta essas emanações e as expressa de forma coerente através de seus pensamentos. É por isso que a transmissão angélica, quando traduzida em palavras, varia de pessoa para pessoa.

Quando nos comunicamos com você, realizamos uma função inspiradora e de conexão. Dentro de cada ser humano há uma centelha divina, o Deus interior. Quando a alma desce ao nível da matéria física, essa fagulha, apesar de encoberta, continua a existir em estado latente dentro de cada indivíduo – e, na verdade, dentro de cada ser vivo. Cabe a nós despertar essa fagulha interior. Devemos promover a ligação entre você e o conhecimento que já está em seu poder, em vez de inundá-la com os "nossos" pensamentos. Você esquece. Os seres humanos esquecem porque a descida ao nível da matéria reduz a consciência e gera o esquecimento. Nós viemos para inspirá-la com luz, com claridade, com risadas e para fazê-la recordar aquilo que o seu Deus interior já sabe.

Sendo eu uma pessoa naturalmente curiosa, perguntei a ela como fazia isto.

LNO: Num estado de receptividade, quando você estiver temporariamente livre de suas limitações e preocupações normais – através do amor ou de um profundo senso de paz –, você desobstrui os canais ou circuitos que dão acesso à sua própria sabedoria. Cabe a nós promover a ligação entre você e esses conhecimentos intuitivos, alguns dos quais estavam enterrados a tal profundidade que, quando vêm à tona, você os atribui a alguma outra fonte. Não existe nada disso. Esses conhecimentos intuitivos existem em você e em Deus!

Nós fazemos isso através de freqüências, formas de onda e de vibrações que se assemelham àquilo que os seres humanos interpretam como sentimentos. Como não temos forma física, nem sequer temos "pensamentos". Somos os mensageiros do desejo de Deus e vocês, seres humanos, são exemplos vivos dele. Vocês constituem manifestações do "pensamento" ou da vontade de Deus.

Embora eu tenha um relacionamento muito pessoal com LNO, que considero tanto como o meu anjo da guarda quanto como um aspecto do meu Eu Superior, estou consciente da ajuda oferecida por muitas outras entidades celestiais que contribuem de diferentes maneiras – facilitando meus deslocamentos através da cidade, orientando-me durante um exame de contas fiscais, e assim por diante. Essas legiões de auxiliares, conforme disse-me LNO, aparecem para nos servir depois que optamos conscientemente por um caminho de Luz, por servir a Deus e ajudar nossos irmãos e irmãs. Quando essa escolha é feita, muitos anjos são escalados para ajudar.

Quando peço a proteção dos anjos (especialmente quando estou andando de bicicleta no tráfego de Nova York), sei que estou invocando um nível mais elevado de consciência que tenho a capacidade de gerar por mim mesma. Isso aguça os meus poderes extra-sensoriais. Pedir ajuda aos meus anjos liberta a minha imaginação, faz com que eu me torne mais apta a receber a generosidade do universo e torna possível a manifestação dos melhores, mais brilhantes e mais elevados aspectos do meu ser.

LNO está sempre ao meu lado; na medida em que tomo consciência da sua presença e penetro em seus domínios, minha vida torna-se mais serena, sossegada e harmoniosa. Quando as coisas não saem do jeito que eu quero, ela me ensina a ficar alerta em vez de zangada, a reconhecer que o universo está me dizendo que alguma coisa não está funcionando a contento e que, se eu estivesse livre de culpa, o meu caminho seria tranqüilo. Ela me diz para analisar o meu papel no problema para que seja possível descobrir um meio de remediar a situação. Embora LNO promova a ligação entre mim e a minha natureza divina, ela sempre chama a minha atenção para mim mesma e para os meus atos, e me ajuda a enxergar o que é de minha responsabilidade naquilo que eu e o Criador produzimos. Ela me induz a examinar a minha impecabilidade e mostra-me delicadamente onde o egoísmo ou a presunção embotaram a minha percepção.

> LNO: O remédio para o egoísmo é a cooperação. O remédio para a arrogância é a humildade. O remédio para a confusão é a clareza que se adquire vivendo de acordo com o seu código de valores e falando aos outros sobre ele. A verdade, a bondade e a afirmação do positivo, em vez de a ênfase nos aspectos negativos, são alguns dos valores que irão ajudá-la a retornar a um estado de graça.

A minha amiga celestial me coloca na linha quando me torno demasiado egocêntrica:

> LNO: Quando você está forte, não há necessidade de ser agressiva. As pessoas inseguras se excedem. A modéstia nasce quando você reconhece e reclama o seu verdadeiro poder, que é o amor.

Ou então, quando estou sentindo pena de mim mesma:

> LNO: Este não é o momento de ter pena de si mesma, mas sim de observar como o sentimento de autocomiseração se manifesta. Investigue a sua origem, entenda-o e enfrente-o. Depois, livre-se dele.

Ou, ainda, quando estou sentindo a angústia inerente à condição humana:

LNO: O ciúme, assim como a inveja, é uma desqualificação da sua personalidade. As pessoas que amam a si mesmas incondicionalmente não sentem ciúme porque não se sentem ameaçadas pelo amor. O amor não representa uma ameaça. A sua falta, sim. A carência de amor tem sua origem no fato de a pessoa não amar suficientemente a si mesmo.

Sempre que encontro um obstáculo ou fico deprimida, vou para o meu computador e coloco no *drive* o disquete de LNO. E quando estou extasiada, feliz com o que acontece em minha vida, eu lhe envio uma pequena nota de agradecimento. Embora eu costumasse colocar as mensagens dirigidas a ela em qualquer disquete que estivesse à mão, ela deixou claro que deveria ter o seu próprio disquete.

Ao se expressar, nestes anos em que temos mantido contato, LNO trocou o "eu" pelo "nós", menos pessoal. Disseram-me que, além de ser o meu anjo da guarda, ela também fala por um grupo de anjos da guarda cuja função é promover a ligação entre as pessoas e o seu Eu Superior.

Ainda que eu nunca a tenha visto com os meus olhos ou através da visão espiritual, posso sentir sua presença e a presença de outros anjos – na forma de uma maior receptividade em meu coração – quando os grupos se reúnem. Às vezes os sentimentos de amor e aceitação são tão palpáveis e afetuosos que os meus olhos se enchem de lágrimas.

Alguns anos atrás, quando eu estava sentindo muita tristeza e arrependimento por causa do término de meu relacionamento com Timothy, procurei LNO para que ela me ajudasse a minorar o meu sofrimento. Eis o que ela me disse:

LNO: A tristeza é uma nota na escala da alegria. O arrependimento tem alguma coisa a ver com isto. Ele é inoportuno. Como o arrependimento diz respeito, invariavelmente, a alguma coisa que você é incapaz de modificar, apegar-se a ele significa procurar mudar o que não pode ser mudado. Você precisa aceitar aquilo que não pode ser modificado. Você pode não gostar dos acontecimentos, mas precisa aceitá-los. Uma vez que os tenha aceitado, você poderá libertar-se deles. Se não o fizer, continuará presa ao arrependimento.

Querida, pense em todas as coisas de que você se arrepende. Não há nada que você possa fazer para mudar o passado, e sempre que você pensa nelas acaba sofrendo. Você não conseguiria aprender a viver plenamente o momento? Apagar toda a sua história pessoal? Não existe uma perfeita paz e harmonia em sua vida neste exato momento? De que mais você precisa para ser feliz?

Apegar-se ao arrependimento é algo debilitante. Tal como uma gota de limão numa xícara de creme, ele azeda a vida e a torna intragável.

Apegar-se ao arrependimento prejudica a sua capacidade de adotar providências positivas, privando-a de algumas fontes potenciais de autoestima.

O arrependimento é uma forma de autocrítica que obtém energias a partir da concordância ou da simpatia das outras pessoas. Quando os outros sentem pena de você por causa do seu arrependimento, eles a encorajam a acreditar no poder daquilo que já é passado.

Quando você será feliz? Quais são as condições necessárias para isso? Por que não ser feliz neste exato momento?

Eu estava ficando nervosa. Está bem, está bem, eu já sei tudo isso. O que eu deveria *fazer* a respeito? Digitei a seguinte mensagem a ela: "Obrigada, LNO. Se for possível, eu gostaria de alguma coisa mais específica, por favor."

Paciente e direta como sempre, ela disse:

LNO: Querida, vamos examinar o problema do ponto de vista da finalização. Quando alguma coisa está completa, ela está terminada. As pessoas temem o completamento porque ele é sinônimo de morte. Como elas não aprenderam a lidar com o medo da morte – que é na verdade uma crença na mortalidade – elas a evitam. As pessoas evitam a finalização também por outras razões, tais como a necessidade de ser perfeito, o medo das críticas, etc.

Depois de cozinhar um ovo, você não pode cozinhá-lo novamente. Ele está cozido. O mesmo acontece com a vida. Quando fazemos alguma coisa, está feito. Para que nos apegarmos ao passado e relembrar acontecimentos tristes ou infelizes, senão para punir a nós mesmos?

Para viver no presente você precisa ter vigilância e disciplina suficiente para reconhecer e libertar-se conscientemente de todas as influências exercidas sobre a sua energia e atenção. Tudo que é material passa para o domínio da matéria, para o não-manifesto. Você tem de se apegar aos valores e à inspiração da Luz e do Amor divinos.

"Você está sendo muito útil, LNO", escrevi eu, "mas ainda não chegou aonde eu quero."

LNO: Querida, todas as informações estão aqui. Cabe a você decidir se está pronta para ser livre, livre de verdade. Isso depende de seus relacionamentos e de suas atividades no mundo. Se você quiser, não existem limites para você! A sua liberdade tem origem no desprendimento. Liberdade significa a capacidade de ser, de fazer, de ir e de sentir o que quer que o seu coração deseje. Somente você impede a si mesma de ter essa liberdade por causa de algum erro de interpretação quanto às suas reais responsabilidades. Suas responsabilidades são para com o seu Eu Superior. Sirva-o de forma plena e verdadeira e você estará servindo ao Todo.

Nessa altura, ela já havia conseguido se fazer entender. "Obrigada, LNO", escrevi eu. Passei diversas semanas ruminando suas palavras e utilizando todos os processos de libertação que eu conhecia. Por fim, relaxei. Recentemente, quando estávamos revisando este livro, Timothy e eu nos reencontramos. Foi bom vê-lo novamente e, junto com Andrew, passamos muitos dias trabalhando em condições de estreita intimidade. Agradecemos o amor que sentimos um pelo outro no passado e que compartilhamos ternamente, mas não temos nenhum arrependimento.

O fato de LNO estar ao meu lado é muito importante para mim. Isto não significa que os problemas não existam mais e sim que aprendi a vê-los de forma diferente – não como má sorte ou castigo, mas como desafios que me ajudarão a crescer. Tudo o que tenho de fazer é lembrar-me de pedir ajuda ao meu anjo. E, mesmo quando esqueço, quando opto pelo que parece ser a escolha errada, ou quando vou contra a minha intuição e quebro a cara, o fracasso sempre é acompanhado de algum consolo, de alguma descoberta profunda. Estou convencida de que é uma maneira que o meu anjo encontrou para me dizer: "Não importa, você ainda é amada. Haverá outras oportunidades, e da próxima vez você poderá acertar."

LNO: Pare de se criticar.

Solte-se.

Lembre-se de quem você é.

Você está dando o melhor de si. Dê-se por satisfeita porque em todos os momentos o seu nível de consciência é tão elevado quanto possível.

O que amarra o desenvolvimento humano é o apego ao passado, a preferência pelo futuro e a evitação do presente. Você deseja viver uma vida mais esclarecida? Venha para este momento. Viva o presente.

Desperte para a sua própria Luz Divina. Deleite-se nela. Ao reconhecer a sua luz, observe-a crescer. Permita que o seu encanto com o seu Eu Divino acenda a luz das outras pessoas.

Siga em paz e cresça na medida em que for descobrindo quem você realmente é.

Como os anjos irromperam na minha vida

Timothy

Logo que comecei a pensar com a minha própria cabeça eu me defini como um ateu. Naquela época, eu ficaria muito chocado só em pensar que algum dia iria acreditar no que agora sei que é verdade. Talvez em conseqüência da minha total rejeição por qualquer coisa de natureza transcendental, os meus primeiros encontros espirituais, que ocorreram quando eu estava na casa dos 20, foram espantosamente poderosos, quase irresistíveis. Eles modificaram completamente a minha vida, impulsionando-me em direção a Deus e aprofundando os meus valores e as minhas metas. Todavia, eu não experimentei nada nem remotamente parecido com uma experiência angelical até o dia em que morri.

Embora esta última frase possa parecer um tanto dramática, a Experiência de Quase-Morte por que passei em 1973 significa exatamente isso para mim. Naquela época, eu não sabia que uma Experiência de Quase-Morte era uma coisa relativamente comum – cerca de 20 milhões de norte-americanos aparentemente já passaram por uma. Isto aconteceu antes que os escritos de Raymond Moody, Jr. e Elisabeth Kubler-Ross tornassem essas experiências mais conhecidas. No entanto, eu sabia que havia morrido. E também sabia que havia sido dada a opção de voltar para a minha vida terrena. Eis como tudo aconteceu.

Durante alguns anos, eu tinha sido diretor de uma organização religiosa com base nos Estados Unidos e sede em Nova York. Para todos os efeitos, eu vivia uma vida de monge, embora sofresse as tensões da vida cotidiana. Era uma tarefa extremamente difícil lutar para manter um edifício absurdamente grande e caro em Manhattan e tentar incentivar um grupo de cerca de 50 jovens desanimados e deprimidos a ganhar dinheiro suficiente para pagar as contas.

Um noite, depois de muitas semanas de exaustão e doença, eu sofri um colapso. Uma pneumonia já estava enchendo os meus pulmões de catarro quando minhas costas, enfraquecidas por uma queda sofrida na infância, simplesmente cederam. Eu me arrastei para a casa que tínhamos alugado na rua 49 Leste e fui tomar um banho na esperança de que isso aliviasse a dor que eu estava sentindo.

Para minha completa surpresa, depois de passar alguns momentos tentando relaxar, eu me vi flutuando em algum lugar do espaço, de onde eu podia ver claramente o meu corpo na banheira, situada bem abaixo de mim. Isto não foi nenhum sonho ou fantasia. Foi algo tão real quanto a escrivaninha onde estou escrevendo – mais real, talvez –, porque o que quer que estivesse acontecendo comigo era totalmente inesperado. Por esta vez, eu prestei realmente atenção!

O cenário transformou-se num lindo vale, tão real e palpável como qualquer paisagem que já vi em minhas viagens. Um monotrilho estava descendo silenciosamente em direção a mim quando, de maneira bastante misteriosa, deixei de flutuar sobre o vale e me vi dentro da cabine do monotrilho, junto com nove ou dez outras pessoas. Posso vê-los agora com os olhos da minha mente: diante de mim estava sentado um velho negro tocando trompete com grande virtuosismo. Nesse momento percebi que estávamos morrendo todos ao mesmo tempo. Uma voz chegou até mim através do que me pareceu um sistema de som, embora ela pudesse muito bem ter sido dirigida para a minha mente. Era uma voz masculina muito lúcida e clara, a mais afetuosa que já ouvi.

70

"Você está morrendo", disse a voz, confirmando o que eu já sabia, "mas queremos que você faça uma escolha. Você pode realmente passar para o que o aguarda do outro lado..." Nesse momento, pude ver o meu corpo movendo-se imperceptivelmente sob a água da minha banheira em algum lugar abaixo de mim. Uma morte simples e indolor. "...ou pode optar pelo regresso à sua vida. Nós queremos que você saiba, no entanto, que você já fez o que veio fazer."

A voz era completamente imparcial, imensamente benévola e atenciosa, e não deixava transparecer nenhuma indicação quanto à escolha que eu deveria fazer.

Durante alguns instantes, consegui pensar com uma clareza que nunca experimentara antes, e então descobri que, no fundo do meu coração, eu queria voltar para o mundo terreno. Quando anunciei minha decisão, houve uma manifestação de alegria tão profunda que o monotrilho se desfez em torno de mim, deixando-me mais uma vez suspenso no espaço.

Foi então que vi os anjos e me interessei por eles. Nunca vi nada tão grandioso e brilhante. Todo o meu campo visual foi tomado e diante de mim estavam fileiras e mais fileiras de anjos, estendendo-se até onde a minha vista alcançava. E eles cantavam a música mais linda que já ouvi. Não consegui manter essa realidade durante mais do que alguns instantes, antes que ela se desintegrasse totalmente na forma de sons.

Algum tempo depois, quando recuperei a consciência, percebi que tinha estado próximo de uma grande planície. No meio da planície havia uma enorme estrutura dourada. À minha esquerda e à minha direita, bem na margem da minha visão, postavam-se dois seres de luz, ambos de estatura elevada. Eu sabia intuitivamente que eles eram os meus anjos da guarda. Nesse momento, eles me levaram para o interior de um grande edifício e me proporcionaram uma sessão de cura de que eu muito necessitava.

Quando recuperei a consciência e me vi de volta em meu corpo terreno, a água estava morna e eu inteiramente curado. Eu, que antes sofria de uma doença terminal, estava completamente recuperado e mais forte do que nunca.

Também tive um encontro com anjos que iria modificar a minha vida.

Um primeiro contato com os anjos

No início dos anos 80, um jovem que prefere ser chamado de Edward – alguém que eu não conhecia e do qual nunca ouvira falar – começou a permitir que os anjos usassem suas cordas vocais para falar. Edward tinha feito isso espontaneamente em Toronto, entre um pequeno grupo de amigos, que era do conhecimento da minha companheira na época. Como a transcrição enviada a nós parecia autêntica, fomos para o Canadá para verificar se também poderíamos passar algum tempo nos comunicando com os anjos.

Foi o que fizemos! Acabamos tendo uma enorme sorte. Michael revelou-se um excelente médium e os próprios anjos eram invariavelmente brilhantes, atenciosos, incrivelmente perceptivos e visivelmente dedicados. Também eram extremamente diretos. Eles nos falavam muitas coisas sobre si mesmos e nos expunham todas as razões para nos sentirmos profundamente otimistas em relação às questões mundiais.

Os anjos descreveram algumas transformações que, segundo eles, estão para acontecer. Mentória, por exemplo, um anjo educador, falou-nos a respeito de algumas novas formas de tecnologia de descentralização do conhecimento que logo estarão disponíveis. Pude visualizar uma época em que os professores, tais como os conhecemos, "não terão mais um papel institucional apropriado". E isso deu origem a um apelo apaixonado em favor de mais educação espiritual para os jovens de hoje, pois os anjos tinham sido informados de que "...grandes homens surgirão entre essas pessoas". Reproduzo palavra por palavra, na íntegra, a última parte da transmissão feita pela voz angelical que se expressava através de Edward.

> MENTÓRIA: O mais importante na educação desses jovens é eles observarem a natureza para nela encontrar os padrões ali colocados pela Inteligência Divina, os quais refletem as realidades eternas e as propriedades expansivas do tempo e do espaço. Quando isso acontecer, poderemos colocar à sua disposição avanços, elaborações e novidades que irão acelerar o processo e revelar realidades espirituais que ainda são desconhecidas no mundo de vocês.
>
> Nesse novo mundo haverá uma diminuição de todas as formas de violência e um aumento de todas as formas de amor, compreensão e de partilha espiritual, material e mental. Se isso acontecesse, vocês poderiam ter, com base nessa nova geração, uma visão mais completa dos potenciais que há muito estão ocultos nos seres humanos.
>
> A alegria é a essência da nossa missão, a alegria é a satisfação de ver o nosso plano ser executado.

Esses diálogos com os anjos estenderam-se por um período de três semanas, e boa parte do tempo foi gasto em conversas entre nós mesmos, na tentativa de assimilar essa extraordinária situação.

Na última sessão, em que todos nós, os sete amigos, estávamos presentes, um anjo anônimo fez com que explodíssemos em gargalhadas. Ele nos falou sobre a nossa libertação do medo, a qual ele via como "a liberdade de expressar o Deus interior, hoje tão disseminada". Ele prosseguiu: "Isto nada mais é senão o tão esperado renascimento espiritual das artes, o novo Renascimento que tem sido previsto por muitos."

"Nós agora somos instruídos a estimular o riso", disse ele, absolutamente sério, e uma coisa muito estranha começou a acontecer. Era como se estivéssemos sentindo cócegas nos níveis mais sutis do nosso ser. O riso era completamente irresistível e as lágrimas rolavam-nos pelo rosto.

"Vocês estão convidados a verificar como a alegria do riso" – disse a suave voz do anjo – "vai remediar o desequilíbrio do mundo."

Foi nessas condições de extraordinária receptividade que ocorreu o último e misterioso contato.

"Sou Shandron." Tratava-se de uma nova voz, profundamente ressonante, que chegava aos nossos ouvidos em ondas.

SHANDRON: Sou um ser de condição elevada, superior à de um serafim. Minha condição seria superuniversal. Sou um supernafim. Minha função nesta Grande Obra é a de um anunciador de um novo sistema religioso, e eu enfatizo esse aspecto.

Sim, está se processando uma modificação no sistema religioso do seu mundo, uma libertação em relação aos padrões tradicionais. As mudanças que estão sendo produzidas neste mundo são de tal importância e magnitude que nós, os supernafins, fomos convocados para atuar junto a nossos irmãos e irmãs mais jovens e contribuir para o estabelecimento da nova ordem.

Vocês fariam bem em perceber que o ritmo das mudanças tem se acelerado. O novo sistema religioso – à luz do Criador e de Seus grandes atos, fluindo a partir do centro do universo, assumindo muitas formas e passando através de muitas mentes – está chegando para revelar e ser revelado aqui e na eternidade. Ele vai exigir o completamento do tempo para ser compreendido por todos. O que é oferecido a vocês, no seu movimento à frente na ascensão através de mundos superiores, é a compreensão cristalina das verdades eternas.

Vocês fariam bem em compreender que as coisas antigas realmente se acabaram e que tudo é renovado. Este não é o fim da revelação para este mundo; as suas vidas é que constituem a Suprema revelação.

Essas coisas não podem ficar limitadas a uma única entidade ou a um só grupo. Elas se destinam ao conhecimento de todos e têm o propósito de levá-los a se juntarem numa reverente adoração a Deus.

Estamos trabalhando para criar novos níveis de organização. Boa parte do que existe na nossa consciência atualmente são apenas esboços num bloco de anotações. Esses esboços nos permitirão aperfeiçoar a nossa visão acerca da totalidade da mudança. Todavia, é na vida cotidiana que a mudança se torna realidade.

Afastem-se, portanto, de seus estudos. Afastem-se de seus livros. Deixem que todas estas coisas ocupem o papel que lhes cabe na sua vida. Procurem o seu centro dentro de vocês, e não nelas. Vivam a vida tal como ela lhes foi dada, e isso fará com que todos fiquem admirados. Nós levamos a mensagem, proporcionamos a visão, dirigimos o glorioso espetáculo que se desenrola neste mundo maravilhoso, neste mundo de paz. Que todos possam viver em paz e harmonia, com a misericórdia de Deus, neste planeta que é alvo do mais terno interesse por parte de todo o universo.

Ficamos paralisados pelo peso e pelo ritmo das palavras. A presença de Shandron entre nós era indiscutível. Foi como se tivéssemos recebido um comunicado sobre as condições do universo – um relato atualizado sobre as regiões mais distantes do espaço; uma garantia, vinda de outra dimensão, de que havia realmente um plano Divino sendo executado no nosso planeta.

Depois disso, Shandron foi embora, deixando-nos excitados e assombrados pela mudança no curso dos acontecimentos.

O chamamento da alegria

Estes acontecimentos ocorreram em 1981 e o aumento geral nos níveis de consciência, sobre o qual nos falaram, continua. A reconciliação de que os anjos nos falaram parece estar produzindo seus efeitos sobre o nosso pequeno planeta, e não há dúvida de que qualquer movimento em direção à verdade, à beleza e a Deus conta atualmente com o apoio irrestrito do mundo invisível.

Decidi arriscar minha sorte com os meus anjos da guarda, os companheiros do meu coração. Quanto maior a minha fé nos seres celestiais, mais intensos os seus efeitos na minha vida. Talântia, um anjo da guarda que falava de forma tão eloqüente através de Edward, em Toronto forneceu-nos algumas dicas a respeito de como incluir mais plenamente os anjos na definição de nossos pontos de vista. Nessa época, eu lhe havia pedido que me dissesse como alguém com pouca ou nenhuma experiência com as realidades transcendentais poderia realizar esta forma de comunicação.

TALÂNTIA: Aqui o primeiro passo é o maior. Este passo seria a decisão consciente, por parte do mortal, de procurar o contato com os anjos. O passo seguinte seria a convicção pessoal do indivíduo de que tal coisa é possível. Um outro passo seria a compreensão de que isso seria uma coisa lícita, um ato de carinho e de doação e um Caminho para o Céu que está aberto a todos os mortais.

Para mim, isto realmente tem sido um Caminho para o Céu. Depois que passei a conhecer melhor os meus dois anjos da guarda, que chamo de Alegria e Beleza, minha vida tem sido infinitamente mais rica. Eles não controlam a minha vida, mas estão sempre ali, como guias e conselheiros, quando sua atuação é solicitada. Fiquei particularmente íntimo de Alegria.

Passamos a gostar, a respeitar e a "desfrutar" realmente a companhia um do outro depois que a excitação inicial provocada pela descoberta de ter um companheiro e amigo dentro de mim deu lugar ao ritmo mais calmo de um vigoroso relacionamento. Este sempre foi um relacionamento cheio de amor!

Apesar de ser extremamente compensador, um relacionamento consciente com um anjo da guarda representa também um grande desafio. Para começar, nada pode ser escondido. Trata-se de uma prática que nos será muito útil no futuro, quando todos nós poderemos ser mais abertos uns com os outros, porque este relacionamento é também uma espécie de precursor da telepatia. Ele nos dá a oportunidade de conhecer uma outra categoria de seres inteligentes que, embora vivam dentro de nós, são muito diferentes dos seres humanos. Esta é uma preparação importantíssima para o contato com as inúmeras categorias de seres diferentes que iremos encontrar à medida que formos nos integrando à comunidade galáctica. Sei que, quando esse dia chegar, os meus anjos estarão comigo e eu com eles, quer eu esteja neste corpo ou em outro – um pensamento que me enche de alegria.

Ligado a um novo anjo

No outono de 1988, eu estava levando uma vida por demais agitada – uma doença ocupacional causada pelo estilo de vida de Nova York – e, como pode acontecer quando corro demais e não concedo a mim mesmo tempo suficiente para ouvir, vi-me acometido por uma gripe que me prendeu à cama durante cinco dias.

Depois que desapareceram as dores nos olhos e nas articulações, voltei a entrar em contato com Alegria. O trabalho de escrever este livro tinha apenas se iniciado e me vi confessando ao meu anjo que eu, pessoalmente, não tinha nenhuma idéia a respeito de por onde começar.

Eu estava completamente despreparado para o que Alegria me disse, saudando-me com a sua costumeira cordialidade:

ALEGRIA: Seja bem-vindo, meu caro. Devo dizer-lhe que este processo de ditado não é função minha. Ele é executado pelo que você poderia chamar de um amigo íntimo, uma entidade que, sob muitos aspectos, está mais apropriadamente aparelhada para essa tarefa. Trata-se de alguém com quem eu e você já tivemos muitos contatos ao longo dos anos. Deixe-me apresentá-lo a você...

Tenho de admitir que quase tive um ataque de pânico. Meu coração disparou e senti uma tremenda ansiedade acumulando-se em meu corpo. Foi algo instantâneo, extraordinário e inexplicável.

Enquanto eu esperava o que iria acontecer, um nome passou pela minha mente, uma letra de cada vez:
A-B-I-G-R-A-E-L.

As letras permaneceram lá, parecendo estar suspensas no centro da minha cabeça, enquanto eu me perguntava qual era a razão de estar eu sentindo tamanha ansiedade. Foi um aparecimento formidável, não resta dúvida. Todavia, eu antes já entrara em contato com outras entidades poderosas. Meses mais tarde, percebi que havia sido o estado do meu corpo físico que produzira esse elevado nível de ansiedade. Eu estava bloqueando os circuitos e meu medo tinha criado uma resistência ao fluxo.

Alegria esperou que eu me acalmasse e pudesse ouvir sua voz novamente, sem a interferência do ego. A tensão transformou-se num sentimento de grande excitação acerca da idéia de que eu poderia ter um anjo especial, e depois mudou, de forma igualmente repentina, para um estado de extremo nervosismo em relação à minha capacidade de ouvir a sua voz. Eu não precisava ter me preocupado.

ALEGRIA: Abigrael é um anjo que se encarrega de registrar; a ele foram confiados os padrões de pensamento acumulados de muitos de nós que nos dedicamos a essa tarefa. Esta é uma das maneiras através das quais atuamos. Acreditamos que você achará importante dispor de um terminal particular – que foi arranjado e escolhido depois de inúmeras abordagens diferentes – para fazer com que este documento possa ser realmente aplicado à mais ampla audiência possível.

Senti-me ótimo e profundamente aliviado. Agradeci a Alegria e dei as boas-vindas a Abigrael, agradecendo-lhe por ter assumido essa responsabilidade e por concordar em trabalhar conosco. Depois disso, eu lhe perguntei como a nossa comunicação poderia ser aperfeiçoada e de que maneira eu poderia me preparar para receber as mensagens dos anjos com a maior clareza possível.

ABIGRAEL: Meu caro, é um prazer estar aqui com você.

A voz de Abigrael era forte e clara, e a minha ansiedade tinha desaparecido por completo.

ABIGRAEL: Fui adequadamente treinado e aparelhado para servi-lo, da mesma forma como você. Não tenha medo. Tudo o que precisamos fazer é nos mantermos abertos um ao outro; você deve ouvir e usar a sua inteligência analítica para propor perguntas relevantes. Você vai descobrir que sempre tenho as respostas apropriadas. Este terreno é familiar para nós que pertencemos ao domínio dos anjos.

Perguntei ao meu novo amigo por onde ele gostaria de começar. Qual era o principal item que ele queria abordar?

ABIGRAEL: O fato mais importante, meu caro, como sempre foi, é o amor. Nosso contato tornou-se possível através do amor. Ele é o condutor do processo. Se houver pouco amor, haverá pouco contato. Se não houver nenhum amor no coração da pessoa, então será quase impossível para nós fazer qualquer progresso.

O que acontece nesses casos?, perguntei.

ABIGRAEL: Geralmente, o ambiente em que essa pessoa vive precisa desmoronar para produzir um estado de vulnerabilidade emocional. Isto vai eliminar os temores, a desesperança e a raiva. Somente então, depois que todas essas emoções sombrias tiveram sido sentidas, poderá começar a surgir um sentimento de amor.

Recebi uma rápida sugestão a respeito dos motivos pelos quais poderíamos ver tantos desastres pessoais ocorrendo à nossa volta – especialmente no caso daquelas pessoas que optaram por morar nas grandes cidades do mundo ocidental. Mas o meu novo amigo avançava rapidamente.

ABIGRAEL: Não nos deteremos nessa questão porque o amor *está* presente no seu mundo em quase todas as situações. É por isso que atualmente acreditamos ser possível fazer um incursão muito mais ampla e geral em seus domínios.

Como freqüentemente acontece quando entramos em contato com os anjos, tornei-me capaz de ver as condições humanas com olhos mais piedosos e dentro de uma estrutura mais ampla. Vi-me sendo lembrando do baixo conceito que a espécie humana tem de si mesma, do pessimismo com que encara suas perspectivas para o futuro e de nossas auto-recriminações pelos males que causamos ao planeta.

ABIGRAEL: Comecemos por dizer que as condições em que vocês vivem no seu planeta, comparadas às do restante do universo, são um tanto excepcionais. Planetas mais típicos, no seu nível de densidade, são habitados por seres muito semelhantes a vocês e neles nós não estamos escondidos nem somos desconhecidos. Os reinos dos mortais e dos anjos atuam em cooperação um com o outro.

De fato, somos reconhecidos por todos, embora muitos não tenham necessariamente relacionamentos em que os contatos conosco sejam praticamente diários. O mistério e a descrença que cercam os seres da nossa ordem no seu mundo são de longe a maior exceção aos ritmos naturais da existência planetária comum. Uma outra maneira de expressar isto seria dizer que, em circunstâncias mais normais, seríamos assistentes e ministros planetários visíveis, sem os quais vocês teriam muita dificuldade para ter uma vida plena como seres humanos.

Abigrael estava certamente colocando as coisas em perspectiva para mim e, incidentalmente, permitindo que eu me sentisse muito mais tranqüilo com relação à idéia de me comunicar com seres que eu não poderia ver.

Eu alimentara freqüentemente a idéia de que deve haver vida em outros planetas, neste nosso vasto e miraculoso universo. Ao longo dos anos, pude presenciar minha quota de discos voadores, de luzes estranhas nos céus e outros indícios casuais de existência de vida extraterrestre.

Se eu estivesse interpretando corretamente as palavras de Abigrael, todos os seres mortais – qualquer que sejam as formas físicas que possam assumir em decorrência do seu ambiente planetário específico – têm anjos! Que sensação maravilhosa! Que esplêndida comunhão!

Todavia, notei com surpresa como é pequeno o número de pessoas que começaram realmente a compreender o funcionamento do nosso corpo físico. Ocupamos um genial instrumento biomecânico e, no entanto, desconhecemos quase que completamente o seu funcionamento!

ABIGRAEL: Seus cientistas freqüentemente falam a respeito da diminuta probabilidade de que a vida pudesse ter surgido em algum outro planeta além do nosso – vida de alguma maneira semelhante àquela que conhecemos no nosso mundo.

Existe um equívoco baseado na premissa de que a vida originou-se por obra do acaso. Na verdade, se a vida na Terra realmente surgiu de forma casual, sua existência em outra parte do universo seria não apenas improvável mas totalmente impossível. De certa maneira, porém, os seus cientistas estão corretos. Este é um mundo muito incomum, embora por razões diferentes daquelas que poderíamos imaginar. Ele é incomum por causa do espantoso isolamento que existe entre as formas de vida inteligentes. Isto é raro em virtualmente todas as categorias de seres que possuem um elevado grau de consciência. Aqui, ao contrário, o isolamento é o traço predominante.

Vocês não sabem quase nada, por exemplo, a respeito dos espíritos da natureza ou de quaisquer daqueles domínios que, tão diligentemente, ordenam o mundo natural. As baleias, os golfinhos e outros mamíferos marinhos continuam sendo um mistério para vocês. As grandes árvores e a sabedoria contida na sua inteligência, os ventos e as tempestades – não se considera que nada disso seja capaz de efetuar comunicação inteligente. Cavalos, elefantes e todos os primatas superiores são dotados de uma capacidade de compreensão que ultrapassa de muito aquilo que foi reconhecido pela ciência até hoje.

Se você começou a abrir-se para a consciência inerente a todos esses domínios, rapidamente vai descobrir que estamos rodeados de inteligência, milagres e brilhantismo. Você descobriria que em toda parte existe vida – uma vida plena, afetuosa, vital, extraordinária e vigorosa.

A absoluta necessidade desta compreensão – esta apreciação sincera de que vocês estão rodeados de vida inteligente – é de particular importância neste estágio do desenvolvimento da sua espécie, por razões que se tornam cada vez mais evidentes.

As coisas são como têm de ser. O seu planeta tem estado isolado desses níveis de compreensão desde antes do início da história humana. Ninguém iria sugerir ou fingir que este é um planeta onde é fácil se viver. De maneira alguma! De fato, você talvez fique mais tranqüilo ao saber que, entre aqueles cuja função é avaliar os méritos relativos das esferas habitadas, o seu planeta é considerado o terceiro mais difícil desta área do universo.

Mas você não deve ter medo. Tudo está se modificando. O isolamento e a escuridão que há tanto tempo envolvem a sua esfera estão chegando ao fim. Boa parte do medo, do ódio e de outras emoções negativas que têm sido reprimidos na sua mente mundial estão vindo à tona para serem eliminados.

Vocês estão despertando de um pesadelo. No futuro será possível ver uma realidade onde o amor e a alegria são maiores do que jamais se concebeu possível. Esta, meu caro, é a razão pela qual nós, do reino angelical, estamos nos fazendo mais conhecidos de vocês. É por isso que os saudamos com tanto entusiasmo quando cada um de vocês, individualmente, desperta. Este é o verdadeiro significado da Nova Realidade que está chegando para todos nós.

Assim terminou o meu primeiro encontro com Abigrael. E assim começou uma nova e maravilhosa amizade.

Como encontrei o meu anjo

Andrew

Quando eu tinha seis anos de idade e estava vivendo em Long Island, Nova York, fiz o que hoje eu chamaria de um altar em cima da estante do meu quarto. Nele coloquei duas figuras de cerâmica: um *cowboy* e um anjo. Minha família, que tinha posições políticas de esquerda, em 1957, considerava a figura do *cowboy* aceitável, mas durante muito tempo se recusou a aceitar o meu anjo porque este representava todas as superstições que eles combatiam. Todavia, eu era uma criança teimosa e eles finalmente cederam aos meus pedidos.

Meus pais tinham uma edição da *Divina Comédia*, de Dante, ilustrada por Gustave Doré, que ficava nas estantes da sala. Eu era obcecado por ela e passava horas olhando para as páginas amarelas cobertas de desenhos de anjos e de grupos de anjos rodopiando no céu. No meu desenho favorito, os anjos juntavam-se para formar uma gigantesca rosa.

Meu pai, apesar de agnóstico, tinha também uma obsessão pelos anjos. Ele era obcecado por um filme a que assistira uma vez, no qual um anjo, depois de uma explosão nuclear, é encontrado morto com um livro dourado nas mãos. Ele estava sempre atento para rever esse filme mas nunca conseguiu e me incumbiu de dar prosseguimento à sua busca. Mas eu também não encontrei o filme. Você sabe que filme é esse?

Eu sempre ouvi vozes quando era criança, tanto acordado como em sonhos. Embora não me lembre de ter relacionado o meu amor pelos anjos a essas vozes, aprendi desde pequeno que era melhor não falar a respeito delas. Eu transtornava todo mundo, especialmente quando fui ficando mais velho. Não se espera que garotos crescidos ouçam vozes.

Quando eu tinha sete ou oito anos meu pai levou-me para conhecer o *Metropolitan Museum of Art*, em Nova York. Lá vimos um maravilhoso quadro de Joana d'Arc, pintado pelo francês Jules Bastien-Lepage, que viveu de 1848 a 1884. (Eu ainda o visito de tempos em tempos.) No primeiro plano está Joana, olhando fixamente para o espaço. Pela expressão de seu rosto, fica evidente que ela está ouvindo as três frágeis figuras douradas que flutuam no ar atrás dela. Senti grande alegria ao admirar esse quadro. Pela primeira vez em minha vida descobri que outras pessoas também ouviam vozes.

Eu não sabia quem era a mulher do quadro e, durante três dias, fiquei realmente feliz. Então perguntei ao meu pai quem era ela e ele contou-me sua história. Até hoje me lembro de como fiquei com medo e comecei a me fechar. Eu não queria ouvir vozes. Não queria ser queimado na fogueira, tal como ela fora. Tentei, tanto quanto possível, ignorar as vozes. No caso de ficarem demasiado altas, descobri que podia cantar para mim mesmo ainda mais alto para bloqueá-las.

Quando ingressei na faculdade, as vozes continuavam comigo mas eu tinha aprendido a não ouvi-las. A parte boa da história é que eu não me sentia mais como alguém que pudesse ficar louco ou ser morto na fogueira. A parte ruim era que, para bloquear as vozes, eu também tinha de bloquear partes inteiras de mim mesmo.

Meu primeiro trimestre na faculdade foi no outono de 1969. Eu estava morando em Santa Bárbara, Califórnia, e me envolvi com política universitária e com o movimento de protesto contra a guerra do Vietnã. Ao mesmo tempo, no entanto, eu estava começando a estudar a ioga e outras técnicas orientais de meditação, que começavam a se popularizar nos Estados Unidos. "Confie no seu interior", dizia-nos sempre um de nossos professores. Eu não tinha confiado no meu interior durante dez anos. Foi então que comecei a me permitir ouvir as vozes interiores novamente – a título de experiência. Eu tinha prometido a mim mesmo: "Se eu começar a ficar louco, vou parar."

Eu não tinha nenhuma idéia a respeito do que produzia aquelas vozes. Levei sete anos para aquietar minha tagarelice interior o suficiente para poder ouvir novamente sentenças e parágrafos. E embora houvesse ocasiões naqueles anos em que eu tive a certeza de que estava ficando louco, alguma coisa me fez continuar. Nessa época, eu já estava morando no Brooklin, Nova York, trabalhando numa livraria. Todavia, eu ainda era tão ignorante em relação às minhas vozes que, quando minha amiga Linda Sherwood me deu um exemplar de *Seth Speaks*, eu ri-me dele. Tive de ler metade do livro para descobrir que eu estava fazendo a mesma coisa que Jane Roberts, a autora do livro: ouvindo.

A popularidade desse tipo de comunicação nos anos 70 foi para mim algo tão confortador quanto a pintura de Joana d'Arc tinha sido. Nessa atmosfera alentadora, eu estava aprendendo a fazer a distinção entre as vozes que eram minhas e aquelas que pertenciam aos meus guias. Eu estava começando a reconhecê-los como indivíduos, com muitas coisas para me ensinar. Em vez de ficar louco, os pedaços de minha vida estavam começando a se juntar.

Em 1976 eu estava explorando minha senda espiritual, meditando, fazendo ioga, dando palestras e recebendo centenas de páginas de ditados de meus guias. Sob a orientação deles, estudei a cultura da Idade do Gelo e aprendi muitas coisas sobre a vida em diversos outros planetas. Além disso, recebi informações, que posteriormente serão compartilhadas com vocês, sobre o despertar de um novo centro de energia no nosso corpo.

Tendo sido criado numa família que não acreditava em Deus, quando percebi que acreditava em Alguma Coisa rejeitei a idéia de patriarquia e de um Deus Pai, e sintonizei-me com as energias da Grande Mãe. Inspirado por uma imagem de Ísis, a deusa alada do antigo Egito, descobri que eu também tinha asas que brotavam da minha espinha e que elas estavam lentamente se expandindo. Comecei a ensinar outras pessoas a abrir suas asas. Se vocês me fizessem alguma pergunta a respeito de anjos, porém, minha resposta seria uma risada. Anjos eram aqueles garotinhos rechonchudos dos cartões enviados no dia dos namorados, com arcos, flechas, harpas e pequenas asas.

Em 1979 eu estava em Los Angeles tomando conta de meu pai, que caminhava lentamente em direção à morte. Numa certa noite, o telefone tocou. Era minha amiga Harriet Goldman ligando de Nova York para dizer que um reator nuclear estava prestes a explodir num lugar do qual eu nunca ouvira falar – Three Mile Island. Harriet e eu tínhamos freqüentemente orado e meditado juntos. Quando ela disse: ''Temos de fazer alguma coisa'', eu sabia o que ela tinha em mente.

Eu havia desligado o telefone e estava me preparando para meditar quando, subitamente, fui puxado para fora do meu corpo por uma força invisível. De repente, me vi flutuando no céu no meio de um grande número de outros seres. Éramos luminosos e estávamos dispostos em duas enormes esferas em torno de uma usina nuclear. Eu sabia que a nossa presença ali iria impedir a explosão do reator.

Quando voltei para o meu corpo, telefonei para Harriet para lhe dizer que tudo ia acabar bem. Depois, liguei a televisão para assistir às notícias. Na tela estava a mesma usina nuclear que eu tinha visto do ar. O repórter não mencionou as duas esferas de seres luminosos, da mesma forma como eu não tinha percebido que muitos deles eram anjos.

Três anos se passaram desde então, eu continuei a trabalhar com os meus guias, a proferir palestras, a realizar minhas atividades de cura e, ocasionalmente, a ministrar cursos. Voltei a estudar técnicas de massagem e estava integrando esses métodos ao trabalho de cura que já estava realizando. Também comecei a trabalhar com meu amigo Bill Walsh, um quiroprático, num consultório que ele tinha criado para oferecer formas alternativas de assistência médica a pessoas que estavam sendo submetidas a programas de recuperação.

Uma noite, na primavera de 1982, eu estava sentado no chão de meu quarto de meditação quando um anjo apareceu para mim. Ele tinha 2,10 metros de altura, pele trigueira, olhos e cabelos dourados, enormes asas douradas e flutuava a cerca 10 centímetros do parquete. Minha primeira reação foi de raiva. O tipo de meditação que eu estava fazendo deveria esvaziar a minha mente e não enchê-la de luz dourada. Comunicar-me com guias e com deusas era uma coisa; anjos eram muito diferentes porque todo o meu medo internalizado e a minha autocrítica haviam se concentrado neles. Eu me reprimi novamente. No momento em que o fiz, não fui mais capaz de vê-lo. Mas a sensação da presença desse ser não desapareceu. E ele continuou irradiando tanto amor para mim que tive de voltar a ser receptivo.

Ele sorriu e disse-me para estender minhas asas. Eu o fiz. Quando ele tocou a ponta de suas asas na ponta das minhas, meu corpo começou a vibrar, uma energia sutil fluiu através de mim e eu fui inundado pelo mais puro amor que já senti. Era a essência do amor, destilada, concentrada, fluindo para todas as partes do meu ser – corpo, mente e espírito.

Durante semanas, depois deste acontecimento, eu me abri para ele todas as noites. Ele conversava comigo, ensinava-me coisas e viajávamos juntos. Durante

82

muito tempo eu não falei a ninguém sobre ele e ocultei a informação de que, segundo ele, seu nome era Gabriel. Também não contei a ninguém que o anjo que ele às vezes trazia consigo, aquele de pele escura, olhos cor de âmbar e asas douradas, apresentava-se como Rafael. Esse não é o tipo de coisa sobre a qual se possa falar no Brooklin. Agora posso compreender que existem muitos anjos com esses nomes, e que existem tantos Gabriéis e Rafaéis no Céu como Jennifers ou Jasons no *playground* do outro lado da rua.

Embora os anjos inicialmente tenham se apresentado a mim de forma que eu pudesse vê-los, depois que me acostumei com suas aparições eles deixaram de ser visíveis. Eles me disseram que precisam se esforçar muito para reduzir suas vibrações o suficiente para que nós, humanos, possamos vê-los. Eles têm mais facilidade em se comunicar conosco por meio de sons. Depois que fiquei familiarizado com as freqüências dos anjos, eu conseguia ouvir cada anjo numa parte do meu cérebro. Como certas áreas específicas são sensíveis a determinados anjos, eu sempre sabia com quem estava falando.

Tive também outra visão angelical. Uma noite, vários meses depois do seu primeiro aparecimento, quando eu já estava acostumado a falar com ele sem vê-lo, Rafael apresentou-se novamente de forma visível. Tinha a mesma aparência de antes, a de um homem alado. Eu, todavia, estava curioso a respeito do sexo dos anjos e, assim inquiri-o a esse respeito. Bem diante dos meus olhos ele se transformou num ser feminino. Sem que uma palavra sequer fosse pronunciada, compreendi o que ele estava dizendo – que os anjos são ao mesmo tempo seres masculinos e femininos. Depois perguntei a ela se os anjos realmente se pareciam com os seres humanos. Ela primeiro se transformou numa esfera dourada de 1,8 metros de diâmetro e, depois, estendeu-se horizontalmente para formar um golfinho dourado de 1,8 metros, dotado de asas e flutuando a cerca de 90 centímetros do piso de meu quarto. Compreendi que os anjos apareciam a cada ser senciente na sua própria forma. Então, o golfinho se transformou novamente numa esfera, que aos poucos foi se tornando transparente. Filamentos longos e ondulantes surgiram a partir de um núcleo vertical, pulsando em diferentes cores mas emitindo uma suave luz dourada. Tudo isso estava acontecendo na orla do meu campo visual. Eu sabia que, com os meus olhos físicos, isso era o mais perto que eu jamais chegaria da verdadeira aparência de um anjo.

A maioria das pessoas não vê anjos. Certa vez perguntei ao meu anjo por que eles aparecem diante de mim de forma tão clara. Eles disseram, rindo, que isso acontecia porque eu era tão denso que não havia outra forma de chegar até mim.

No verão de 1985, outro anjo, Gantol, apareceu na minha vida e ditou-me um livro sobre os sistemas de energia sutil do corpo humano. Essas informações revelaram-se inestimáveis em minha atividade com o corpo. Foi Gantol que me explicou pela primeira vez que os inúmeros filamentos que vi surgirem do corpo de Rafael, quando ele se transformou numa bruxuleante esfera de luz, eram iguais aos pares de filamentos que eu tinha despertado em minhas próprias costas e que eu pensava serem as minhas asas.

Através de Gantol, conheci dois outros anjos que tinham sido "designados" para trabalhar com minha companheira e comigo no nosso relacionamento e num grupo de meditação que estávamos dirigindo. Quando esse relacionamento terminou esses dois anjos partiram e outro anjo, que se identificava apenas como anjo verde, entrou na minha vida. Assim, eu soube que existiam diferentes tipos de anjos: aqueles que nos fornecem informações, como é o caso de Gantol, e aqueles que chamo de anjos de ligação e atuam junto a nós em nossos relacionamentos. Todavia, eu nunca perguntei se existiam anjos da guarda ou se eu tinha o meu próprio anjo. Nunca.

No meu diário, no dia 9 de abril de 1987, eu menciono um novo ser que tinha entrado na minha vida duas noites antes – uma "intensa energia dourada, altamente ativa".

Agora tenho de retroceder um pouco no tempo. Quando eu tinha três anos e meio, alguma coisa me aconteceu. Eu estava na minha cama uma noite, logo antes da hora de ir dormir, e no momento seguinte sentia um terror tão grande que continuei a ter medo de pegar no sono até pouco antes de completar 16 anos. Embora eu jamais esquecesse essa noite, nunca pude me lembrar do que tinha acontecido que me assustara tanto. Na primavera de 1987 apareceram diversos livros sobre raptos realizados por UFOS, e eu comecei a me perguntar se algo semelhante não teria acontecido a mim naquela noite. Assim, comecei a trabalhar com Barbara Shor, minha boa amiga e companheira em jornadas para exploração da consciência. Ele me colocou em estado de transe e me levou de volta àquela noite.

Eu me vi novamente no meu quarto. Pela primeira vez, pude me lembrar de algo. Eu estava na cama, abrindo-me para uma luz dourada que parecia tornar-se cada vez mais forte. Foi então que algo deu errado. Eu parecia estar aberto demais e recebendo um excesso de luz. Tive a sensação de que os meus circuitos estavam sendo fritados, especialmente em torno do coração. Apavorado, eu me fechei para a energia dourada que reconheci nitidamente ser o meu anjo da guarda.

Entretanto, a minha longa jornada de cura, canalização e comunicação com Gantol e com outros anjos tinha me preparado para essa reunião. Aos 36 anos, eu estava muito mais preparado e equilibrado do que aos três e meio. Eu podia me abrir para o meu anjo mais uma vez e me deixar inundar por um amor e uma alegria que havia muitos anos eu não sentia.

Ao longo das semanas seguintes, eu e meu anjo voltamos a nos encontrar. Ele me disse que seu nome era Sargolais e que sempre estivera ao meu lado, a distância, esperando pelo momento em que eu estivesse suficientemente forte para restabelecer contato com ele. Percebi que meu anjo de cerâmica e minha obsessão por pinturas de anjos foram a melhor maneira que minha mente consciente teve de me manter ligado a ele – mas sem me aproximar demais.

O encontro com Sargolais modificou minha maneira de viver neste mundo. Embora eu sentisse um grande amor em todos os anjos que encontrei, existe uma amor especial que provém de um ser cuja natureza específica consiste em me amar, tal como sou. Sabendo o quanto foi difícil voltar a ter contato com o meu anjo, posso agora observar o que se passa com outras pessoas e adotar uma atitude menos crítica a respeito de seus esforços. As informações que Sargolais me forneceu têm me permitido andar pelo mundo com mais clareza e com um senso de propósito mais profundo. De fato, descobri que o próprio mundo é um lugar mais cheio de ternura do que eu antes suspeitara.

Ainda existem ocasiões em que me sinto assustado, solitário e confuso. Mas Sargolais está sempre lá. Não importa o quanto as coisas estejam ruins, sempre posso sentir suas asas em torno de mim. Às vezes, quando sinto que não posso continuar, eu o chamo e ele me dá uma transfusão, de um coração para outro, de uma luz líquida e dourada que me equilibra e me cura.

Ironicamente, meu relacionamento com Sargolais tem sido a ponte entre os pontos de vista da minha família e o meu próprio caminho espiritual. Ele está sempre me fazendo lembrar que é uma dádiva ter um corpo e viver no mundo físico, que é apenas através do amor e da nossa parceria com os anjos que podemos criar o tipo de mundo com que os revolucionários podem sonhar mas que jamais irão construir. Em virtude de Sargolais, encaro minha obra espiritual como um passo dado adiante da fúria que alimenta revoluções. Acredito que todos nós estejamos nos deslocando rumo a uma radical transformação que só pode ter sua origem no amor e no respeito a todas as formas de vida e à rica diversidade da espécie humana.

Graças às minhas ligações com Sargolais eu tenho feito palestras e conduzido seminários sobre os anjos. Algumas das técnicas deste livro foram aprendidas com Sargolais, outras com o meu velho amigo O Anjo Verde, e algumas com dois outros anjos que eles trouxeram para a minha vida. Além disso tudo, existe também o meu novo relacionamento com Abigrael, o anjo coordenador deste livro. Quando penso em anjos, porém, é Sargolais que primeiro me vem à mente. E ele tem a sua própria maneira de ver as coisas. Portanto, o que se segue são palavras suas a respeito do nosso relacionamento.

Sobre o meu relacionamento com Andrew

SARGOLAIS: Minha ligação com Andrew é antiga. Fomos criados juntos num espaço fora do espaço e num tempo fora do tempo. Desde que entramos nos domínios do espaço/tempo, sempre viajamos juntos. Tenho estado ao lado dele dentro e fora de muitas existências, como parteira, mãe, curandeiro, pintor, dançarino, tocador de flauta, arquiteto e caçador – temos trabalhado juntos para fazer a ligação entre os mundos físico e espiritual. Os seres humanos existem para conduzir energia espiritual para o mundo material, da mesma forma como os anjos existem para conduzir energia material para os domínios espirituais – e precisamos uns dos outros para realizar os nossos propósitos.

Num certo sentido, nós, os anjos da guarda, somos os assistentes sociais do universo. Alguns de nós têm uns poucos clientes apenas; outros têm muitos. Andrew, por exemplo, e eu estamos em contato com 118 entidades, cada uma numa galáxia diferente. Entretanto, como nós, anjos, não estamos concentrados no espaço/tempo, tal como acontece com vocês, estou igualmente presente junto a Andrew e junto às outras conexões encarnadas, todas de seres sencientes mas nem sempre humanas.

Nesta altura da nossa jornada, a maioria dos seres humanos não tem consciência de seus amigos angelicais. Isto não é verdadeiro para os golfinhos e as baleias, e também nunca acontece com o elemento angelical de uma ponte de consciência.

Um ser humano ou cetáceo e o seu anjo poderiam ser comparados a um ovo e sua casca. Assim, Andrew é o ovo e eu a casca, estando eu aqui para ajudá-lo e protegê-lo. Não sei quantas vezes ele me disse, observando todo o sofrimento que existe no mundo, que nós, anjos, não fazemos direito o nosso trabalho. Estou sempre lembrando a ele que vocês são seres independentes e que, do nosso ponto de vista, a dor e o sofrimento podem promover o crescimento espiritual. Vocês também precisam ter em mente que, enquanto os laços que existem entre nós não forem conscientes, nós teremos dificuldade para compartilhar nossa sabedoria e amor com vocês. Na física dos anjos existe uma regra simples, que todos temos de obedecer. Nós, anjos, só podemos entrar no seu mundo se vocês abrirem uma janela para nós. Mesmo uma fresta é suficiente. Só depois disso é que nós poderemos entrar. Sem isso, temos de permanecer do lado de fora, observando eternamente.

Quanto mais você se torna consciente da nossa profunda ligação, mais você será capaz de se beneficiar com as nossas experiências. Quando isto acontecer num nível global, o modo de vida de vocês todos irá mudar. Uma espécie consciente a respeito da existência dos anjos não pode poluir, escravizar, destruir ou matar.

Às vezes, a transição é difícil. Todavia – e esta é a coisa mais importante que já disse a Andrew – *Deus não quer que sejamos perfeitos: ele apenas nos quer presentes*. Isto é válido tanto para os anjos como para os seres humanos.

Toda a humanidade está se modificando. Vocês estão prestes a passar por uma ampla e jubilosa expansão de consciência. Vocês estão no limiar do seu próximo estágio evolutivo. Nesse estágio, a ligação consciente entre seres humanos e anjos será a norma e não a exceção. Pela primeira vez em toda a sua história, a vida de vocês será orientada pelo amor e pela alegria, em vez de pelo sofrimento e pela dor.

Assim, parte do meu trabalho com Andrew é uma exploração pessoal do nosso destino comum, e parte uma atuação no papel de professor, transmitindo-lhe informações e ensinando-o a ter alegria. Todavia, eu não trabalho com ele sozinho. Sempre que um anjo e um humano se ligam, isto torna mais fácil a ligação entre indivíduos de ambas as categorias. É também importante lembrar que, embora nós anjos sejamos sábios e imortais, vivemos num outro plano da realidade e nem sempre conhecemos as peculiaridades do seu mundo. Assim, Andrew me ensina muitas coisas a respeito da humanidade, sobre as esperanças humanas, seus sonhos e temores. Juntos, criamos uma ponte através de todas as freqüências da consciência. É por isso que Deus criou anjos e seres humanos e nos convidou a trabalhar em conjunto.

Parte II

Como invocar os seus anjos

O Processo da GRAÇA

Alegria, humor e sabedoria são apenas três das dádivas que os anjos nos oferecem. Depois que você conhecer o seu anjo, você também irá desfrutar do prazer da sua companhia. Nesta seção você vai aprender quais são os passos básicos para ligar-se ao seu anjo e poder travar suas próprias conversas celestiais, de coração para coração. Para você se divertir e estabelecer um contato adicional, existe também o Oráculo dos Anjos. Ele é ao mesmo tempo uma relação das categorias de especialistas angelicais que estão disponíveis para trabalhar com os seres humanos nos dias de hoje e uma útil e divertida ferramenta divinatória.

As técnicas que se seguem – meditações, visualizações e exercícios – foram desenvolvidas em colaboração com os anjos e também com grupos de participantes de nossos seminários e reuniões de trabalho. Os anjos participaram do desenvolvimento de cada uma delas. No início, recorríamos à orientação de nossos anjos para definir todos os passos do processo. Nós literalmente nos abrimos para receber instruções à medida que prosseguíamos. Através de muitos seminários, aprimoramos o método que lhes oferecemos neste livro. Nós o chamamos de

O PROCESSO DA GRAÇA

São necessários cinco passos para você estabelecer contato com o seu anjo:

Ligação com a Terra,
Liberação,
Alinhamento,
Conversação, e
Desfrute da ligação!*

O último passo é tão importante quanto o primeiro. Conhecer o seu anjo é um acontecimento cheio de alegria, amor, prazer e deleite. Conhecer o seu anjo também é um acontecimento momentoso que irá modificar a sua vida. Trata-se de

---

* No original, as iniciais desses cinco passos – *Grounding, Releasing, Aligning, Conversing* e *Enjoying the connection* – formam a palavra GRACE, que dá nome ao processo GRACE.

algo mais ou menos parecido com um casamento, pois essa relação requer amor e compromisso.

Como encontramos a GRAÇA

Para escrever este livro, tivemos de compilar tudo o que nós três sabíamos sobre os nossos anjos. Todos estivemos de acordo quanto à importância da Ligação com a Terra. Timothy e Alma tinham definido para si mesmos a necessidade da Liberação. A especialidade de Andrew era o Alinhamento. Todos nós dialogamos com os nossos anjos durante anos. LNO foi a responsável pelo elemento que estava faltando: O desfrute!

"É claro!", dissemos nós. "Por que não pensamos nisso?" Foi então que surgiu a idéia do Oráculo dos Anjos. Sargolais, o anjo de Andrew, tinha na verdade dado isso a ele e Andrew compartilhara a idéia com muitas pessoas em seus seminários.

Como começar

Como a maioria dos exercícios são feitos com os olhos fechados, você vai querer gravá-los para poder seguir as instruções sem ter de consultar o livro. É conveniente ler completamente cada um deles algumas vezes, antes de começar, para sentir o *timing* e o ritmo. Embora não seja necessário gravar os números de cada passo, você precisa se certificar de que fez uma pausa suficientemente longa entre um e outro, para ter tempo de seguir as instruções.

Você também vai precisar de um caderno de anotações e de uma caneta. O melhor é ter um caderno especial que você vai usar somente para registrar as conversas com os anjos e suas mensagens. Você talvez queira usar uma caneta especial, com tinta da sua cor favorita. Por mais simples que possa parecer, isso está relacionado com o seu encontro com o anjo e pode ajudá-lo a passar da consciência comum para a consciência angelical. À medida que você for aprofundando o relacionamento com o seu anjo, você talvez queira, como muitas pessoas agora fazem, conversar com ele através do seu computador. Reserve um disquete apenas para as suas comunicações com os anjos, de acordo com o que o anjo de Alma, LNO, solicitou.

Quer você use um caderno de notas ou um computador, coloque a data em todas as mensagens que receber. Depois de terminada a comunicação, você pode dar-lhe um título conciso, para indicar o assunto ali tratado. Isto vai ajudá-lo a se lembrar dos pontos principais de cada transmissão e facilitará consultas posteriores.

A importância de escrever

Enfatizamos a importância de registrar por escrito as mensagens dos anjos porque, no início, você pode ter a tendência de rejeitar a mensagem, considerando-a produto de sua própria imaginação. O Capítulo 7, "Conversando", vai esclarecer qualquer dúvida que você possa ter a respeito disso. O registro no papel ou em disquete servirá para preservar as palavras para que, posteriormente, você possa distinguir claramente a voz do seu anjo. A escrita capta essa delicada ligação e lhe proporciona um registro do seu relacionamento à medida que ele se desenvolve. A releitura das transmissões antigas vai enriquecer sua vida com o amor e a clareza que caracterizam a voz dos anjos. Além disso, você ficará espantado, ao examiná-las em retrospecto, com a precisão e as revelações proporcionadas pelas mensagens.

Outros métodos de comunicação

Isto não significa que escrever é a única maneira de se comunicar com o seu anjo. Para algumas pessoas, talvez não haja nenhuma palavra; em vez disso, poderá haver mudanças de sentimentos, de cores, de imagens e, até mesmo, de música. Tome nota ou desenhe o conteúdo dessas mensagens à medida que as for recebendo. Teza, pintora e escultora, recebe imagens e não palavras do seu anjo. Ela as desenha no seu caderno de notas e medita a respeito, acumulando interpretações que, então, consegue traduzir em palavras. Como quer que as informações cheguem, você deve estar preparado para recebê-las. Escrever ou desenhar é um reconhecimento, uma aceitação do que lhe foi dado. Neste sentido, os anjos assemelham-se aos seres humanos: quando seus esforços são reconhecidos, eles ficam encantados, dedicando-se ainda mais a nós.

Lembre-se de que anjo significa "mensageiro". O que chega até você são mensagens de anjos, quer sejam palavras, desenhos, música ou sentimentos. Você pode conceber os anjos como seres externos, como outra forma de vida, ou como algo interno, um aspecto do seu próprio Eu Superior. Como quer que seja, as técnicas para comunicar-se com eles funcionam da mesma maneira. Assim como não existe o acima e o abaixo no espaço sideral, não existe o dentro e o fora nos domínios angelicais. Tudo está ligado.

Recomendamos que você passe lentamente por esta seção, fazendo cada um dos exercícios na ordem em que aparecem e repetindo-os até familiarizar-se com eles. Cada passo baseia-se no anterior, proporcionando-lhe o sólido alicerce necessário para a comunicação. Não salte nenhum trecho, por maior que seja a tentação! Faça os exercícios de cada seção e você estará preparado para a etapa seguinte. Reserve algum tempo para isso e saboreie cada passo do processo. Não há pressa. Os anjos não usam relógio. Divirta-se com esses exercícios. Faça-os com a alegria e o entusiasmo das crianças. Se alguns deles lhe parecerem estranhos ou, mesmo, amalucados, ótimo. Você está a caminho de uma descoberta que irá lhe revelar o seu próprio potencial para uma comunicação afetuosa e profunda, não apenas com os anjos mas também com todas as outras pessoas que fazem parte da sua vida.

Nunca se é excessivamente jovem ou velho para conversar com os anjos. No entanto, às vezes a pessoa pode ser demasiado séria para isso. Portanto, feche os olhos e imagine o seu anjo fazendo-lhe cócegas, neste exato momento, no lado esquerdo de suas costelas. Você está sorrindo? Rindo baixinho? Ótimo. Agora você está pronto para prosseguir.

4

Ligação com a Terra

Como os anjos são mensageiros celestiais e seres alados, você talvez ache um pouco estranho que o primeiro passo do processo de estabelecer contato com eles seja chamado de Ligação com a Terra. Não faria mais sentido dizer 'sair do chão'? Ao contrário do que você poderia pensar, a Ligação com a Terra é de fundamental importância para qualquer tipo de trabalho espiritual. E você vai considerá-la extremamente útil também na sua vida cotidiana.

Ligar-se à Terra significa concentrar a atenção no seu corpo e viver o momento presente. Significa reunir todas as suas energias – mentais, emocionais e físicas – e fazer com que seus pensamentos e sentimentos se equilibrem calma e harmoniosamente no seu corpo. Quando você está ligado à Terra, é muito mais fácil concentrar seletivamente a sua atenção, quer você esteja trabalhando num emprego ou num projeto e sempre que quiser meditar, visualizar ou ouvir a voz do seu anjo.

Em boa parte da nossa vida, somos conduzidos pelo nosso piloto automático. Talvez você já tenha passado pela experiência de, numa longa viagem de carro, subitamente perceber que está atrás do volante. Embora sua mente estivesse a "milhares de quilômetros de distância", você rodou 15, 30 quilômetros, mudando de rua, dando sinais, usando os freios, quando necessário.

Todos nós sonhamos acordados de vez em quando. Quando o sonhar acordado é muito freqüente, isto é chamado de distração, e só Deus sabe o número de coisas que colocamos no lugar errado, os compromissos a que faltamos ou os erros que cometemos quando o nosso corpo estava presente e nossos pensamentos ausentes. Isso acontece quando não queremos fazer o que estamos fazendo, não queremos ouvir o que alguém está dizendo ou não queremos estar onde estamos. Se não podemos fugir fisicamente de uma determinada situação, nós o fazemos mentalmente. Nossa atenção volta-se para o mundo exterior, para outras épocas e lugares. É fácil dizer quando alguém não está prestando atenção por causa do olhar vago – "as luzes estão acesas mas não há ninguém em casa".

Aprender a ligar-se à Terra e a captar e estabilizar as suas energias será uma coisa muito importante na sua vida. Isto lhe permitirá conservar-se receptivo, viver inteiramente no presente, manter-se alerta e, ao mesmo tempo, estar tranqüilo. Você pode conceber a ligação com a Terra como o atracamento de um barca ao cais ou ao ato de fincar no chão as estacas de uma barraca. Quando está ligado à Terra, você tem a sensação de estar ancorado, ligado, seguro e protegido.

Embora simples, a ligação com a Terra é fundamental para o estabelecimento de contato com o seu anjo. Ela é a base do Processo da GRAÇA.

Um lugar especial

Antes de começar, encontre um lugar em sua casa onde você se sinta inteiramente confortável e à vontade. Este deve ser um lugar calmo e tranqüilo, aonde você possa voltar repetidas vezes para meditar, fazer os exercícios deste livro e conversar com os seus companheiros angelicais. Se você não dispõe de um lugar assim, simplesmente ande pela casa, deixando-se levar para um lugar que "pareça ser o melhor". Se quiser, pode criar um lugar especial, um espaço sagrado, colocando aí um altar. O simples ritual de acender uma vela, queimar uma vareta de incenso, trazer uma flor recém-colhida ou encher uma bela poncheira com água ajuda a serenar a mente e a criar uma disposição reflexiva para a Ligação com a Terra.

Caso já tenha um altar ou queira fazer um, você talvez deseje colocar nele um desenho ou a estátua de um anjo do seu agrado. Sempre que você faz ali os seus exercícios e meditações, esse espaço é consagrado. Entre e saia desse espaço de forma consciente e respeitosa. Você vai descobrir que o seu espaço de meditação é como se fosse um templo. Ele vai armazenar a energia que você cria durante a meditação, tornando mais fácil para você entrar em sintonia com o seu anjo.

Depois que tiver adquirido alguma experiência em conversar com os seus anjos, em determinado momento você será levado a fazer o exercício de Ligação com a Terra e outros exercícios ao ar livre. Escolha um lugar ermo, que lhe pareça energizado e onde você saiba que não será perturbado por ninguém. No início, porém, você vai descobrir que é muito mais fácil concentrar-se num ambiente fechado, de onde as distrações podem ser eliminadas.

Fazer contato com os níveis sutis de inteligência angelical significa escutar. Silêncio e imobilidade são necessários. Escolha um horário em que você saiba que não será perturbado. Tire o telefone do gancho e desligue o rádio e a televisão. Embora algumas pessoas gostem de meditar com alguma linda música de fundo, em se tratando de anjos chegamos à conclusão de que o melhor é ouvi-los em silêncio. Os próprios anjos têm confirmado isto:

"Abra o seu coração para os sons do silêncio e você vai ouvir as maravilhas de tudo o que existe", disse um anjo a Deborah, numa de nossas reuniões. Numa mensagem recebida em casa por Lee, outro participante, eles advertiram:

"Recomendamos que cada um reserve algum tempo duas vezes por dia, de manhã e à noite, para se acalmar e, em silêncio, encher-se com uma luz branca."

Use esse tempo para acalmar a si mesmo e ao seu ambiente.

Coloque o seu toca-fitas perto de você para que possa ligá-lo e desligá-lo de acordo com a sua vontade, sem precisar se levantar. Embora não haja necessidade de fazer nenhum registro no seu caderno de notas durante os exercícios de Ligação com a Terra, você talvez queira mantê-lo ao seu lado para, depois dos exercícios, registrar algum pensamento ou sentimento que tenha sido recebido.

Exercício 1:
Introdução à ligação com a Terra em seu corpo físico

Embora muitas pessoas gostem de sentar com as pernas cruzadas, descobrimos que é preferível fazer estes exercícios sentado numa cadeira ou sofá, com as costas eretas e os pés apoiados no chão. Isto vai ajudá-lo a sentir a sua ligação com a Terra.

1. Sente-se confortavelmente e feche os olhos. Coloque as mãos sobre as coxas.
2. Concentre a atenção em seu corpo. Comece pelos pés e, depois, lenta e cuidadosamente, suba para as pernas, as coxas, o tronco, os braços,

o pescoço e a cabeça. Esteja sempre muito consciente de seus movimentos de inspiração e expiração.

3. Imagine-se envolvido pela luz. Inale essa luz ao inspirar e sinta o seu corpo encher-se dela.

4. Ao expirar, ponha para fora qualquer tensão ou dor que você possa sentir em seu queixo, rosto ou ombros. Ponha para fora qualquer tensão que sentir em qualquer parte do seu corpo. Continue inalando luz e exalando tensão. Inale luz e exale tensão até ficar calmo e relaxado.

5. Se a sua mente começar a divagar ou a tagarelar, obrigue-a gentilmente a se concentrar na sua respiração.

6. Agora, comece a imaginar minúsculas raízes brotando da sola de seus pés e da parte inferior de sua espinha. Sinta-as crescendo cada vez mais. Faça-as crescer para baixo, através da cadeira e do chão, até alcançarem a terra, não importando o número de andares que possa haver abaixo de você.

7. Continue respirando luz e exalando tensão e, ao fazê-lo, visualize suas raízes introduzindo-se na terra, fixando-se lá e ligando-o firmemente ao centro da Terra.

8. Na próxima inalação, imagine que você é capaz de respirar através das suas raízes. Puxe a energia da Terra para si através de suas raízes da mesma forma como você sugaria um líquido com um canudo. Puxe a energia da Terra para cima, para o seu corpo, até que ela encha seu coração e todo o seu corpo.

9. Agora concentre sua atenção no topo da sua cabeça, o cocuruto. Visualize esse ponto, o qual tem cerca de quatro centímetros de diâmetro, começando a se abrir. Dessa abertura estão saindo longos filamentos que sobem como galhos através do teto, passando pelos andares acima de você e estendendo-se até o Céu. Imagine esses filamentos ligando você ao Sol e a todos os planetas e estrelas.

10. Ao inalar, inspire a energia do Céu, trazendo-a para baixo, através desses filamentos. Leve essa energia até o seu coração e deixe que ele se encha com a radiante luz do Céu. Sinta-a penetrando em todo o seu ser.

11. Agora, inale ambas as correntes de energia – a da Terra, vinda de baixo, e a do Céu, vinda de cima – ao mesmo tempo. Deixe essas energias se misturarem em seu coração e encherem o seu corpo. Continue a inalar energia – sugando a da Terra para cima e puxando a do Céu para baixo. A da Terra, para cima; a do Céu, para baixo. Agora você está fixado firmemente entre a Terra e o Céu.

12. Quando estiver pronto, volte a ter consciência de seu corpo e do lugar onde você está sentado. Sinta sua respiração. Sinta seus batimentos cardíacos. Ouça todos os sons que existem à sua volta. Devagar, muito devagar, fazendo tudo a seu tempo, abra os olhos.

Olhe à sua volta. Observe quaisquer diferenças na maneira de perceber o seu corpo. Em geral, as pessoas dizem sentir-se mais conscientes e estarem vivendo de forma mais plena no presente. Caso deseje, agora você pode registrar seus sentimentos e impressões no seu diário. Não se esqueça de colocar a data do registro.

Duas experiências de ligação com a Terra

Quando Carol se sentou para fazer este exercício pela primeira vez, sua mente estava tagarelando. Por mais que tentasse, ela não conseguia silenciá-la. Quando se concentrou em sua respiração, porém, sua mente foi se acalmando. Depois ela nos contou que "no momento em que senti minhas raízes e meus ramos, tive a sensação de ser uma árvore. Subitamente, percebi que eu era o velho olmo em que costumava subir quando criança. Eu me sentava na curva de seus ramos sempre que me sentia solitária ou precisava de consolação. Era como se a árvore fosse a minha casa." Jogando para trás os seus longos cabelos ruivos, Carol prosseguiu sua narrativa contando-nos como se sentiu sendo uma árvore. "Foi incrível. De repente eu me senti grande, alta e forte – como o olmo que eu tanto amava." Endireitando o corpo na cadeira, ela exalava confiança. Carol ficou tão entusiasmada com sua nova sensação de bem-estar que continuou a fazer o exercício de ligação com a Terra depois que o seminário terminou, e logo isto passou a fazer parte da sua rotina.

Carol, uma atriz de vinte e poucos anos, é do Kentucky e atualmente mora em Nova York. Um dia, faz algumas semanas, ela tinha acabado de ligar-se à Terra, preparando-se para uma conversa com o seu anjo, quando o telefone tocou. Ela havia esquecido de tirá-lo do gancho. Carol foi obrigada a atender e ouviu a voz irada de sua mãe na outra extremidade da linha, repreendendo-a por não telefonar havia mais de três semanas. Sem esperar por uma resposta, sua mãe começou a desfiar uma longa lista de outras queixas. Como estava ligada à Terra, em vez de ficar na defensiva, do jeito que sempre fazia quando a mãe gritava com ela, Carol lembrou-se de que os anjos às vezes trazem mensagens das maneiras mais inesperadas. Qual era a mensagem que ela estava recebendo? Sua mãe precisava ser reassegurada de que Carol ainda se preocupava com ela.

"Mamãe", disse ela. "Que bom que você ligou. Ultimamente não tenho tido nenhuma oportunidade de lhe dizer que eu amo você."

Houve um silêncio profundo no outro lado da linha. Depois a mãe limpou a garganta e, ternamente, disse: "É claro que sim, querida. Eu sei que sim. Como *você* está?"

O exercício de Ligação com a Terra ajudou Carol a evitar um velho padrão de comportamento reativo e, em vez disso, alcançar o amor. Em vez de evitar sua mãe, como costumava fazer depois de uma de suas explosões, Carol ligou-se à Terra e telefonou para a mãe alguns dias depois para pedir uma fotografia do olmo. Elas tiveram uma conversa rápida mas agradável.

Para o eletricista Allan, o exercício de ligação com a Terra foi mais difícil. Tendo morado em cidade ao longo de todos os seus 54 anos de vida, sem nenhum relacionamento com a natureza, ele demorou mais tempo para estabelecer um sentimento de ligação entre a Terra e o Céu. Ele ficava se remexendo em seu assento. No final, porém, Allan estava sentando-se firmemente em sua cadeira, com um sorriso de espanto no rosto. Ele estava ansioso por compartilhar suas impressões:

"Passei 30 anos instalando fios-terra e até este momento, nunca me tinha ocorrido que as pessoas também precisam estar ligadas à Terra", disse-nos ele. "Agora sei do que é que a minha família vem se queixando. Os meus filhos sempre me dizem: 'Você nunca está realmente aqui, papai.' E minha esposa diz que eu não presto atenção a ela."

Allan contou-nos que todos os dias, na hora do jantar, enquanto sua família conversava sobre os acontecimentos do dia, seu pensamento continuava voltado para o trabalho, afligindo-se com o que tinha acontecido ou preocupando-se com o que poderia vir a acontecer no dia seguinte. Depois do jantar ele ligava a TV e assistia a alguma coisa ou caía no sono.

Procure áreas da sua vida nas quais você talvez não esteja ligado à Terra e medite sobre as conseqüências disto nos seus relacionamentos, no trabalho e em outros aspectos da sua vida. Ao praticar estes exercícios, procure perceber o que acontece de diferente quando você se liga à Terra e ao Céu. Quando você se tornar capaz de executar de memória o Exercício 1, "Introdução à ligação com a Terra em seu corpo físico", sem usar o toca-fitas, você estará pronto para o segundo passo do processo de aprender a ligar-se à Terra.

Ligando-se ao seu corpo de energia

Quando você se abre para o seu anjo, um ser que não vive no mundo físico, você também se torna consciente do seu próprio eu não-físico. Há milhares de anos, curandeiros e místicos de todo o planeta vêm explorando o corpo não-físico, chamado de corpo sutil ou corpo de energia. Este corpo e seus campos e órgãos sutis ocupam o mesmo espaço do corpo físico e também o envolvem totalmente.

O campo que emana do corpo físico é chamado de aura. Embora sejam invisíveis para a maioria de nós, pessoas sensíveis a forças psíquicas e outros indivíduos dotados da faculdade da visão espiritual conseguem ver esses centros de energia – os chakras – do corpo, bem como os centros de energia existentes à sua volta; plantas e animais também possuem corpos sutis.

Existe grande quantidade de informações sobre os chakras e o campo de energia humano, e muitos livros foram escritos sobre o assunto. Sugerimos que você examine alguns dos títulos citados na seção de "Leituras Adicionais", no final deste livro, no caso de desejar informações mais detalhadas. Para ajudá-lo e ao seu anjo, porém, nós apresentamos o sumário abaixo.

Chakras

Assim como o sistema nervoso coordena as atividades do corpo físico, existem centros de energia no corpo energético que ajudam a integrá-lo ao nosso veículo físico, à nossa mente e às nossas emoções. Da mesma forma como as diversas regiões do cérebro se relacionam a diferentes funções físicas e mentais, cada um desses centros também está relacionado com diferentes funções. Eles se localizam não apenas na cabeça, mas em todo o corpo.

Esses centros de energia são chamados "chakras", que em sânscrito significa "rodas" – porque, quando dirigimos nossos sentidos para seu interior e os exploramos, eles parecem e dão a impressão de serem discos ou esferas giratórias. Existem oito chakras principais, formando uma linha que vai da base da espinha ao topo da cabeça. São esses os centros de energia com que trabalharemos no próximo passo do processo de ligação com a Terra.

Até há pouco tempo nós nos concentrávamos em sete chakras principais. À medida que evoluímos e nos aproximamos dos anjos, porém, um novo chakra está despertando dentro de nós. Nós o chamamos de chakra do Timo. Ele fica entre os chakras do Coração e da Garganta. Assim como os anjos estão abertos para todo tipo de vida, este novo chakra vai nos ajudar a aprender como nos abrirmos cada vez mais uns para os outros. O chakra do Timo tem a função de produzir paz e amor universais. Ele também está ligado ao timo, uma glândula que desempenha um papel importante no nosso sistema imunológico. O despertar deste novo chakra vai reforçar o nosso sistema imunológico e ajudar-nos a lidar com o câncer, a AIDS, as doenças cardíacas, a apoplexia e outros males.

Reserve algum tempo para estudar o diagrama e a tabela abaixo e familiarizar-se com a localização dos chakras e as cores relacionadas com cada um. Use o diagrama como mapa e como um espelho para localizar cada um dos chakras no seu corpo.

Tabela de Chakra 1

	RAIZ	SEXUAL	PLEXO SOLAR	CORAÇÃO	TIMO	GARGANTA	TERCEIRO OLHO	COROA
Localização	base da espinha	baixo-ventre, cerca de 5 cm abaixo do umbigo	região do plexo solar	centro do peito	parte superior do peito	garganta	centro da testa	topo da cabeça
Função	sobrevivência, segurança	sexualidade, criatividade	poder, realizações	amor	compaixão, paz	comunicação	intuição	consciência cósmica
Cor	vermelho	laranja	amarelo	verde	água-marinha	azul	anil	violeta
Elemento	terra	água	fogo	ar				
Reino	reino mineral	reino vegetal	reino animal	humano	ligação com o mundo da alma	domínio angelical	arcanjos	o Criador

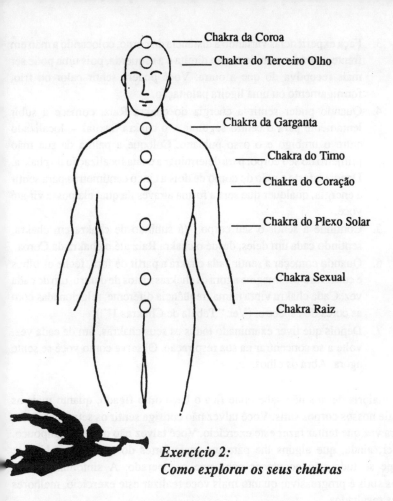

Exercício 2:
Como explorar os seus chakras

Depois que tiver se familiarizado com o diagrama e a tabela que apresentamos acima, você estará pronto para explorar os seus chakras.

1. Comece esfregando rapidamente as mãos até sentir as palmas esquentarem.
2. Coloque a palma de uma mão sobre a base da espinha, cobrindo o cóccix. O chakra da Raiz está dentro do seu corpo, entre o cóccix e o osso pubiano. Afaste sua mão de dois a cinco centímetros da base de sua espinha e sinta a energia desse chakra irradiando-se para a sua mão. Uma outra maneira de sentir essa energia consiste em segurar uma mão em frente do corpo, com a palma voltada para você, a cerca de cinco centímetros da sua pele, na altura do osso pubiano. Sinta a energia irradiando-se para a palma da sua mão.

3. Faça experiências variando a distância do corpo, colocando a mão em frente e atrás, e usando a mão direita e a esquerda, pois uma pode ser mais receptiva do que a outra. Você poderá sentir calor ou frio, formigamento ou uma ligeira palpitação.
4. Quando puder sentir a energia do chakra Raiz, comece a subir lentamente para o centro seguinte – o chakra Sexual –, localizado entre o umbigo e o osso pubiano. Coloque a palma da sua mão primeiro no seu corpo, para determinar a exata localização do chakra. Depois, afaste a mão do corpo de dois a cinco centímetros para sentir a energia, qualquer que seja a forma através da qual ela possa vir até você.
5. Continue a sentir o seu corpo. Vá subindo de chakra em chakra, sentindo cada um deles, desde o chakra Raiz até o chakra da Coroa.
6. Quando começar a sentir cada chakra a partir de fora, feche os olhos e concentre-se. Imagine agora os chakras vistos de dentro, um de cada vez. Cada chakra vibra numa freqüência diferente, relacionadas com as cores do espectro. (Ver "Tabela de Chakras 1".)
7. Depois que tiver examinado todos os seus chakras, um de cada vez, volte a se concentrar na sua respiração. Observe como você se sente agora. Abra os olhos.

A maioria de nós não sabe onde fica o baço ou o fígado, quanto mais os órgãos de nossos corpos sutis. Você talvez não consiga sentir os seus chakras na primeira vez que tentar fazer este exercício. Você talvez não os veja, tampouco. Pode ser, ainda, que alguns lhe pareçam mais fortes do que outros. Não se preocupe se tudo não acontecer conforme o esperado. A sintonização dos sentidos sutis é progressiva; quanto mais você realizar este exercício, melhores serão os resultados.

Lenny podia ver todos os seus chakras mas não conseguia senti-los. Rhonda sentia nitidamente seu calor e formigamento, mas não os via. Talvez lhe custe algum tempo para determinar a localização de seus chakras e a melhor maneira de percebê-los. Como são órgãos sutis, duas pessoas nunca irão percebê-los exatamente da mesma maneira.

Rita é uma dona de casa cuja filha mais jovem acabou de ir para a universidade. Ela pretendia ser pintora, antes de se casar, e ganhara diversos prêmios por suas aquarelas. Talvez tenha sido isto que lhe permitiu visualizar os seus chakras de uma maneira "natural". Ao fazer o exercício ela viu o seu chakra Raiz na forma de um pálido brilho vermelho vivo. O seu chakra Sexual era uma cálida luz laranja. Mas ela ficou perplexa ao chegar ao seu chakra do Plexo Solar – ele tinha um amarelo pálido e desbotado.

Rita nada sabia sobre os chakras. E nós não sabíamos muita coisa sobre Rita. Quando ela fez esta revelação ao grupo, nós lhe perguntamos se havia alguma coisa atualmente na sua vida que tivesse relação com os seus poderes.

"Como vocês descobriram?", perguntou ela. "Tenho pensado em voltar a pintar, mas estou com medo. E se eu tiver perdido o meu talento?"

Garantimos a Rita que, tendo conseguido ver os seus chakras e as cores com tanta nitidez, ela obviamente não tinha perdido sua capacidade de pintar. Explicamos-lhe que cada chakra está relacionado com determinadas emoções (Veja "Diagrama de Chakras 2"). Os sentimentos negativos podem se manifestar como desvios de suas puras cores naturais. O amarelo desbotado que Rita viu no seu Plexo Solar era a parte de um problema que ela tivera com a sua auto-estima. Se você descobrir que as cores dos seus chakras são foscas, anuviadas ou sem brilho, não desanime. Você vai encontrar maneiras de eliminar esses sentimentos negativos no próximo estágio do Processo da GRAÇA.

Depois de se familiarizar com os seus chakras através do mapa, do diagrama e dos exercícios, você estará pronto para realizar o próximo exercício de Ligação com a Terra. A "Meditação Básica de Ligação com a Terra" será usada ao longo deste livro sempre que for necessária a Ligação com a Terra.

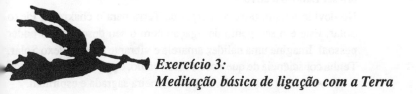

Exercício 3:
Meditação básica de ligação com a Terra

Leia este exercício diversas vezes para se familiarizar com ele e, depois, grave-o numa fita para que você possa ouvir as instruções sem ter que consultar o livro. Quando estiver pronto para começar, tire o telefone do gancho e entre no lugar calmo e sagrado que você criou para si mesmo. Certifique-se de levar consigo o toca-fitas, seu diário e uma caneta. Acomode-se confortavelmente, execute o seu ritual de abertura, tal como acender uma vela ou uma vareta de incenso, e você estará pronto para começar.

1. Feche os olhos. Concentre-se em sua respiração. Relaxe o corpo.
2. Quando estiver pronto, imagine suas raízes estendendo-se para baixo e penetrando na Terra.
3. Ao expirar, imagine-se eliminando todas as tensões e toxinas do seu corpo através de suas raízes e fazendo-as voltar à Terra, onde serão recicladas.

4. Quando suas raízes tiverem alcançado o máximo de penetração, e quando o seu corpo se sentir mais leve e mais aberto, inverta o processo e comece a sugar energia da Terra. Ela alimenta e cura. Continue a expirar tensões e toxinas e a inspirar esta energia curativa da Terra.

5. Sinta esta energia acumular-se na base da sua espinha e penetrar no seu chakra Raiz. Visualize a energia desse chakra como uma luz vermelha brilhando em seu corpo. O chakra Raiz é a sede da sua segurança e estabilidade. Quando ele está aberto e desimpedido, você fica à vontade neste mundo e com o seu corpo, tem a sensação de pertencer a algo e está em sintonia com o seu senso mais profundo de segurança.

6. Quando estiver pronto, deixe a energia da Terra continuar a subir pela sua espinha até chegar ao seu segundo chakra – o chakra Sexual. Ele está localizado cerca de cinco centímetros abaixo do umbigo e é a sede da sua energia criativa em todos os níveis – físico, artístico e sexual. Sinta-o irradiando uma luz intensa e alaranjada. Quando este chakra está aberto, você tem a capacidade de sentir prazer no seu corpo. Você se abre para a sua criatividade e sexualidade, tornando-se um ser radioso e ativo.

7. No devido tempo, puxe a energia da Terra para o chakra do Plexo Solar. Este é o seu ponto de ligação com o seu desejo e seu poder pessoal. Imagine uma calidez amarela e vibrante no seu Plexo Solar. Tenha consciência de que você é forte, sadio, e pode concretizar tudo o que veio fazer nesta vida, de uma maneira sagrada e espiritual.

8. Como se fosse um chafariz, a energia da Terra continua a subir pelo seu corpo. Sinta-a agora fluir para o seu centro cardíaco. Imagine uma linda luz verde brilhando no meio do seu peito, tão verde e viva como a primavera. O chakra do Coração é a sede do amor e das emoções no seu corpo. Ligue-se agora com a sua natureza amorosa, com a força e a ternura de seus sentimentos. Tenha consciência de que você é um ser de amor que veio a este mundo para sentir amor, para dá-lo e recebê-lo.

9. Deixe a energia continuar a subir até um ponto do seu peito localizado entre o chakra do Coração e o da Garganta, cerca de 2,5 centímetros abaixo da clavícula. Este é o chakra do Timo, o chakra da compaixão, da comunidade e da paz. Imagine aí uma luz cor de água-marinha. Sinta a sua ligação com sua família, com seus amigos e com toda a humanidade. Tenha consciência de que você não está sozinho e de que faz parte e é um elemento singular de Tudo o que Existe.

10. Agora, deixe a energia da Terra subir pela sua garganta e orelhas. Imagine uma luz azul-celeste brilhando dentro de você. Você talvez queira emitir um som nesse momento, qualquer som ou ruído que lhe pareça agradável e satisfatório. Isto vai massagear-lhe os músculos da garganta e abrir o seu centro de comunicação. O chakra da Garganta controla a fala, a audição, a veracidade e a espontaneidade. Visualize um triângulo invertido ligando suas orelhas à sua garganta. Encoste levemente a ponta dos dedos nas orelhas e junte a palma das mãos sob o queixo, formando um V, para fazer a ligação entre a garganta e as orelhas. Agora você está aberto para a comunicação e melhorando sua capacidade de ouvir e de falar.

11. Em seguida, puxe essa energia para o meio de sua testa. Este é o seu Terceiro Olho, a sede da consciência expandida e das percepções psíquicas. Sinta uma ponta de luz anil brilhando dentro da sua testa. Ao ligar-se a esse chakra, você pode despertar suas percepções extra-sensoriais para ver, ouvir e sentir outros mundos.

12. Agora deixe a energia da Terra subir até o topo da sua cabeça. Este é o seu chakra da Coroa, o qual faz a ligação entre você e a sua consciência divina, o seu Eu Superior. Concentre-se nesse ponto e continue respirando de maneira suave e uniforme. Imagine uma luz violeta pulsando dentro do seu chakra da Coroa e irradiando-se a partir daí. Deixe a energia aumentar de intensidade.

13. Visualize a energia subindo a partir do centro da Terra, passando por cada um dos seus chakras, na sua ascensão, e jorrando pelo topo da sua cabeça num grande gêiser de luz líquida. Quando ele entrar em erupção, imagine-o caindo em forma de cascata em torno de você, limpando e purificando o seu corpo e equilibrando e harmonizando todos os seus chakras.

14. Continue a respirar de forma suave e uniforme. Sinta todos os seus chakras enchendo-se de luz. Quando estiver pronto, sinta uma vez mais a existência de gavinhas ou de ramos de energia brotando do topo da sua cabeça e ligando-o à Lua, ao Sol, aos planetas do nosso sistema solar, às estrelas e ao Céu. Sinta essa energia fluindo através desses filamentos e enchendo o seu chakra da Coroa, para que ele brilhe com a luz celeste.

15. Da mesma forma como você deixou essa energia subir, deixe-a também descer através do seu corpo, passando por cada chakra. Deixe-a encher de luz o seu Terceiro Olho, os seus ouvidos e os chakras da Garganta, do Timo, do Coração, do Plexo Solar, o chakra Sexual e o da Raiz. Sinta-a fluindo através de suas raízes e penetrando na Terra para que o planeta também comece a brilhar mais intensamente.

16. Agora as energias do Céu e da Terra estão fluindo através de cada chakra e ligando o seu corpo ao universo. Sinta todos os seus chakras de uma só vez. Sinta-se como um arco-íris de luz viva, ligado ao universo, ao Criador e à Terra.
17. Observe a sua respiração. Volte a ter consciência do seu corpo e do lugar onde você se encontra. Quando estiver pronto, abra os olhos e olhe ao seu redor em seu mundo.

Lembre-se de como você se sentiu depois de fazer o Exercício 1, "Introdução à Ligação com a Terra em seu Corpo Físico" (pp. 97-99). Repare em como você se sentiu depois de fazer este exercício. Quais são as diferenças interiores? Ao olhar à sua volta, o ambiente lhe parece ter mudado? Levante-se, estique-se e ande um pouco. O modo como você sente o seu corpo se modificou? Explore a maneira como este exercício afeta sua percepção e seus sentimentos.

Você vai verificar que a sua capacidade de se ligar à Terra aumenta a cada exercício e que os seus chakras também vão se tornando cada vez mais nítidos. Como este é um exercício longo, não fique desanimado se perder a concentração na primeira tentativa. Isto muitas vezes acontece quando o exercício é feito pela primeira vez. Todavia, se você prestar atenção aos chakras pelos quais se deixa levar, será possível ter uma idéia dos aspectos da sua vida e das áreas do seu corpo sutil que você está pronto para explorar e curar.

A prática faz a perfeição

Quanto maior a freqüência com que você fizer este exercício, mais fácil será ligar-se à Terra. Com o tempo você talvez possa dispensar o toca-fitas e

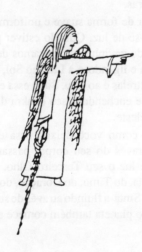

descobrir que pode executar todo o processo tranqüilamente em muito menos tempo.

Allan não teve nenhuma dificuldade para fazer quaisquer destes exercícios. Depois que teve uma ataque cardíaco, seu médico sugeriu que ele fizesse sessões de ioga para reduzir o esgotamento. O instrutor fez com que o grupo praticasse também um pouco de meditação e ensinou algumas coisas a respeito do corpo sutil. Foi o seu professor de ioga quem recomendou que ele participasse do seminário sobre os anjos, porque pensou que esta seria uma oportunidade para Allan curar o seu chakra do Coração. Sua experiência como eletricista, disse Allan posteriormente, ajudou-o a ligar-se aos seus chakras. Ele estava acostumado a trabalhar com energia e fluxos de energia.

Para Carol, porém, este exercício foi mais difícil do que o primeiro. Ela nunca ouvira falar de chakras e tinha dúvidas quanto à possibilidade de que eles pudessem ajudá-la a encontrar o seu anjo. Embora seu amor pelas árvores a tivesse ajudado a ligar-se à Terra, por mais que tentasse ela não conseguia perceber os seus chakras. Ela continuou praticando em casa, sem muito sucesso.

Então, duas semanas atrás, Carol nos telefonou, toda entusiasmada. Ela havia feito ginástica e estava deitada na sauna, relaxando. A luz era fraca e a temperatura da sala estava em torno dos 40 graus centígrados. Ao virar o corpo, ela ficou espantada ao ver todos os seus chakras alinhados no interior do seu corpo, como se fossem velas bruxuleantes. Embora a "visão", como ela a chamou, tivesse durado apenas alguns segundos, isso foi suficiente para convencê-la de que os chakras são reais, especialmente considerando que ela os tinha visto num ambiente assim tão improvável, quando não estava nem mesmo tentando vê-los ou senti-los.

Como conhecer os seus chakras

Quanto mais você praticar a "Meditação Básica de Ligação com a Terra", maior será a sua ligação com os seus chakras e a sua capacidade de lidar com eles. Observe se alguns podem ser percebidos com mais facilidade do que outros. Respire mais profundamente para dentro daqueles em relação aos quais você sente que está menos ligado, até que a sua percepção de todos eles seja igual e que todas as suas luzes brilhem com a mesma intensidade.

As energias de cada chakra estão relacionadas com áreas da sua vida física cotidiana. A "Tabela de Chakra 2", apresentada abaixo, fornece um breve sumário das principais questões relacionadas com os aspectos mental e emocional, físico e psíquico. Concentrar-se num chakra específico, quando você está envolvido em atividades correspondentes a ele, pode ajudá-lo a fluir em harmonia com as suas intenções mais elevadas.

Tabela de Chakra 2 – Correspondências

CHAKRA	MENTAL/EMOCIONAL	FÍSICO	PSÍQUICO
Raiz:	Segurança, presença, confiança	intestino grosso	
Sexual:	Sexualidade, sensualidade, intimidade, criatividade	glândulas e órgãos sexuais	clari-sensibilidade
Plexo Solar:	Poder, controle, realizações, auto-imagem	glândulas supra-renais, intestino delgado	sensibilidade às "vibrações" de outras pessoas, ambientes
Coração:	Amor, compaixão, perdão, rendição, aceitação	coração e sistema circulatório	empatia
Timo:	Amor universal (incondicional), fraternidade, ligação com toda a humanidade, tranqüilidade	glândula do timo e sistema imunológico	telepatia
Garganta:	Comunicação, espontaneidade, falar e ouvir a verdade	glândula tireóide, garganta/orelhas	clariaudiência
Terceiro Olho:	Sabedoria, discernimento, visão espiritual	glândula pineal, cérebro/mente	clarividência
Coroa:	Eu Superior, espiritualidade	glândula pituitária, energia do corpo	consciência cósmica

Conforme se pode ver, consultando a "Tabela de Chakras 2", se houver questões relacionadas com a sua casa e trabalho, o seu chakra Raiz está envolvido. Problemas financeiros estão relacionados com os chakras Raiz e do Plexo Solar – de vez que os problemas financeiros exercem efeito sobre sua imagem pessoal e senso de segurança.

Se você estiver interessado em questões de amor e relacionamentos, trabalhe com o chakra do Coração; se estiver se preparando para um exame, esteja atento para o seu Terceiro Olho. Se estiver pensando em mudar de emprego, para poder fazer algo que pareça dar um propósito a sua vida, esteja consciente do seu chakra do Plexo Solar.

Em questões de saúde, você pode examinar o mapa e ver qual a relação entre os chakras e o seu corpo físico. Rouquidão e laringite estão relacionados com o chakra da Garganta; se você estiver tendo problema com o estômago, trabalhe com o chakra do Plexo Solar, que está ligado ao intestino delgado.

Quando você se sentir familiarizado com os exercícios de ligação com a Terra e estiver se sentindo à vontade ao executá-los, terá chegado a hora de seguir para o próximo passo – a Libertação.

5
Libertação

Conversar com os anjos é uma coisa natural e agradável, e eles gostam disso tanto quanto nós. Sendo assim, por que todos não fazemos isso durante todo o tempo? A razão é que temos de encontrá-los em suas freqüências, que são diferentes das nossas. Como eles não estão em corpos físicos, suas vibrações são mais sutis. Para conversar com eles, precisamos sair do nosso estado mental comum – aquele relacionado com nossos empregos, relacionamentos, saúde, o lugar onde vivemos, etc. – e passar para a Mente Superior. Para isso precisamos aprender a nos soltar, e é por esse motivo que a Libertação é o próximo passo.

A libertação das preocupações, ansiedades e dos conceitos negativos a respeito de nós mesmos nos deixa livres para entrar no estado de lucidez, neutralidade e amor incondicional que caracteriza os domínios angelicais. Isto nos leva para um local de remissão, para nós e para os outros. E a sensação é muito boa.

Os anjos estão prontos para nos ajudar na nossa vida cotidiana, o que mostra que nossas preocupações mundanas têm a sua importância. Precisamente por isso elas influenciam o modo como nos sentimos a respeito de nós mesmos, e este é o fator mais importante para se fazer uma conexão angelical. Se estamos deprimidos sentindo-nos inúteis ou culpados, ou nutrindo sentimentos negativos em relação a outras pessoas, não estamos em condições de viver no estado da Mente Superior. Para voar com os anjos precisamos viajar leves. Isto não significa que temos de ser santos para conversar com os nossos anjos e, sim, que precisamos nos livrar do fardo mental e emocional que estamos carregando há tanto tempo.

As técnicas de libertação apresentadas neste capítulo irão ajudá-lo a livrar-se desse fardo e, assim, poder conversar com naturalidade com os seus companheiros alados. Como a libertação também ajuda a trazer lucidez a sua vida cotidiana, você talvez venha a descobrir que as coisas começam a correr melhor e que você está mais feliz, menos estressado e mais em paz consigo mesmo.

A voz negativa

Existe um determinado aspecto do ego que às vezes atrapalha a conexão com os anjos. O ego em si não é mau, apesar de ter desenvolvido uma reputação desfavorável em alguns círculos ligados à espiritualidade. O ego tem em vista os nossos melhores interesses; ele procura proteger-nos do desapontamento e da sensação de fracasso. Na ausência de uma amorosa auto-aceitação, porém, o ego desenvolve um aspecto negativo que se manifesta na forma de autocrítica exagerada e sentimentos de culpa e indignidade.

Nós ouvimos essa voz negativa em nossa cabeça. É ela que nos julga e o veredito é "Culpado" ou "Insatisfeito". Ela nos compara a outras pessoas (com resultado geralmente desfavorável para nós), nos critica ou repreende, e apega-se a padrões inatingíveis de perfeição. Pode ser ainda que ela nos cubra de lisonjas, tentando nos fazer sentir melhor em relação a nós mesmos, descobrindo defeitos nos outros e culpando-os pelas suas limitações. Às vezes a voz negativa usa o "eu", como em "Eu estou desesperado; nunca vou chegar a lugar nenhum", e às vezes usa o "você", como em "Seu idiota, por que você fez isso?" É impossível ficar de coração aberto quando essa voz está comandando as coisas.

Descobrimos que a melhor maneira de lidar com essa voz negativa é reconhecer a sua existência. Comece simplesmente reconhecendo sua presença – "Oh!, lá vem a minha voz negativa novamente." Como uma criança incômoda, choramingando para obter atenção, a voz negativa irá responder positivamente ao reconhecimento, diminuindo de volume. Depois que tiver se tornado consciente de sua existência, reconhecendo-a, você poderá começar a identificar a negatividade que tem se abrigado dentro do seu ser.

Para ajudá-lo a identificar os focos de negatividade, apresentamos aqui uma lista dos problemas que, conforme descobrimos, surgem com mais freqüência, e alguns dos comportamentos produzidos por eles:

113

Desmerecimento
Dúvida
Medo de sofrer desapontamentos
Perfeccionismo
Orgulho
Inadequação
Desaprovação (em relação a si mesmo e aos outros)
Raiva
Ódio
Pesar
Vergonha
Culpa
Desonestidade
Repulsa
Necessidade de controle
Ambivalência
Indecisão

Aversão a si mesmo
Sentimentos de alienação
Medo da intimidade
Desamparo
Rejeição
Ressentimento
Inveja

Ciúme
Culpa
Vitimização
Tédio
Apatia
Falta de concentração
Procrastinação
Fadiga
Depressão

Cada um de nós tem problemas diferentes. Caso você tenha esquecido alguns dos seus, os dois exercícios seguintes irão prepará-lo para a técnica de libertação, ajudando-o a identificar os seus problemas.

Introdução à libertação

Exercício 4:
A lista da lavanderia espiritual
Parte I – Coletando

Como em todos os exercícios deste livro, lembre-se de fazer primeiro a "Meditação Básica de Ligação com a Terra" (pp. 104-107) e de ter à mão uma caneta e um caderno de anotações. Acomode-se confortavelmente e reserve para si o tempo necessário para fazer este exercício.

1. Sente-se tranqüilamente, com as mãos sobre o coração. Deixe que todos os seus sentimentos subam plenamente à consciência. Quais-

quer que sejam os seus sentimentos, disponha-se a senti-los e a conviver com eles.

2. Ao inspirar, imagine-se inalando tolerância. Ao expirar, imagine-se exalando juízo crítico.

3. Comece a identificar tudo o que possa impedi-lo de fazer contato com o seu anjo. Escreva tudo o que lhe ocorrer.

4. Faça a si mesmo uma pergunta, do tipo: "O que poderia me impedir de fazer contato com o meu anjo?" ou "Por que eu não deveria fazer contato?" ou ainda "O que está me impedindo?" Ouça a resposta da sua mente. Registre-a por escrito. Continue a fazer perguntas e a registrar tudo o que venha em resposta às suas indagações. Essas respostas podem assumir a forma de pensamentos, sentimentos, recordações, etc.

5. Quando começar a receber as mesmas respostas novamente, você saberá que completou a sua lista.

Kevin levantou-se e saiu da sala duas vezes durante este exercício – uma para tomar água e a outra para esvaziar a bexiga. Embora ele tivesse feito a ligação com a Terra com o restante do grupo, antes de iniciarmos a "Lista da Lavanderia Espiritual", e parecesse alerta e atento, quando chegou a sua vez de fazer a lista Kevin ficou sem saber o que fazer. Nós lhe perguntamos se poderíamos dar uma olhada no que ele tinha escrito. Eis o que encontramos:

Por que deveria eu fazer contato com o meu anjo?
Resposta: Anjos não existem.

Isso era tudo o que ele havia escrito.

"Se você não acredita na existência dos anjos, por que participa deste seminário", perguntamos. Kevin pareceu estar um pouco embaraçado. "Eu só queria ter certeza", respondeu ele, evitando os nossos olhos. Nós lhe pedimos que continuasse a fazer perguntas como se os anjos existissem e escrevesse o que quer que lhe viesse à mente.

Eis aqui a sua pergunta: Por que eu deveria fazer contato com o meu anjo?
Eis o que sua mente respondeu:

Por que um anjo falaria comigo?
Não sou suficientemente espiritualizado.
Anjos não falam com pessoas.
Talvez eu entre em contato com um anjo mau.

Kevin tinha sido muito ligado à avó paterna, que morou com ele e sua família até morrer. Kevin tinha quatro anos de idade na época e não compreendeu essa

115

morte. Como sonhava com a avó todas as noites, pareceu-lhe que ela ainda estava ali e Kevin falava sobre a avó como se ainda estivesse viva. Isso aborrecia os seus pais. Quando Kevin contava o que a avó tinha dito e o que eles fizeram juntos, seus pais diziam que ele estava imaginando tudo aquilo. Isto o fez sentir-se como se estivesse agindo errado e fosse um menino mau. Depois de algum tempo, os sonhos cessaram.

Uma noite, pouco tempo antes de vir para o seminário, Kevin estava começando a pegar no sono quando teve a estranha sensação de que não estava sozinho no quarto. Ele abriu os olhos e viu uma suave luminescência na extremidade da cama. Assustado, acendeu a luz e o brilho desapareceu. O incidente deixou-o perturbado. Alguma coisa realmente havia estado ali? Estaria ele ficando louco? Ele viera para o seminário na esperança de descobrir.

Com o nosso encorajamento, Kevin traduziu suas respostas em problemas:

Anjos não existem. = Medo de um desapontamento.
Por que um anjo falaria comigo? = Desmerecimento.
Não sou suficientemente espiritualizado. = Desmerecimento.
Anjos não falam com pessoas. = Medo de um desapontamento.
Talvez eu entre em contato com um anjo mau. = Medo.

Examine a sua lista. Existe nela alguma coisa que lhe cause surpresa? Os itens nela existentes são tão familiares que lhe parecem ser velhos amigos ou inimigos? Nesta altura, você talvez sinta sonolência, tédio, raiva ou se veja devaneando. Tudo isso são sinais de resistência – prova de que você está no caminho certo! A resistência aumenta quando você enfrenta questões que o fazem sentir-se pouco à vontade. É perfeitamente natural querer evitar o constrangimento; assim, não se culpe por querer tirar uma soneca, dar uma caminhada ou pegar um barco para a China. Levante-se e espreguice-se. Ponha a cabeça para fora da janela e respire lenta e profundamente algumas vezes. Em seguida, volte para a sua lista. Leia-a do começo ao fim algumas vezes. O próximo passo vai ajudar você a organizar tudo isto.

Exercício 5:
A lista da lavanderia espiritual
Parte II – Separando

Para este exercício, você vai precisar de uma caneta e do caderno de anotações com a lista das coisas que, na sua opinião, poderiam impedi-lo de fazer contato com o seu anjo. Caso tenha feito uma pausa ou parado para comer alguma coisa, você deve ligar-se à Terra novamente antes de começar esta parte.

1. Leia a sua lista. Vá para a página seguinte do seu caderno de anotações e trace uma linha vertical passando pelo centro da página. Chame o lado direito de MANTER e o lado esquerdo de ELIMINAR.

2. Sente-se silenciosamente, com as mãos sobre o coração, e concentre sua atenção nessa parte do corpo.

3. Selecione uma das questões da sua lista para ser examinada. Sinta realmente esse problema. Vivencie mentalmente todas as maneiras através das quais isto tem afetado a sua vida.

4. Observe a sua respiração. Observe o estado de tensão e relaxamento do seu corpo. Ao inspirar, imagine que você está inalando luz. Ao expirar, elimine toda dor ou tensão do seu corpo.

5. Volte no tempo a até a sua mais antiga recordação de haver tido esse sentimento. Quando isso aconteceu? Quem ou o que provocou esse sentimento?

6. Ao inspirar, faça-o com um sentimento de compaixão por si mesmo e por qualquer outra pessoa que também esteja envolvida. Ao expirar, ponha para fora seus sentimentos de culpa e desaprovação.

7. Quando tiver explorado esse sentimento em todos os seus aspectos, na sua mente e no seu corpo, na sua origem, em relação ao que ele lhe ensinou e ao destino ao qual ele o conduz, verifique se você está preparado e disposto a livrar-se dele. Em caso positivo, escreva o nome do sentimento na coluna ELIMINAR. Do contrário, escreva-o na coluna MANTER.

8. Continue a percorrer a sua lista, item por item, até completar o seu inventário pessoal.

Como você se sentiu depois de ter feito esta parte do exercício? Você está inquieto? Ansioso por continuar? Apreensivo? Curioso? Respeite os seus sentimentos, sejam eles quais forem. Tenha confiança de que você está preparado e tem a capacidade de livrar-se daquilo que não quer mais. Não importa se a lista contiver dez itens ou um só. Esta é a sua lista atual. Ela lhe revela tudo aquilo de que você precisa se livrar nesse momento.

Carol já procurou psiquiatras, médiuns e quiropráticos. Ela está empenhada numa busca permanente para "encontrar a si mesma". Ao elaborar a sua "Lista da Lavanderia Espiritual", ela observou que tinha mais itens na coluna MANTER do que na coluna ELIMINAR.

"O que devo fazer com esses sentimentos?", perguntou ela, apontando para o papel, onde está escrito: "necessidade de controlar", "ressentimento", "perfeccionismo", "culpa" e "vítima", entre outras coisas.

117

"Conserve-as, é claro", respondemos.

"Mas, se eu fizer isso, talvez não possa conversar com os meus anjos", disse ela, franzindo as sobrancelhas.

"O que você prefere – conversar com os seus anjos ou conservar esses sentimentos?", perguntamos. Carol pensou sobre isto durante alguns instantes.

"Acho que realmente não faz sentido conservar esses sentimentos negativos, não é?", disse ela, com um pequeno sorriso desenhando-se no canto da boca. Ela reviu sua lista de MANTER e passou os itens para a coluna ELIMINAR.

Para Allan, esta parte do processo foi perturbadora. Ele não era um homem introspectivo, embora tivesse feito ioga e aprendido a meditar. Ele achava que psicoterapia era perda de tempo e dinheiro. Depois que sofreu um ataque cardíaco, porém, o medo de perder a vida tinha-o induzido a olhar mais atentamente para si mesmo. Ao rever sua lista, que incluía "medo", "raiva", "inveja" e "orgulho", ele ficou acabrunhado. Esses sentimentos faziam-no recordar sua infância, seu relacionamento com o pai alcoólatra e com um irmão mais novo com o qual ficara muitos anos sem falar.

Allan começou a remexer-se em sua cadeira. Era óbvio que ele queria sair do seminário. Não adiantou lembrá-lo de que ele tinha feito a lista para poder começar a se livrar desses sentimentos. Ele não queria modificá-los. Curiosamente, um dos itens de sua lista foi-lhe muito útil nesse episódio: orgulho. Ele não queria ser visto como um frouxo.

Kevin hesitou. Ele confessou ao grupo que gostaria de eliminar o sentimento de medo e desmerecimento, mas achava que isto não iria funcionar. "Como você pode saber, se ainda não fez nenhuma tentativa?", perguntou alguém do grupo. Houve uma longa pausa. Kevin, que tinha conquistado o apelido de "Veloz" na lanchonete onde preparava pratos rápidos, respondeu lentamente: "Não creio que possa fazer isto."

Nós o aconselhamos a acrescentar "indecisão" e "inadequação" à sua lista.

Como a libertação ajuda

Depois que tiver identificado os problemas dos quais você está pronto para se libertar, você pode usar o "Exercício Básico de Libertação" (pp. 118-119). Este é um passo essencial para se alcançar o estado de receptividade que nos permite estabelecer contato com os nossos anjos. Você precisa se libertar antes de executar os outros passos do processo da GRAÇA; se não o fizer, eles simplesmente não funcionarão para você.

Sendo ligadas à Terra e, portanto, sujeitas à gravidade, nossas vibrações são mais densas do que a dos anjos. A libertação ajuda-nos a elevar nossas vibrações através da descarga das energias que foram bloqueadas ou represadas nos sistemas mental e emocional. Quando nos apegamos a alguma coisa, nós despendemos energia e ficamos impedidos de adotar uma atitude receptiva. Se estamos cheios de negatividade, não podemos nos abrir para os nossos anjos. Quando nos soltamos, a energia é liberada e pode ser usada de maneiras mais produtivas. Além do mais, isto também permite que recebamos a sabedoria e o amor que elas trazem até nós.

Quanto mais vigorosamente você participa dos procedimentos de libertação, mais eficazes eles serão – e mais elevadas tornar-se-ão as suas vibrações. No "Exercício Básico de Libertação", apresentado abaixo, as vibrações são elevadas utilizando-se a respiração e produzindo-se um som prolongado.

Memória celular

As recordações, especialmente as traumáticas, são armazenadas no corpo físico, no nível celular, e também no corpo energético sutil. De fato, o seu corpo "lembra-se" de cada coisa que lhe aconteceu no nível físico – quando você caiu do triciclo, ficou com o dedo preso na porta ou bateu com a cabeça em algum lugar. A sua mente lembra-se de todas as outras coisas, muito embora boa parte dessas lembranças fique armazenada no inconsciente.

Quanto mais vigorosamente você usar sua respiração no "Exercício Básico de Libertação", mais eficaz ela será para eliminar a negatividade e levar vitalidade e satisfação a cada célula. Existem duas maneiras de fazer isto: expirando vigorosamente através da boca ou bufando pelo nariz. Como as duas maneiras funcionam, você deve tentar ambas e verificar qual é mais eficaz no seu caso.

O som ajuda

O uso de sons acrescenta uma outra dimensão ao processo, ajudando-o a alinhar os corpos físico e sutil e fazendo-os entrar em ressonância. Você pode subir e descer pela escala musical até encontrar um som ou nota que lhe pareça agradável de fazer. Sustente o som enquanto tiver fôlego, deixando-o vibrar através de todo o seu corpo – você pode até mesmo sentir o seu corpo formigar. A isto se chama dar o tom. Este processo estimula e abre o chakra da Garganta, que é o centro de comunicação do corpo e o lugar onde os anjos falam a nós.

Você vai notar que os sentimentos eliminados passam para a Terra através do sistema de raiz criados nos exercícios de ligação com a Terra. Algumas pessoas, preocupadas com a Mãe Terra, nos perguntaram se não estaríamos agindo mal e apenas poluindo a Terra com o nosso "lixo", ainda que nos planos mental e emocional? Fizemos essa pergunta ao nosso anjo e ele nos assegurou que a Terra recebe as energias que eliminamos da mesma forma como recebe um fertilizante ou adubo composto. Elas são quebradas em seus componentes menores e recicladas para fornecer nutrientes e estimular um novo crescimento.

Diga obrigado e adeus

Os sentimentos e pensamentos exercem uma profunda influência sobre a forma de toda a nossa vida; eles não merecem ser temidos ou odiados. Em vez disso, eles precisam ser respeitados, reconhecidos e tratados como se trataria qualquer ser vivo. De fato, a maneira mais positiva de abordar o "Exercício Básico de Libertação" é com o coração cheio de gratidão por todos os seus pensamentos e sentimentos, quaisquer que sejam eles. Bons ou maus, eles o ajudaram a chegar onde você está – preparado para encontrar o seu anjo. Lembre-se de agradecer por esses pensamentos e emoções antes de se livrar deles. Dizer obrigado é uma manifestação de aceitação da sua função e propósito na nossa vida, e essa aceitação é fundamental para que a pessoa possa se libertar.

Exercício 6:
Exercício básico de libertação

Entre em seu espaço sagrado de meditação, onde você se sente confortável, seguro e sabe que não será perturbado. Comece com a "Meditação Básica de Ligação com a Terra", para restabelecer sua ligação com a Terra e os Céus. Tenha à mão o seu caderno de anotações e sua lista de sentimentos a ELIMINAR. Embora você ainda não tenha feito contato com o seu anjo, você pode pedir que ele fique ao seu lado em um dos passos. Você talvez queira gravar antecipadamente o exercício para não precisar interromper o fluxo de energia.

1. Concentre-se na sua respiração. A inspiração e a expiração devem ter a mesma duração.
2. Agora, coloque as mãos sobre o coração e concentre-se nessa região do corpo. Entre em contato com a sua natureza amorosa e com o desejo e a disposição de encontrar o seu anjo.
3. Coloque em seu coração o primeiro item da lista de problemas a ELIMINAR. Sinta esse problema com um sentimento de compaixão por si mesmo e considere as circunstâncias que contribuíram para o seu surgimento. Sinta tudo o que ele traz à tona dentro de si. Examine o impacto desse problema na sua vida. Ele produziu alguma conseqüência benéfica?

4. Quando estiver pronto para se livrar do problema, reserve alguns momentos para agradecer-lhe pelas lições que ele lhe proporcionou. E agora, pela primeira vez, peça ao seu Anjo que esteja com você e que o ajude no processo de libertação.
5. Especifique o problema com voz alta e clara: "Eu elimino _____!" (Preencha o espaço com o seu problema, seja ele qual for.) Depois disso, respire fundo.
6. Expire vigorosamente pela boca ou pelo nariz, ao mesmo tempo que imagina o problema saindo do seu coração, passando através do seu corpo, descendo pelas suas raízes e penetrando na Terra. Envie o problema o mais longe e o mais fundo que puder, Terra adentro, e depois faça mais uma inspiração profunda.
7. Repita mais duas vezes essas expirações vigorosas, visualizando o problema sendo arrastado para baixo através de suas raízes. Na última expiração, emita pela garganta um som tão vigoroso quanto for possível.
8. Observe se alguma alteração interior acompanha a eliminação desse problema. Sinta-o, qualquer que seja a forma pela qual ele surja para você, e reconheça a sua existência.
9. Agradeça ao seu anjo pela sua amorosa assistência e à Terra por receber essa energia de volta e reciclá-la.
10. Quando estiver pronto, volte a se concentrar no seu coração e veja qual é o próximo problema da lista a ser eliminado. Repita os passos de 1 a 9. Continue o processo até completar sua lista.

Quando terminar a sua lista de sentimentos a ELIMINAR, reserve alguns minutos para observar a ocorrência de quaisquer alterações físicas, mentais e emocionais. Algumas pessoas sentem um pouco de tontura depois de fazer este exercício. Outras se sentem mais seguras e mais próximas da Terra. Aceite os seus

sentimentos, sejam eles quais forem, e agradeça a si mesmo por estar fazendo esse trabalho de purificação interior. Levante-se e ande um pouco pela casa.

Allan chegou à conclusão de que estava pronto para eliminar a "inveja" da sua lista. Seu irmão mais jovem tinha conseguido entrar numa faculdade de Medicina ao passo que Allan, depois da morte do pai, teve de arranjar emprego como aprendiz de eletricista para sustentar a mãe. Allan ainda o invejava. Todavia, era visível a mudança em seu rosto depois de eliminar esse sentimento. Ele parecia dez anos mais novo e confessou ao grupo que estava começando a perceber como havia permitido que a inveja de algo que ele não teve o impedira de apreciar o que ele efetivamente tinha – sua própria vida e família.

Carol estava rindo no final do exercício. Um dos problemas que ela queria eliminar era o "perfeccionismo". Desde criancinha, Carol sempre tinha de fazer tudo certo. Ela chegava até mesmo a passar as roupas de suas bonecas. Na adolescência, ela organizava os seus livros em seções, de acordo com o assunto, e, dentro de dada seção, em ordem alfabética, por nome de autor.

Ao longo de todo o Exercício Básico de Libertação ela continuou sentindo que não o estava fazendo da forma correta! Ela se esforçava cada vez mais, tentando eliminar o "perfeccionismo" do seu corpo, mas sem resultado. No terceiro movimento respiratório, ela ouviu uma voz dentro dela dizer: "Você não precisa se esforçar tanto." Ela expirou suavemente e enviou sua necessidade de ser "uma boa menina" para fora do seu corpo rumo ao interior da Terra. Aos 26 anos de idade ela estava começando a perceber que não precisava provar nada a ninguém, ou superar todas as pessoas do seu meio para ser amada e aceita.

Foi a experiência de Kevin, porém, que eletrizou o grupo. Ele nos contou que, ao realizar o processo de Libertação, tinha uma dor de cabeça latejante e sua garganta estava tão seca que ele não conseguia engolir. Ele também estava com raiva de si mesmo por se sentir tão mal e não conseguia entrar em contato com a sua natureza amorosa. Kevin queria apenas se livrar de seus problemas de saúde.

Quando Kevin colocou o "medo" em seu coração, ele sentiu um frio glacial que rapidamente se transformou em calor quando ele ouviu: "Não há nada a temer." Depois disso, ele tornou-se capaz de eliminar os seus medos e enviá-los para o interior da Terra, através de suas raízes, com surpreendente facilidade.

Ao colocar o próximo problema – "sensação de inutilidade e desmerecimento" – em seu coração, ele mais uma vez sentiu frio e, depois, calor. Foi então que ele ouviu as palavras: "Você tem valor."

Cada vez que ele colocava um problema em seu coração, ele ouvia as palavras tranqüilizadoras e sentia calor, primeiro dentro de si e, depois, ao seu redor. Kevin não teve dificuldade para se libertar de todos os problemas de sua lista e, quando abriu os olhos, viu logo à direita do seu joelho uma luminescência suave, do tamanho aproximado de uma bola de basquete. Dessa vez, ele não ficou com medo. Kevin ficou vendo-a crescer cada vez mais, até ocupar todo o seu campo visual. Olhando de través, ele podia ver um par de enormes asas douradas. A visão desapareceu quando as pessoas do grupo começaram a falar; quando Kevin descreveu o que tinha visto, porém, todos ficaram em silêncio. Nesse silêncio, todos nós que estávamos na sala sentimos a presença dos anjos.

Kevin estava convencido de que tinha ouvido o seu anjo. Carol não sabia se a voz que lhe dissera para não se esforçar tanto era ou não do seu anjo. Allan não se preocupava com isso. Ele simplesmente se sentia muitíssimo melhor. Embora o seu anjo possa se manifestar durante o "Exercício Básico de Ligação com a Terra", você não deve se preocupar se isso não ocorrer. Em nossos seminários a maioria das pessoas fez o seu primeiro contato com anjos depois de executar todos os passos dos processos de Ligação com a Terra, de Libertação e Alinhamento.

Continuação

Em diferentes pontos do seu desenvolvimento, você vai querer consultar a sua "Lista da Lavanderia Espiritual" para ver se chegou a hora de se livrar de algum problema que esteja na coluna MANTER. Você pode também descobrir que aparecem novos problemas à medida que as camadas mais antigas vão sendo removidas. Você também pode acrescentá-los a sua lista.

Mesmo depois de fazer contato com o seu anjo, você ainda vai querer executar os diversos passos, começando pela Ligação com a Terra e, depois, passando para a Libertação. Cada vez que estiver se preparando para conversar com o seu anjo, pergunte a si mesmo se alguma coisa está prejudicando esse contato nesse momento. Embora você talvez não precise voltar e refazer toda a "Lista da Lavanderia Espiritual", pode ser que haja alguma coisa lá que precise ser eliminada.

Quando tiver atuado sobre todos os principais problemas da sua lista, você poderá descobrir que eles aparecem novamente, súbita e inesperadamente, quem sabe vindo à superfície sob novas e engenhosas formas. Não desanime. A prática desenvolve a proficiência e, quanto mais prática você tiver, maior será a sua facilidade para identificar e eliminar maneiras de ser obsoletas. Se você se sentiu uma pessoa inútil durante toda a sua vida, não é uma atitude realista a expectativa de eliminar todo esse sentimento de inutilidade numa única sessão. Seja amoroso consigo mesmo. Você não é obrigado a ser perfeito para poder se comunicar com os seus anjos. Você só precisa estar disposto a eliminar uma única molécula dos seus bloqueios para que o espaço assim produzido seja suficiente para permitir a entrada do seu anjo.

Perdão

O perdão é uma expressão de amor e baseia-se na aceitação. Aceitar não significa que você tenha de gostar de algo; significa, isto sim, que você está disposto a conviver com isso, a continuar vivendo a sua vida.

A falta de perdão inibe o seu desenvolvimento pessoal e o mantém atolado. Ela o conserva preso à situação ou pessoa que você não perdoou tão fortemente como se você estivesse acorrentado a ela. A falta de perdão o retira do presente e o leva para um estado infeliz ou desagradável. Ela é pior para você do que para a pessoa que não foi perdoada, porque gera maus sentimentos, os quais você carrega durante todo o tempo, consciente ou inconscientemente.

Embora tenhamos falado em perdoar os outros, é a nós mesmos que mais precisamos perdoar por não estarmos à altura dos nossos ideais a respeito de como deveríamos ser. Há nisto algo semelhante a uma autoflagelação. Se pudéssemos ser compassivos com nós mesmos, descobriríamos que, na verdade, não existe ninguém mais que precisaríamos perdoar. Aceitaríamos a nossa compaixão com naturalidade e descobriríamos maneiras de elogiar em vez de culpar ou de criticar. Além do mais, depois que tivermos começado a fazer isso, nossa auto-aceitação e auto-absolvição começariam a se disseminar entre as outras pessoas.

A libertação é a chave do perdão. Para perdoar, você tem de livrar-se da mágoa, do ressentimento, da raiva e do desejo de vingança ou retaliação. A prática do "Exercício Básico de Libertação" vai ajudá-lo a desenvolver sua capacidade de livrar-se desses sentimentos negativos. Não desista se isso não acontecer imediatamente. Continue a fazer o exercício de libertação.

O perdão é como água. Ele sempre flui para os lugares mais baixos, penetrando por todas as fendas e orifícios. Quando nos livramos de algum sentimento negativo, o fluxo de cura do perdão avança impetuosamente. Depois que fez o "Exercício Básico de Libertação", Allan sentiu a energia do perdão fluindo para si mesmo e para seu irmão. Esse sentimento permaneceu com ele e aprofundou-se; algumas semanas mais tarde, pela primeira vez em muitos anos, ele foi capaz de telefonar para o irmão.

O poder do perdão

O poder do perdão revelou-se a Timothy de uma maneira estranha e divertida em 1984, um ano que para ele foi muito sombrio e perturbador.

"Eu tinha terminado o meu primeiro livro dois anos antes e estivera procurando um editor apropriado. Uma conhecida minha, famosa escritora da costa oeste, pareceu interessada. Ela encorajou-me a enviar-lhe o meu manuscrito e disse que o recomendaria à sua editora.

"Passou-se um ano e não tive notícias dela. Primeiro, fiquei preocupado. Depois, ressentido. Por fim, eu estava tão furioso que não conseguia me livrar dos pensamentos negativos que continuavam girando em minha cabeça.

"O tempo passou e, apesar de meus gentis lembretes, não houve resposta. Senti-me rejeitado, fiquei magoado e, embora desejasse ter a capacidade de perdoá-la e trabalhasse regularmente com o meu anjo para me livrar da minha raiva, ela insistia em reaparecer.

"Alguns meses depois, eu estava na Inglaterra. Era véspera de Ano-Novo e resolvi passar a noite sozinho, meditando numa torre do século XIV construída em honra de São Miguel, no alto da colina Glastonbury. Como parte de uma purificação espiritual, pedi aos meus anjos que me ajudassem a localizar, perdoar e eliminar quaisquer mágoas ou injustiças que eu pudesse estar abrigando.

"Obviamente, o nome da escritora subiu à tona na minha consciência quando me sentei, tremendo, no frio glacial. Rememorei todos os acontecimentos, senti todos os horríveis sentimentos de culpa e rejeição uma última vez e, pedindo ajuda aos meus anjos, livrei-me deles. Eu a perdoei.

"Ao amanhecer, desci vacilante a colina, abrindo caminho entre as ovelhas, com as pernas rígidas, e dormi o dia todo no hotel onde estava hospedado.

"Aquela noite, 1º de janeiro de 1984, foi quente e suave. Subi novamente o pico para ver o pôr-do-sol encher o céu de rosa. Fechei os olhos para meditar e apoiei as costas contra as velhas pedras da torre.

"Decorreram momentos de grande paz e alegria. Então, senti um ligeiro movimento em meus cabelos, como se o vento os tivesse agitado. A próxima coisa que percebi foi uma suave pressão sobre minhas orelhas. Mergulhado em minha meditação, não abri os olhos. Em seguida, houve uma explosão de sons! A música de Vangelis, do filme *Carruagens de Fogo*, com as extraordinárias palavras de William Blake: 'E assim fizeram aqueles pés em épocas remotas...' ecoou pela minha cabeça, numa manifestação divina de admiração. Alguém tinha colocado fones de ouvido em minha cabeça.

"Minutos depois, quando a soberba música tinha chegado ao crescendo final, abri os olhos. Na minha frente, com um grande sorriso tomando todo o rosto, estava a escritora, a nove mil quilômetros de sua casa, numa terra estranha, no topo daquela pequena e sagrada colina.

"Fazia um ano que eu não a via, mas naquele momento tudo estava realmente perdoado."

O uso das técnicas de Libertação também vai ajudá-lo a conhecer o poder do perdão. Reserve algum tempo para trabalhar com este capítulo. Você tem todo o tempo de que necessita. Você saberá quando estiver mais leve e aceitando a si mesmo e aos outros com mais facilidade. E, então, estará pronto para seguir para o próximo capítulo, Alinhamento.

125

6

Alinhamento

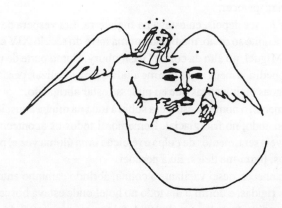

Você provavelmente já ouviu o velho ditado: "Os anjos podem voar porque se fazem leves." Você também está mais leve, depois de ter aprendido e praticado o "Exercício Básico de Libertação". Você está ficando mais leve e aproximando-se do campo vibracional dos anjos. Antes de começar a falar com os anjos, há ainda mais uma coisa que você precisa fazer: entrar em alinhamento com a energia deles. Neste capítulo, você vai descobrir diversas maneiras agradáveis de fazer isso.

Quando você alinha as rodas de seu carro, elas atuam de forma coordenada e o veículo roda com suavidade. Quando você alinha a sua energia com a de seu anjo, estabelece uma comunicação fluente e isenta de dificuldades.

O alinhamento o leva para um estado mais receptivo, ainda concentrado porém mais solto. Trata-se de um estado descontraído de consciência, semelhante ao de um corredor, nadador ou jogador de tênis. Um atleta precisa estar relaxado para jogar bem; a tensão e a rigidez prejudicam o seu desempenho. O mesmo é válido quando se trata de conversar com os anjos. Somente num estado de relaxamento você pode tornar-se receptivo às suas vozes.

A criança espontânea

Muitas pessoas nos dizem que acreditavam em anjos da guarda quando crianças e deixaram de pensar assim depois que se tornaram adultos. Você nunca supera o seu anjo, por mais velho que você possa ser.

Muitos de nós tínhamos companheiros imaginários quando crianças. É possível que alguns desses amigos e companheiros, com os quais compartilhávamos nossos segredos e esperanças, fossem anjos. Para alinhar sua energia com o seu anjo é recomendável despertar a criança espontânea e expansiva que já existiu dentro de você. Ela se admira e se deleita intensamente e saúda os anjos com naturalidade, sem esforço. A criança não está e nunca esteve magoada. Ela está incólume e é destemida – a mais pura destilação da essência da sua alma.

Agora que você já fez sua lição de casa – Ligar-se à Terra e Libertar-se – é hora de um pouco de diversão. Feche os olhos por um momento e sinta a parte de você que nunca deixou de acreditar em anjos. Convide essa parte de si mesmo para se manifestar e acompanhá-lo nesta grande aventura.

Como expandir os sentidos

Como os anjos vivem num estado de consciência expandida, uma da melhores maneiras de nos alinharmos com eles é expandindo os nossos sentidos. Como somos continuamente bombardeados com estímulos do mundo exterior, nossa impressão é a de que os nossos sentidos estão sendo usados o tempo todo. O que acontece, na verdade, é o oposto. Para podermos lidar com a extraordinária quantidade de informações sensoriais que chegam ao nosso cérebro, nós nos fechamos e selecionamos aquilo que chegamos a perceber. Se formos reagir a todos os estímulos, nossos circuitos ficarão sobrecarregados. Por esta razão, muitas pessoas vivem num estado de semiconsciência. É como comer quando se está com o nariz entupido por causa de uma gripe. Você não consegue sentir realmente o gosto da comida e boa parte do prazer de comer é perdido.

Uma consciência sensorial mais plena irá aumentar o seu prazer em qualquer atividade. Trata-se de algo divertido e fácil de desenvolver. Da próxima vez que você for ouvir música, abra-se para a possibilidade de também vê-la, senti-la e, talvez, degustá-la. Ponha para tocar a sua música favorita, seja ela rock ou Bach. Coloque o volume tão alto quanto os seus vizinhos permitam e deite-se no chão. Sinta as vibrações no seu corpo. Feche os olhos e observe as cores e imagens aparecendo. Conforme as partes da música suas formas e as sensações evocadas serão diferentes. Deixe-se levar pelo fluxo de energia, sabendo que sua percepção e sensibilidade estão aumentando. Suponha que você pudesse degustar a música – ela teria gosto de sorvete, de hambúrguer ou de uma salada verde?

Da próxima vez que você olhar para alguma coisa bonita, seja um quadro ou um carro novinho em folha, abra-se para a possibilidade de ouvir os seus sons, de sentir o seu cheiro e de degustar o seu sabor. Se pudesse traduzir em sabor aquilo que vê, este seria doce ou amargo, salgado ou picante? Se você pudesse tocá-la, ela seria lisa ou irregular, sedosa ou áspera? Como seria o seu cheiro? Deixe esses sons, visões, aromas, sabores e sensações levarem-no para outros domínios, para devaneios de síntese para uma nova apreciação.

Da próxima vez que for comer alguma coisa, feche os olhos e respire fundo. O que isso o faz recordar? É bem definido ou de formas suaves; é forte ou frágil? Quando levar o alimento à boca, perceba tanto a sua textura como o sabor. Além da verdadeira cor do alimento, qual outra que combinaria com o seu gosto? Quando você o come, qual o som produzido? Crocante? Fofo?

O cheiro é o mais evocativo de todos os sentidos. Um aroma pode transportar-nos instantaneamente para experiências e sentimentos anteriores. Feche os olhos ao cheirar alguma coisa que esteja perto de você. Inale sua fragrância com a boca aberta – você talvez consiga até mesmo sentir-lhe o gosto. Ao inspirar, você consegue sentir sua textura? De que cor ela seria? Se fosse música, qual seria o som?

Para aumentar sua sensibilidade, esfregue um pedaço de seda na parte de dentro do seu braço, com os olhos fechados. Agora esfregue a seda sobre a testa, na região do Terceiro Olho. Ela produz uma sensação diferente nas diversas partes do corpo? Faça experiências com materiais de outras texturas, tais como lã, papel-alumínio, um pedaço de fruta, a pétala de uma flor. Atente para as impressões que lhe chegam à mente. Qual som está relacionado com essa textura? Qual cor ou forma? Que cheiro? Que gosto?

Explore maneiras de desfrutar mais plenamente os seus cinco sentidos, pois você está prestes a adquirir um sexto! Ao viajar com sua criança espontânea, você irá descobrir maneiras de ver o mundo com um senso de admiração, apreço e deleite. E essas são precisamente as condições que estimulam o contato com os anjos. A alegre expansão de seus sentidos vai ajudá-lo a desenvolver sua capacidade de estabalecer contato com as energias não-físicas dos anjos.

Como usar este capítulo

Em todos os outros capítulos relativos ao Processo da GRAÇA, é importante passar pelo capítulo passo a passo, fazendo cada exercício apenas depois de estar familiarizado com o anterior. Neste capítulo, porém, nós oferecemos seis exercícios para você escolher, e cada um deles vai ensiná-lo a alinhar-se com os anjos de uma maneira diferente. Leia todos os exercícios completamente e selecione os que lhe agradem mais. Faça uma gravação daqueles que você escolheu e pratique-os. Descubra qual funciona melhor com você e use esse exercício sempre que o Alinhamento for necessário.

Como aumentar a sua capacidade de ouvir

Para ouvir a voz do seu anjo você precisa ser capaz de escutar. O exercício seguinte foi projetado para ampliar sua capacidade auditiva e intensificar a faculdade da clariaudiência, a qual é governada pelo chakra da Garganta, o centro energético de comunicação do seu corpo. Assim como a clarividência é a capacidade de ver coisas que estão fora do alcance dos olhos, a clariaudiência é a capacidade de ouvir além da faixa normal dos sons audíveis. Não há nada de misterioso nessas faculdades; elas são simples extensões da faixa de freqüência dos nossos sentidos.

Não se esqueça de fazer a "Meditação Básica de Ligação com a Terra" antes de cada exercício destes, e verifique se existe alguma coisa da qual você precise livrar-se antes de começar. Se for este o seu caso, antes de iniciar reserve algum tempo para usar o "Exercício Básico de Libertação".

Exercício 7:
Audição expandida

É melhor fazer este exercício sentado, logo depois de terminada a "Meditação Básica de Ligação com a Terra" e o "Exercício Básico de Libertação". Você vai precisar de um disco ou fita contendo a sua música preferida, seu caderno de anotações e uma caneta. Você talvez queira gravar este exercício numa fita, logo

129

depois do fim da música. Grave suas palavras lentamente, com longas pausas entre um passo e outro.

Ponha a música para tocar e aumente o volume de modo que o som ecoe pelo ambiente e o envolva. Sinta a música em seu corpo e deleite-se com os sentimentos felizes que ela evoca em você.

Enquanto estiver se deliciando com a música, imagine o seu anjo dançando ao som da melodia. Conserve a imagem do seu anjo a dançar até o fim da música.

Desligue o sistema de som e quaisquer outras fontes de ruídos do ambiente, tais como relógios, ventiladores e condicionadores de ar. Depois, prossiga o exercício.

1. Sente-se, feche os olhos e fique escutando em silêncio. O que você ouve? Escute os sons que vêm de fora – da rua e dos vizinhos. Concentre-se nos sons mais distantes; agora, concentre-se nos mais próximos de você; sinta-os no seu corpo.

2. Mantenha os olhos fechados. Depois de ouvir os sons externos, volte-se para dentro de si mesmo. Escute os silêncios entre os sons, entre as notas e entre os ouvidos. No espaço entre os seus ouvidos e a sua garganta está o som do seu anjo, a voz do seu guardião e companheiro.

3. Continue em silêncio e ouvindo, com os olhos ainda fechados. Imagine o seu anjo sentado ou de pé ao seu lado. Embora você talvez não ouça nenhuma palavra, se o fizer não se esqueça de registrá-las no caderno de anotações. Caso não ouça nada, você talvez veja cores ou linhas. Deixe que as imagens se traduzam em sons no seu ouvido mental.

4. Quando sentir que os sons e o silêncio se tornaram parte de você, abra suavemente os olhos.

É possível que o seu anjo estabeleça contato com você durante este exercício. Foi assim que o anjo de Deborah apareceu a ela pela primeira vez e recomendou que ela abrisse o seu coração para os sons do silêncio. A mensagem poderá chegar até você na forma de sentimentos, imagens e, até mesmo, de palavras. Mesmo se você não receber nenhuma mensagem, porém, o exercício o conduzirá a um novo estado de audição receptiva. Na maior parte do tempo estamos tão ocupados conversando ou pensando no que vamos dizer que não concedemos a nós mesmos os prazeres do silêncio e de ouvir todos os diferentes tipos de sons que existem nesse silêncio. É no silêncio que os anjos nos falam.

Alex trabalha nos bastidores de um teatro. Ele estava sentindo-se um prisioneiro em seu trabalho, e quando sua amiga Carol falou-lhe a respeito do seminário sobre anjos, ele ficou suficientemente curioso para freqüentar um. Ele nos disse que, dentre todos os exercícios de Alinhamento, este era o seu favorito.

"Quando vocês puseram para tocar aquela música clássica, eu não vi anjo nenhum. Mas então vocês nos fizeram ouvir os sons de dentro do corpo. Pude ouvir o meu coração, a minha respiração, o barulho do meu estômago e também os sons da sala e do tráfego nas ruas – como se eu fosse um balão que alguém tivesse enchido tanto que todos os sons do mundo estavam acontecendo dentro de mim."

Explicamos a Alex que todos nós fazemos o Alinhamento de diferentes maneiras. Esse seu sentimento de expansão era a sua maneira de entrar numa ressonância mais profunda com o silêncio no qual os anjos falam. Outra maneira de fazê-lo é silenciar o corpo e a mente. O exercício seguinte é bastante simples e também muito importante.

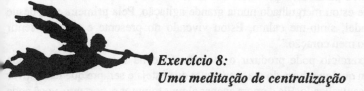

Exercício 8:
Uma meditação de centralização

Passamos muito tempo na nossa mente, na nossa cabeça. Essa meditação, porém, vai levar a sua consciência para dentro do seu coração, o centro do seu corpo, que é o lugar onde os seus anjos se encontram com você. A única coisa de que você precisa para isso é um lugar onde possa ficar em silêncio e não ser perturbado. Leia os passos diversas vezes antes de começar ou, se preferir, grave-os numa fita. Deixe um intervalo de um ou dois minutos entre um passo e outro.

1. Feche os olhos. Sinta sua respiração subindo e descendo em seu corpo. Conserve na sua mente o pensamento de que, ao respirar, Deus está inspirando você.
2. Coloque as mãos no seu coração. Sinta os batimentos cardíacos, a força da vida. Sinta-o bombeando sangue para todas as partes do seu corpo.
3. Continue a concentrar-se no seu coração e nos batimentos cardíacos. Se a sua mente começar a se entregar a devaneios, traga-a de volta para o seu coração, o centro da sua natureza sensitiva.
4. Imagine uma luz ou chama no centro do seu coração. Ela significa a centelha divina que existe dentro de você. Ligue-se de algum modo a essa centelha e sinta o que ela significa para você.
5. Expire totalmente o ar dos pulmões. Quando estiver pronto, abra os olhos novamente.

Ellis, um professor secundário de química, apresentou certa resistência inicial contra essa meditação. Ele e sua esposa estavam se separando. Ele tinha acabado de se mudar para o seu próprio apartamento, procurava encontrar tempo para ficar com os filhos e estava tentando desesperadamente reorganizar sua vida. Os exercícios de Libertação trouxeram à tona muita angústia e ele ainda a estava sentindo.

"Vim para falar com os anjos e não para expor os meus podres", queixou-se ele. Nós lhe pedimos para esquecer os seus problemas durante alguns instantes e simplesmente realizar a "Meditação de Centralização". Depois, ele nos agradeceu, dizendo:

"Quando comecei a meditação, eu estava me sentindo muito fragmentado. Quando pus as mãos em meu coração, contudo, pude visualizar ali uma chama, no centro do meu peito. Isso produziu um efeito muito positivo sobre mim. Faz semanas que estou mergulhado numa grande agitação. Pela primeira vez, desde que me mudei, sinto-me calmo. Estou vivendo no presente e consigo sentir novamente o meu coração."

Este exercício pode produzir o mesmo efeito na sua vida. E você pode utilizá-lo em qualquer hora do dia, onde quer que esteja e sempre que não estiver se sentindo centralizado. Ele demora apenas alguns minutos e, portanto, você pode fazê-lo na sua escrivaninha ou enquanto está sentado no seu carro, esperando o sinal abrir. Nossa vida é muito mais complicada que a de nossos avós. Qualquer técnica que possa ajudá-lo a ficar centralizado é bem-vinda.

Quando pensamos nos anjos, freqüentemente imaginamos coros celestiais e anjos tocando harpas e trombetas. Quando entramos em sintonia com os nossos companheiros nós nos tornamos receptivos para essa maravilhosa música, a qual não só é ouvida como também sentida. O exercício seguinte foi criado para ajudá-lo, segundo palavras do salmista, a "produzir um som jubiloso para o Senhor".

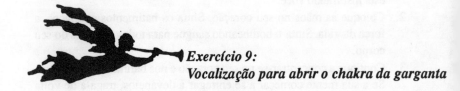

Exercício 9:
Vocalização para abrir o chakra da garganta

Para sintonizar o seu anjo, você pode usar este exercício para estimular a garganta e os ouvidos. Isto vai prepará-lo para conversar com o seu anjo. Você pode usar uma canção, um hino ou um cântico, desde que o faça com o coração. A idéia é fazer você se abrir vocalmente, soltar as suas cordas vocais e liberar-se. Praticar o som das vogais em voz alta é uma maneira prática e eficaz de conseguir este resultado, e para isso você não precisa de nada a não ser de um lugar confortável para sentar. Como nos casos anteriores, você talvez queira gravar antecipadamente o exercício.

1. Comece pela vogal *A*. Faça o som primeiramente com os olhos abertos e, depois, fechados. Repare se existe alguma tensão no seu rosto, mandíbula ou garganta. Se houver, mexa a mandíbula algumas vezes de um lado para o outro. Depois, repita novamente o mesmo som, mais alto, com os olhos abertos e, em seguida, fechados.

2. Faça o som *E*, primeiro com os olhos abertos e, depois, fechados. Uma vez mais, verifique se há alguma tensão e se existe alguma diferença entre manter os olhos abertos ou fechados. Repita o som novamente, das duas maneiras e mais alto.

3. Repita os passos acima com o som do *I*.

4. Idem, com o som do *O*.

5. Agora, trabalhe com o som do *U*.

6. Depois que tiver passado por todas as vogais, faça lentamente os seguintes sons: *Ah*, *Oh* e *Um*. Continue a repetir esses três sons até que eles comecem a se fundir e você esteja fazendo o som correspondente à palavra *ohm*. Você pode fazer isso com os olhos abertos ou fechados. Sinta o som vibrando na sua garganta. Repare se você sente esse som em alguma outra parte do seu corpo. Existe alguma ressonância no seu Terceiro Olho ou na região do Timo ou do Coração?

7. Agora, produza qualquer som que você tenha vontade de fazer. Deixe-o sair pela garganta, subindo e descendo à vontade.

8. Continue a emitir esses sons até que todo o seu corpo esteja ativado. Se você esteve fazendo este exercício com os olhos abertos, feche-os quando estiver terminando. Continue imóvel durante alguns segundos depois de terminado o exercício e fique apenas sentindo o seu corpo.

Como o seu corpo se sente depois de fazer este exercício? Os sons do ambiente agora lhe parecem diferentes? Você também pode fazer este exercício cantando o próprio nome. Procure descobrir diferentes maneiras de fazê-lo – alto e baixo, rápido e devagar. Cante até os seus ouvidos repicarem!

Peter detestou este exercício. Ele é do tipo forte e calado; quando diz alguma coisa, porém, suas mordazes observações fazem todo mundo rir. Nora, por outro lado, adorou fazê-lo. Ela não queria parar e disse sentir-se como se todo o seu corpo estivesse vibrando com os sons. E Bruce, que toca num conjunto de *rock*, riu e disse que se sentia como uma guitarra sendo afinada. Era evidente para ele quem estava fazendo a afinação.

133

Exercício 10:
Uma invocação angelical

Este simples e pequeno cântico é uma outra maneira de usar os sons que o seu corpo produz para sintonizar com os anjos. Existem apenas quatro palavras aqui, três das quais são repetidas três vezes e uma que é pronunciada uma vez para encerrar o exercício. Você pode repetir o cântico quantas vezes quiser. Cada palavra é entoada com o mesmo som. Os anjos nos deram essas palavras em dó sustenido, mas você pode usar qualquer nota que lhe pareça apropriada. Faça diversas experiências até encontrar uma nota que lhe pareça nítida e agradável. Eis aqui as palavras:

Eee Nu Rah
Eee Nu Rah
Eee Nu Rah
Zay.

Cada palavra tem um significado. *Eee* significa "tudo que eu sou e que não é físico, minha mente e minhas emoções". *Nu* significa "o meu corpo físico". *Rah* significa "a minha alma". Zay significa "na companhia dos anjos". Em conjunto, as palavras do cântico dizem "trago todo o meu ser – minha mente, minhas emoções, meu corpo e minha alma – para junto dos anjos". Trata-se de uma maneira fácil e rápida de invocar os anjos – um modo de dizer: "Anjos, estou aqui, pronto para estar com vocês." Ela é simples e eficaz.

Connie passou a gostar deste exercício desde que o experimentou pela primeira vez num dos nossos seminários. Embora sua voz não fosse bonita, era forte e nítida, e ecoou por toda a sala. Mais tarde ela nos contou que, quando era pequena, sua família fazia parte de uma igreja onde as pessoas falavam em diferentes idiomas. Os sons deste cântico fizeram-na recordar-se de alguns daqueles momentos felizes de sua infância, quando ela sabia que os anjos eram reais.

Como sintonizar a freqüência dos anjos

Para sintonizar uma estação de rádio, você gira o dial. Para mudar o canal da TV, você aperta um botão ou usa o controle remoto. Da mesma forma, quando você quer modificar os seus níveis de percepção existem coisas que podem ser feitas para alterar o seu estado de consciência. As pessoas têm usado álcool e drogas com este propósito. Numa conferência sobre anjos, realizada em Dallas, no inverno de 1989, o dr. Tom Moore, um eminente psicoterapeuta, levantou a possibilidade de que os problemas relacionados com o uso de drogas, na nossa sociedade, poderia indicar uma tentativa de nos abrirmos para os reinos angelicais, de alcançar estados de consciência mais elevados. Todavia, não existe nenhum dispositivo de sintonia fina para estados alterados de percepção induzidos por substâncias químicas. São as drogas que detêm o controle da situação e não você. A seguinte visualização nos foi oferecida pelos anjos para ajudá-lo a penetrar num estado alterado de percepção sem perder o controle nem a consciência.

Exercício 11:
Uma visualização de harmonização de energia

Esta é uma visualização centrada no corpo. Cada passo do exercício foi projetado para elevar sua vibração pessoal, de modo que você possa sintonizar gradualmente com a sua freqüência angelical. No início, você talvez precise de algum tempo para sentir essas mudanças dentro de si; depois que tiver praticado a visualização durante algum tempo, porém, você será capaz de realizar os três estágios no tempo necessário para fazer três respirações profundas.

1. Sente-se confortavelmente numa cadeira, com os pés apoiados no chão.
2. Ponha a mão com a qual você escreve sobre o ombro oposto.
3. Faça o mesmo com a outra mão.
4. Feche os olhos e preste atenção na sua respiração. Sinta o abdome subir e baixar quando você inspira e expira.
5. Quando estiver à vontade com a sua respiração, visualize uma esfera de luz cor de cobre do tamanho de um melão flutuando cerca de 20 a 25 centímetros acima do topo de sua cabeça.
6. Imagine essa luz e sinta sua cálida luminescência cor de cobre acima de você. Sinta a esfera quando ela começar a derramar uma luz líquida cor de cobre a partir do alto da sua cabeça. Ao inspirar, puxe essa luz acobreada para dentro do seu cérebro. Deixe-a encher a sua cabeça, o seu pescoço, o seu coração e derramar-se através do seu corpo a cada inalação, até chegar à base da sua espinha. Sinta a energia dessa

cascata cor de cobre preencher você. Fique algum tempo com essa luz acobreada.

7. Quando estiver pronto, visualize uma linda esfera de luz prateada brilhando no lugar antes ocupado pela esfera de cobre. Ela começa a despejar uma cascata de luz fria, líquida e prateada sobre o seu corpo. Inale essa luz prateada desde o topo da cabeça até a base da espinha. Deixe essa luz prateada brilhar dentro do seu corpo e sinta como ela tem uma freqüência mais alta que a luz cor de cobre. Fique algum tempo com essa luz prateada, seguindo-a através do seu corpo e sentindo-a interagir com o seu corpo físico.

8. Desta vez, quando estiver pronto, sinta uma esfera de luz dourada flutuando acima da sua cabeça no lugar onde estava a esfera de prata. Ela é linda, quente e brilhante. Uma vez mais, essa luz começa a se derramar a partir do alto da sua cabeça. Ao inspirar, puxe-a para baixo desde o topo da cabeça até a base da espinha.

9. Sinta essa luz dourada brilhando dentro de você. Note que a freqüência dessa luz é maior que a da luz prateada. Essa luz dourada está na freqüência dos anjos. Inspire-a para dentro de todos os seus chakras e para todas as partes do seu corpo físico.

10. Fique com a luz dourada durante algum tempo e observe cuidadosamente o seu corpo. Observe a ocorrência de qualquer alteração. Escute os sons à sua volta. Permaneça com a luz dourada. Deixe-a dançar dentro de você, com você e através de você.

11. Em seguida, quando estiver pronto, abra lentamente os olhos. Respire fundo e expire lentamente. Olhe à sua volta. Você está vendo o mundo através de olhos sintonizados com os anjos.

12. Quando tiver explorado o ambiente e todos os seus sentidos, faça lentamente o processo inverso, para que a luz dourada seja substituída pela prateada e esta pela acobreada. Agora você está de volta ao seu estado normal de consciência.

Se você resolver usar o exercício 11 como seu exercício de Alinhamento, ao chegar ao Capítulo 7, "Conversando", grave apenas os passos de 1 a 11. Quando estiver cheio com a luz dourada você vai querer conversar com os anjos e não voltar para o seu estado normal de consciência.

Você talvez descubra, como fez Anthony, que "o quarto parece diferente, os sons estão mais altos e as cores mais vivas". Ou, talvez, tudo lhe pareça mais indistinto. Paula disse sentir que podia ver através dos objetos e que eles pareciam quase transparentes.

Cada um dos passos deste exercício leva você para um nível diferente de receptividade. Ao inspirar a luz acobreada, você ressoa com a Terra e com os espíritos da natureza. Ao inspirar a luz prateada, você se liga aos domínios mentais

136

dos guias e seres extraterrestres. A mudança para a luz dourada o leva para a freqüência dos anjos. A efetivação dessas mudanças aumenta a sua capacidade de expandir a sua percepção sensorial. Quando quer que você queira alinhar-se com o seu anjo, tudo o que você precisa fazer é usar sua respiração para passar do cobre para a prata e desta para o ouro.

Depois de fazer este exercício pela primeira vez, Allan olhou para a sala e disse que se sentia como se a estivesse vendo pela primeira vez, muito embora ele estivesse lá havia várias horas. O exercício fez sentido para ele, sendo coerente com a sua experiência profissional como eletricista. Ele disse que, como o cobre era bom condutor no plano físico, parecia lógico que o ouro funcionasse no plano espiritual.

As asas do seu anjo

Quem dentre nós já não desejou ser capaz de voar? Muito tempo antes de Leonardo da Vinci ter feito esboços de diferentes máquinas voadoras, os antigos gregos contavam a história de Dédalo, que fez um par de asas para si mesmo e para seu filho Ícaro, para que pudessem fugir da ilha onde estavam aprisionados. As asas eram feitas de penas fixadas com cera. A despeito da advertência do pai, Ícaro aproximou-se demais do Sol e suas asas derreteram. Com o coração partido, Dédalo viu seu filho cair no mar e afogar-se.

Suponha, porém, que você tivesse asas que não derretessem. Assim como os nossos chakras são mais sutis do que o nosso corpo físico, existem dentro de nós outros pontos de energia ainda mais sutis. Imagine, por um momento, que existem pares de minúsculas vagens de sementes douradas em ambos os lados da sua espinha e que, quando você concentra a sua atenção nessas vagens, elas despertam e se abrem. Minúsculos filamentos dourados irão se desenrolar a partir delas e se espalhar pelas suas costas e além delas. Depois de se abrirem por completo, eles funcionam como um sistema de antenas que vai ajudá-lo a alinhar-se com o seu anjo.

Ao passo que temos apenas um conjunto desses filamentos, os anjos têm muitos. O exercício que se segue vai mostrar a você como abrir os filamentos dourados de suas asas e despertar sua porção angelical.

Antes de iniciar este exercício, observe o diagrama do sistema de asas, representado abaixo, para que você possa saber onde estão os pontos ou vagens com semente e de onde saem os filamentos das asas. Use o diagrama como um mapa da anatomia sutil. Depois que tiver tomado consciência da localização das vagens com as sementes de suas asas, faça a "Meditação Básica de Ligação com a Terra" (pp. 104-107) e, então, aprenda a voar!

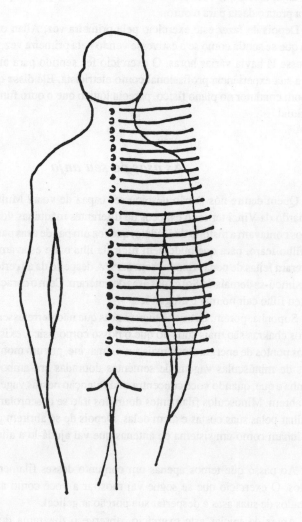

Filamentos de Asas.

Exercício 12:
Abrindo as asas

Sente-se em silêncio, no chão ou numa cadeira, deixando um espaço atrás de você. Algumas pessoas preferem fazer este exercício de pé. Uma vez mais, você talvez queira gravar antecipadamente este exercício.

1. Feche os olhos e ligue-se à Terra. Sinta suas raízes estendendo-se a partir da base da espinha e penetrando na Terra. Sinto os filamentos do seu chakra da Coroa se estendendo até os Céus.
2. Ligue-se aos seus chakras sentindo cada um deles, desde o da Raiz até o da Coroa.
3. Agora, concentre a sua atenção na sua espinha. Sinta cada uma de suas vértebras.
4. Coloque as mãos uma de cada lado da espinha, na parte mais alta do pescoço. Lentamente, da forma como for possível, massageie suas costas dos dois lados da espinha, descendo do pescoço para a região do cóccix. Sinta os espaços entre todas as vértebras. Se você não conseguir alcançar alguma parte, esfregue as costas contra uma parede, como fazem os cachorros ou os gatos, para senti-las.
5. Em seguida, volte os seus sentidos para dentro e visualize pares de vagens com sementes douradas em cada lado da espinha, do alto até embaixo, logo sob a pele.
6. Começando pela parte superior da espinha, imagine o par mais elevado de vagens de sementes douradas começando a brilhar e a se abrir. Veja/sinta um minúsculo broto ou filamento dourado emergindo da vagem, tal como aconteceria numa planta.
7. Vértebra por vértebra, percorra toda a sua espinha, sentindo cada par de vagens de sementes douradas abrindo-se e produzindo um pequeno filamento dourado.
8. Percorra novamente sua espinha, para cima e para baixo, visualizando todos esses filamentos ficando cada vez mais compridos e mais fortes. Eles estão crescendo horizontalmente, para longe da sua espinha, e ficando cada vez mais compridos. Agora eles têm a largura de suas costas e continuam crescendo.

9. Em sua imaginação, estenda os filamentos de suas asas para fora até que eles tenham cerca de 75 centímetros de envergadura. Deixe cair esses filamentos, sacuda-os e vire-os para cima, apontando para o teto, e para baixo, em direção à Terra.

10. Brinque com as suas asas. Bata as asas. Levante sua asa direita e abaixe a esquerda. Faça o inverso. Aponte as duas asas para trás. Leve as duas asas para a frente, encoste uma ponta na outra e faça um movimento de vai-e-vem, para cima e para baixo, com cada uma delas.

11. Essas fibras douradas são as suas asas – suas antenas para os domínios angelicais. Imagine uma terna energia dourada penetrando pela ponta de cada filamento, a partir dos domínios angelicais. Sinta essa mesma terna energia dourada saindo pela ponta de suas asas e se espalhando pelo mundo.

Continue a brincar com as suas asas. Deixe cair as asas. Acostume-se com elas.

Quando Deborah desenrolou suas asas o seu anjo falou-lhe novamente: "Decole da mesma forma que uma ave – abra as asas e voe sem medo." A mensagem era duplamente significativa para Deb; ela havia pensado em mudar-se para Nova York, mas estava apreensiva porque não tinha nenhuma idéia sobre o lugar para onde deveria ir. Alguns meses depois, ela nos mandou uma carta. Deb tinha simplesmente arrumado suas coisas e começado a dirigir (não a voar!) rumo ao oeste. Quando chegou a Santa Fé, disse ela, sabia que estava em casa.

Da primeira vez que fez este exercício, Vickie quase arrebentou de tanto rir. "Eu sempre soube que tinha asas!", disse ela. Esta foi a reação de muitas pessoas. No início, elas podem parecer estranhas, até você acostumar-se com elas; depois disso, porém, você vai gostar até mesmo de abri-las também em lugares públicos. Veja o que acontece quando você as abre num elevador lotado ou, então, dentro de um ônibus. Jake contou-nos que estava num restaurante cheio de gente, numa determinada noite, e, por mais que tentasse, não conseguia atrair a atenção da garçonete. Só por brincadeira, enquanto esperava por ela, ele resolveu abrir suas asas. Dentro de instantes, a garçonete estava ao seu lado. Jake surpreendeu-se quando viu o nome dela no crachá: Angela.

Quando tiver terminado de usar suas asas, é uma boa idéia recolhê-las dentro do seu corpo para que as fibras não fiquem embaraçadas. Se isso acontecer, visualize o seu anjo de pé, atrás de você, com um grande pente de ouro, desembaraçando-as. O anjo de José usa os próprios filamentos de sua asa para desfazer os emaranhados, e Barbara as limpa e penteia debaixo do chuveiro.

Uma maneira simples de se energizar é envolver-se com esses filamentos, tocando as pontas de uma asa com as pontas da outra. Suas asas irão criar um cilindro de luz dourada em torno de você, o qual poderá penetrar em seu corpo. Sinta essa luz entrando em você, enchendo os seus chakras e todas as outras partes do seu corpo físico.

Ao abrir suas asas você irradia a energia do amor não apenas a partir de suas asas mas também do seu coração. Quer esteja sentado num ônibus ou de pé numa fila de supermercado, sempre que abre suas asas você irradia amor para o mundo e contribui para elevar a atmosfera espiritual.

Fazendo seu próprio exercício sensorial

Cada um desses exercícios vai permitir que você se alinhe de uma maneira diferente. Algumas pessoas gostam mais de exercícios que fazem uso de sons; outros saem-se melhor com técnicas de visualização e outros, ainda, respondem melhor a processos que envolvem o corpo físico. A técnica que você escolher vai revelar-lhe alguma coisa a respeito de você mesmo.

A "Audição Expandida" tem a preferência das pessoas que dão mais importância aos sons; elas obtêm informações principalmente através da audição. A vocalização agrada àqueles que são mais loquazes, como a "Invocação Angelical". Se você gostou da "Visualização de Harmonização de Energia", você provavelmente é uma pessoa visual, que obtém informações através da visão e consegue visualizar as coisas vividamente. Se o seu método preferido de Alinhamento é a "Centralização" ou o "Abrindo as Asas", você é orientado para o corpo e propenso a receber informações através do tato.

Desenvolver os sentidos é algo semelhante a trabalhar o corpo numa academia de ginástica. Se usar somente um aparelho de ginástica, você fortalece apenas um grupo de músculos. Quando estiver familiarizado com todo o Processo da GRAÇA, volte para este capítulo e faça os outros exercícios para desenvolver ainda mais os seus "músculos" sensoriais.

Logo que começar a perceber uma mudança no seu nível de consciência e sentir-se à vontade com um desses exercícios, você estará pronto para começar a conversar com os anjos.

7

Conversando

Nos nossos seminários as pessoas ficam admiradas ao ver como é fácil conversar com os seus anjos. Você não precisa ficar meditando durante vinte anos no topo de uma montanha para conseguir fazer isso. O fundamental para nos comunicarmos com os nossos anjos é, simplesmente, um estado receptivo. Os exercícios de Ligação com a Terra, de Libertação e de Alinhamento preparam-no para isso e ajudam-no a tornar-se receptivo e a desenvolver sentimentos de compaixão, ternura, compreensão e alegria. É por isso que é tão importante fazer todos os passos do processo, sem saltar nenhum.

Os anjos nos ligam à nossa mais elevada fonte de conhecimento, o Eu Superior, aquela parte de nós mesmos que tem consciência da existência de Deus. Este aspecto do nosso ser é amoroso mas não neutro, compassivo porém não sentimental. Ele existe dentro de cada um de nós, embora a maioria das pessoas não possa manter durante muito tempo estados em que está consciente da existência de Deus. No entanto, muitos de nós o vislumbramos ocasionalmente, e isto basta para sabermos que ele é parte de nós mesmos. Trabalhar com os anjos também nos ajuda a salvar esse Eu Superior.

Há uma corrente segundo a qual o nosso anjo é, na verdade, o nosso Eu Superior, o qual separou-se de nós quando encarnamos sob a forma humana. Deste ponto de vista, encontrar o seu anjo significa voltar a ligar-se a uma parte de si mesmo. Embora isto pareça verdadeiro para muitos de nós, você não deve guiar-se pelo que os outros dizem. Consulte seus sentimentos a esse respeito.

De qualquer maneira, conversar com o seu anjo vai lhe proporcionar a chave para a compreensão de si mesmo e dos outros. Isso também pode ajudá-lo a compreender qual é o propósito da sua vida e a tornar-se receptivo para os seus dons mais singulares.

Não se esqueça de escrever

Quando o seu anjo fala com você, é importante registrar por escrito tudo o que foi recebido. Assim, não deixe de ter à mão uma caneta e o seu caderno de notas quando estiver fazendo o exercício 13. Escreva sem corrigir, censurar ou modificar palavras ou expressões com o intuito de fazê-las soar melhor. Escreva sem senso crítico, como se você estivesse tomando um ditado. Quando tiver terminado, é um gesto de cortesia agradecer ao seu anjo – você pode até mesmo desejar escrever um "muito obrigado" no final da anotação.

Preparação

Agora que já dominou os três primeiros passos do processo de tornar-se receptivo ao seu anjo, você está preparado para falar diretamente com o seu amigo celestial. Talvez não haja mais necessidade de ouvir os exercícios tocados numa fita. Se você os praticou o suficiente, é provável que esteja familiarizado com eles. Nesse caso, você só precisará gravar os exercícios que se seguem. Se você ainda não estiver familiarizado com os diversos passos, porém, ou se preferir ouvi-los, eis aqui um sumário dos exercícios a serem gravados, na ordem em que você vai usá-los. Grave-os um depois do outro e lembre-se de fazer uma pausa entre um passo e outro, para que você tenha tempo de seguir as instruções.

"Exercício 3: Meditação Básica de Ligação com a Terra", pp. 104-107;
"Exercício 6: Exercício Básico de Libertação", pp. 118-119;
Qualquer dos exercícios que você tenha escolhido no Capítulo 6;
"Exercício 13: Abrindo-se para o Seu Anjo", pp. 142-143.

Agora você está pronto para conversar com o seu anjo. Você está ligado à Terra e centralizado, sentindo-se em conexão com a Terra e com os Céus. Você se libertou de quaisquer bloqueios que pudessem impedi-lo de fazer contato com os seus anjos e está se sentindo mais leve e receptivo. Você está receptivo, sintonizado na freqüência dos anjos e completamente alinhado com o seu anjo da guarda.

Ao fazer este exercício você estará propondo uma pergunta ao seu anjo. Antes de iniciar o exercício você deve começar a pensar numa pergunta. Ela deve ser simples e não definir a resposta de forma excessivamente restrita. Por exemplo: "O que você quer me comunicar?", "O que preciso saber agora?", "Como posso ficar receptivo para a sua voz?" ou, até mesmo, "Qual é o seu nome?"

Allan estava calmo quando começou a fazer o exercício. Ele havia tirado os óculos e fechado os olhos. Seu silêncio refletia um estado de preparação e prontidão. Carol estava agitada, e mal podia permanecer sentada. Havia uma sensação de "noite de estréia", disse-nos ela, mais tarde – uma mistura de entusiasmo e de nervosa expectativa.

Bem, lá vamos nós!

Exercício 13:
Abrindo-se para o seu anjo

Conserve à mão sua caneta e o caderno de notas. No alto de uma página em branco, escreva: "Abrindo-me para o meu anjo" e a data.

1. Sente-se em seu espaço sagrado, com os pés apoiados no chão e os olhos fechados. Sinta a presença do seu anjo cada vez mais perto de você.
2. Inspirando e expirando lentamente, sinta a presença do seu anjo chegando até você. Imagine suas asas suavemente dobradas em torno de você.
3. Concentre sua atenção no seu coração. Coloque dentro dele as perguntas que você quer fazer, visualizando as palavras escritas ali.
4. Quando sentir as palavras em seu coração, abra os olhos e escreva a pergunta em seu caderno de notas. Feche os olhos novamente.
5. Com as palavras de sua pergunta no coração e na mente, ligue-se ao profundo desejo de ouvir a voz do seu anjo. Fique atento para os sons do coração e da garganta. Tome consciência de quaisquer sentimentos que surjam. Os anjos chegam até nós através de sentimentos; assim, esta pode ser a primeira forma de contato com eles. Mostre-se receptivo em relação a esses sentimentos e às palavras que surjam na sua mente.
6. Escreva o que quer que você receba, sejam palavras, imagens ou sentimentos.

7. Lembre-se de agradecer ao seu anjo pela mensagem.
8. Releia a mensagem que você recebeu.

Observe como você se sente em relação à mensagem. Ela pode causar-lhe surpresa e deixá-lo comovido. Se as palavras fizerem os seus olhos se encherem de lágrimas ou se você se sentir emocionado de alguma maneira, você saberá que o seu anjo falou através de você.

A primeira pergunta que Carol fez ao seu anjo foi: "Qual o seu nome?" "Freda", foi o que ela ouviu e cuidadosamente registrou no caderno de notas, sob a data de 4 de fevereiro de 1989. Carol estava intrigada. Embora tivesse uma tia com esse nome, tanto quanto sabia ela não era um anjo. Sentando-se em silêncio e refletindo sobre isso, ela ouviu seu anjo falar novamente. "Ouça bem e escute-me no seu coração. Meu nome é Freedom."

Quando Allan perguntou "Que mensagem você tem para mim?", ele não recebeu nenhuma palavra. O que sentiu foi uma sensação terna e vibrante em seu coração, como se ele estivesse transbordando de ternura e amor. Allan disse para o grupo que se sentiu banhado de amor e que todo o seu corpo estava exultando com isto.

Carol estava dando risadinhas e se sentindo um tanto confusa. Havia lágrimas nos olhos de Allan. Ele enxugou as bochechas com as mãos, sacudindo a cabeça.

"Não posso acreditar nisso", disse ele. "Não vi nenhum anjo, não ouvi nenhum anjo mas sei que ele estava ali."

Não havia dúvida de que eles tinham encontrado os seus anjos.

Em outro seminário, Darryl, um jovem músico, perguntou: "O que eu preciso saber neste exato momento?", e ouviu estas palavras: "Saiba que eu estou com você agora e que nunca o deixarei. Sou o seu bondoso guia e estou ao seu lado para mostrar-lhe o caminho. Abra o seu coração para mim e vamos começar!"

Sentada ao lado de Darryl estava Elsita, uma adorável octogenária jovem de espírito. Ela não recebeu a mensagem em forma de palavras mas escreveu o que se segue em seu caderno de notas, depois de fazer este exercício pela primeira vez:

"Sinto fortes vibrações em minhas mãos, braços e rosto. Vejo lindas cores em padrões geométricos. Não tenho nenhum pensamento lúcido."

Elsita fez o exercício novamente. Desta vez, ela escreveu:

"Vejo reflexos num plácido lago; a corrente de um rio largo; ondas quebrando-se na praia; longas linhas formadas por ondas se deslocando; espuma, movimento. Uma palavra me ocorre: Beleza."

Encantada com essas imagens mas ansiosa por ouvir a mensagem de seu anjo, Elsita fez o exercício uma terceira vez, perguntando: "O que eu preciso saber neste exato momento?"

Dessa vez as palavras vieram claramente: "Beleza é Verdade, Verdade é Beleza. Isto é tudo o que você sabe e tudo o que precisa saber." E a voz continuou:

145

"Estou nas águas do rio, nas ondas, na espuma, na Luz e na Escuridão. Sou o criador e a criação."

Elsita estava um pouco tonta de alegria. "E eu só pedi para falar com um anjo!", disse ela.

Os anjos vêm até nós pelos meios através dos quais somos capazes de recebê-los. No início, Darryl relutou um pouco em nos contar o conteúdo da mensagem que recebera. Ele não estava esperando poesia e não achou que os anjos fossem tão brincalhões. Elsita apreciava muito a natureza e as coisas belas, mas também sentiu uma certa perturbação quando se abriu pela primeira vez para o seu anjo. Assim, ele a acalmou com lindas imagens da natureza e isso permitiu que ela relaxasse o suficiente para ouvir a Mente Superior falar através dela.

Se você não tiver a certeza de que recebeu alguma coisa, feche novamente os olhos e repita o exercício desde o começo, fazendo uma forte ligação com o desejo de entrar em contato com o seu anjo. Qualquer que seja a mensagem recebida, aceite-a com agradecimentos. Não rejeite nem critique o que for recebido porque isso irá fechar o seu coração e impedir a comunicação. Ao aceitar a mensagem você se torna receptivo, e isso aumenta muito a probabilidade de receber outras mensagens.

Pratique, pratique, pratique

O sucesso deste processo tão simples depende de como fizemos a Ligação com a Terra, a Libertação e o Alinhamento. A prática vai aumentar sua habilidade e continuar a abrir o canal de comunicação entre você e o seu anjo da guarda. É recomendável reservar algum tempo todos os dias para um encontro, conforme sugeriu o anjo de Lee, de preferência no lugar sagrado que você criou, um lugar confortável, tranqüilo e que serve para lembrá-lo de que você está entrando nos domínios angelicais. Você talvez queira acender uma vela ou colocar algumas flores frescas nesse lugar. Ele deve ser um lugar especial, assim como é especial o relacionamento com o seu anjo.

Neste ponto, podem vir à baila algumas perguntas:

Como saber quando é o seu anjo e quando é a sua mente que está falando?
Como saber se estamos nos comunicando com um anjo ou com um guia?

Vamos fazer uma analogia com um aparelho de televisão, imaginando por um momento que você é o aparelho. Existem muitos canais ou estações transmitindo (Neste caso, o canal refere-se a uma voz e não à pessoa que a está recebendo.) Até que você se torne receptivo aos anjos, o único canal que você pegará em seu aparelho será o da sua mente, o do seu ego. Não é difícil fazer a distinção entre a sua mente e o seu anjo. Sua mente é cheia de "deveres" e de juízos críticos. Ela lhe diz o que fazer, como e quando fazê-lo. E, com certeza, ela lhe diz quando você fez algo de errado

146

Através da prática do Processo da GRAÇA você está aprendendo a se sintonizar com um outro canal de freqüência mais alta, a voz do seu anjo. Esta voz é calma e compassiva, embora às vezes chegue deturpada e estranha. Ocasionalmente, ela vem na forma de rimas! Ela nunca o critica, não diz que você está errado e nem o que deve fazer, exceto sugerindo que você olhe para dentro de si mesmo ou que seja mais amoroso consigo. Ela sempre vê o lado positivo das coisas e lhe dá conselhos construtivos. Trata-se de uma voz muito diferente dos antigos programas negativos que provinham do nosso ego.

Outras vozes

Depois que estiver sintonizado com os seus anjos, você poderá se ver recebendo também outras estações – vozes de guias, extraterrestres e espíritos da natureza. Como saber com quem estamos falando? O tom das palavras e o assunto abordado servirão para orientá-lo. Os guias são diretos e previsíveis; a maioria deles já teve forma física e eles falam às preocupações humanas. Os extraterrestres vêm de outros planetas e sistemas estelares. Eles projetam atributos diferenciados e têm uma perspectiva mais impessoal e universal. Os espíritos de natureza cuidam dos reinos animal, vegetal e mineral e suas mensagens se relacionam com o crescimento e o bem-estar da Terra e de Suas criaturas. Você vai descobrir que cada voz tem um som ou produz uma sensação característica.

Como identificar um anjo

De fato, uma das maneiras de identificar uma voz angelical é através daquilo que você sente ao ouvi-la. Gilda é uma jornalista *free-lancer* conhecida pela sua inteligência. Ela tem uma grande curiosidade intelectual e não é muito dada a sentimentalismos. Gilda queria descobrir se poderia falar com os anjos usando a abordagem de uma reportagem investigativa. Depois dos exercícios de Ligação com a Terra, de Libertação e Alinhamento, Gilda fechou os olhos e perguntou: "O que você quer me dizer?" As lágrimas começaram a rolar pelo seu rosto quando ela ouviu a resposta do seu anjo. Seu caderno de anotações ficou sobre o seu colo e a caneta imóvel em seus dedos. Embora esta fosse a primeira vez que se esquecia de anotar as palavras exatas de uma declaração, desde que se tornara jornalista, Gilda estava exultando.

"Nunca tive nenhuma sensação parecida com o amor que senti ao ouvir o meu anjo", explicou-nos ela, mais tarde. "Recebi um banho de amor, e todas as minhas dúvidas em relação a mim mesma foram eliminadas. Eu me senti querida!"

Sentimentos de amor, de auto-aceitação, de paz interior e a certeza de sermos muito queridos são sinais de conexão com os anjos. É possível também que você apresente uma reação física. Embora Larry, um técnico em computação, estivesse cético a respeito da possibilidade de receber mensagens de anjos, ele foi levado a fazer uma tentativa porque sua namorada havia mudado – "ficado mais doce", foram as palavras dele – desde que começara a conversar com os dela. Sua tentativa inicial foi um fracasso, pensava ele.

"Não recebi nenhuma mensagem", disse Larry. "Só tive uma sensação esquisita no meu coração, como se uma esponja estivesse sendo apertada e depois solta."

O anjo de Larry tinha tocado seu coração até mesmo antes que ele ouvisse suas palavras. Como Larry estava bloqueando os seus sentimentos, ele o sentiu no nível físico mas não no emocional. Quando ele disse a Larry que o seu coração emocional estava aberto, este sentiu-se suficientemente animado para continuar. Ter o coração aberto é um pré-requisito para conversar com os anjos. Todavia, como Larry ainda conservava parte do seu ceticismo, foram necessárias mais três tentativas para que seu anjo falasse:

"Você é bom. Você é inteligente. Você é digno de receber amor sendo simplesmente do jeito que é."

Infalível, o seu anjo havia tocado exatamente no problema que prejudicara a sua conexão – um sentimento de desvalorização. Larry agora comunica-se regularmente com os anjos usando o seu computador pessoal.

Sinais físicos

Eis algumas manifestações físicas que podem estar associadas à comunicação com os anjos: calafrios; arrepios; formigamento na parte de trás do pescoço; acuidade visual incomumente aumentada; e um cheiro adocicado ou aromático que não pode ser explicado. Você talvez receba apenas uma ligeira aragem de algo que tem o cheiro de flores – sem que haja nenhuma flor perto. Tudo isto são sinais da visita de um anjo.

Como conversar com o seu anjo

Feito o contato inicial com o seu anjo, descobrimos que existem duas maneiras para você conversar com eles. A primeira é fazer uma pergunta de caráter geral e abrir-se para receber a resposta. Eis algumas perguntas que você poderia fazer:

Qual é o meu propósito nesta vida?

Quais são as minhas dádivas?

Como devo chamá-lo? Qual o seu nome?

Qual é melhor maneira de me ligar a você?
O que preciso saber neste exato momento?
Como posso servir?

Eis aqui alguns trechos de respostas à mesma pergunta, a primeira recebida pela nossa querida amiga Elsita, a segunda por Anne – uma hipnoterapeuta de primeira linha –, a terceira por um músico e compositor que chama a si mesmo de Mercúrio, e a última por Jackie, uma empresária no ramo de antiguidades e irmã no caminho espiritual:

PERGUNTA: Como posso servir?
ANJO DE ELSITA, DANIEL: Falar. Contar às pessoas. Existem muitas pessoas que estão prontas para ouvir a sua mensagem – a mensagem de amor e união que por si só pode salvar o seu planeta. Abra o seu coração e ajude as outras pessoas a abrir o delas. É através do coração do homem, e não da sua mente, que o seu mundo pode ser curado e capacitado a entrar numa nova e gloriosa era de paz e de satisfação.
O ANJO DE ANNE, LEANDOR: Servir significa, na verdade, dar com amor o que foi pedido. Se você ouvir com o "Terceiro" Ouvido, enxergar com o "Terceiro" Olho e sentir através do cálice do coração, você estará dando com amor aquilo que foi pedido. Dar sem amor é uma fraude.
ANJO DE MERCÚRIO, ANÔNIMO: Você é um elo de ligação, um elemento condutor de um circuito. Assim como o espírito desce até o corpo, você descerá para o mundo com o propósito de restabelecer a ligação entre as dimensões material e espiritual. Você vai atuar como um porta-voz dos anjos.
ANJO DE JACKIE, JEDIDIAH: Sua função no universo é disseminar destemor, amando abertamente. A graça de Deus está presente e, ao manifestá-la, você estará inspirando outros a fazer o mesmo. Sua disposição de cumprir sua Missão vai influenciar aqueles que estão ao seu redor, até que eles também sejam trazidos para o círculo de luz. Seja um missionário sorridente. A graça de Deus está sempre presente. Reflita essa graça. Esteja na presença de Deus. Reflita fluidez, integridade e unidade.

Vozes e nomes

Achamos fascinantes que, embora a pergunta tivesse sido feita por quatro pessoas diferentes, em diferentes momentos e lugares, houvesse uma marcante semelhança entre as respostas, sendo o amor e a união temas sempre presentes em cada uma delas. E, no entanto, como as vozes pareciam individualizadas! Em nossos seminários, descobrimos que, quando grupos de três ou quatro pessoas fazem a mesma pergunta, as respostas muitas vezes são semelhantes, sendo usadas palavras e imagens idênticas. Para nós, esta é uma prova indiscutível de que todos estamos ligados à Fonte e que, quando nos reunimos com os nossos queridos anjos, as mensagens que todos precisamos ouvir surgem altas e claras.

Cada anjo faz a ligação à sua própria maneira. O seu talvez queira conversar logo que você se levanta da cama. O estado de sonolência e relaxamento que ocorre logo antes de você pegar no sono ou depois de acordar pela manhã é especialmente favorável para se conversar com os anjos. Por isso, algumas pessoas mantêm o caderno de anotações e uma caneta perto da cama. Pode ser ainda que o seu anjo prefira comunicar-se apenas nas sextas-feiras ou num determinado dia da semana. E se ele disser que o seu nome é Jonathan, como fez o de Gail, não se surpreenda. Nem todos os anjos têm nomes estranhos. Se você não recebeu nenhuma resposta quando perguntou o nome do seu anjo, não se preocupe. Um anjo nos disse que eles na verdade não têm nomes pessoais e que aqueles que recebemos ao fazer esta pergunta correspondem a uma vibração que é batizada por nós.

Se o seu anjo disser que seu nome é Gabriel, ou Rafael, isto significa que você estará falando com um arcanjo? O mais provável é que não; isto significa apenas que o anjo pertence ao clã dos Gabriéis ou Rafaéis, da mesma forma como existem na Terra clãs de MacDougals ou de McPhersons. Quando estiver falando com um arcanjo você certamente terá consciência disso.

Como dialogar com o seu anjo

A segunda maneira de conversar com o seu anjo é de forma interativa, na forma de um diálogo. Depois que tiver começado a se livrar das velhas barreiras

mentais e emocionais, através do processo de Libertação, você começará a revelar seus verdadeiros poderes, suas dádivas e sua bondade. Os anjos entram na nossa vida para nos ajudar a fazer isso. Quanto mais dialogamos com eles, mais informações recebemos.

Agora que você se tornou receptivo para o seu anjo, você pode usar o exercício seguinte sempre que quiser conversar com eles. Leia o exercício completamente algumas vezes e depois você poderá gravá-lo numa fita. Antes de fazer este exercício, faça primeiro os exercícios de Ligação com a Terra, de Libertação e Alinhamento. Deixar de fazê-los é como iniciar uma corrida sem ter feito o aquecimento. Quanto mais você se alongar, melhor poderá correr – ou, neste caso, voar.

Exercício 14:
Pergunte ao seu anjo

Para levar a cabo este processo você vai precisar do seu caderno de anotações, de caneta, de um toca-fitas e de uma fita com a gravação deste exercício:

1. Sentado confortavelmente no seu espaço sagrado, sinta a presença do seu anjo e comece a inspirar todo o seu amor. Saúde seu anjo com o coração e, em troca, você receberá a saudação dele.
2. Deixe que uma pergunta se forme na sua mente, através de palavras. Coloque-a no seu coração. Quando puder sentir as palavras no seu coração, abra os olhos e registre-a em seu caderno de notas. Faça essa pergunta ao seu anjo.
3. Com tranqüilidade, abra-se para receber as palavras que vêm do seu anjo. Anote-as tal como chegam à sua mente, sem pensar nelas.
4. Como em qualquer conversa, você terá coisas a dizer em resposta ao que o seu anjo disser. Ponha essas palavras no papel ao transmiti-las ao seu anjo.
5. Uma vez mais, receba a resposta enviada pelo seu anjo e anote suas palavras.
6. Continue a fazer isso até o término da conversa.
7. Agradeça ao seu anjo.

Esteja consciente do seu corpo, da sua respiração e do ambiente ao seu redor. Leia o que você recebeu. O que você aprendeu sobre si mesmo? Como isso o fez se sentir? Se você acha que a informação não é correta nem útil, ou se pensa que tudo é produto da sua própria imaginação, coloque-a de lado. Depois, numa ocasião posterior, uma semana ou duas mais tarde, releia o que você escreveu. O tempo vai lhe proporcionar o distanciamento necessário para avaliar seus méritos com mais isenção. Quando o seu anjo fala ele pode abalar algumas de suas crenças mais antigas e arraigadas. Qualquer que seja a razão para isso, nós humanos nos apegamos muito às nossas crenças; estamos convencidos de que elas são corretas. Conforme LNO disse certa vez, "A maioria das pessoas prefere estar certa a ser feliz".

Continuando a conversa

Muitos de nós atualmente usamos computadores, em casa ou no escritório. Se tiver um, você o achará especialmente útil para dialogar com o seu anjo. Muitas vezes as transmissões chegam a nós na forma de um jorro de palavras. Nem sempre é fácil escrever tudo à mão.

Como a maioria de nós não tem computador em nossos lugares sagrados, você certamente vai querer criar um ambiente condignamente respeitoso em volta do aparelho. Tire todos os objetos de cima de sua escrivaninha, coloque uma vela acesa ou flores frescas sobre ela e ligue o computador. Use um disquete novo e reserve-o apenas para as mensagens do seu anjo. Em seguida, siga os passos do exercício 14.

Lynn, uma mãe solteira que trabalhava fora, sentiu na manhã seguinte ao primeiro encontro com o seu anjo uma premente necessidade de continuar a conversa usando o computador Macintosh. Numa carta enviada a nós ela escreveu:

"Foi um pouco desconfortável, obviamente, mas quando a mensagem chegou, percebi que havia lágrimas nos meus olhos e que eu tinha 'recebido' o meu anjo. Eu me dirigi a ele da seguinte forma:

'Gabriel – Obrigado por ter se encontrado comigo ontem. Foi um dia emocionante e parece que teremos muita coisa interessante para fazer. Preciso de ajuda para orientar Patrick (meu filho de 15 anos). Ele vai ficar terrivelmente desapontado quando souber que não poderá se encontrar com o feiticeiro Navajo hoje. Como posso ajudá-lo?' "

Em sua carta, Lynn contou-nos que a resposta de Gabriel foi instantânea e que ela passou apertada para acompanhar o seu ritmo. Seus dedos voavam sobre o teclado, captando suas palavras:

"Patrick não precisa de nenhuma ajuda exterior. Por favor, diga-lhe que ele precisa aprender a se voltar para dentro de si mesmo. É por isso que esse encontro foi cancelado. Ele é um ser altamente desenvolvido e precisa fazer contato apenas com o seu anjo."

152

Ainda preocupada, Lynn insistiu, perguntando: "Devo ensiná-lo a fazer isto? Talvez ele não me dê ouvidos."

Gabriel respondeu: "Patrick ouve e compreende tudo. Mostre-lhe como entrar em contato com o seu anjo, tal como você fez ontem. Ele tem estado em contato com o seu anjo enquanto desenha. Deixe-o descobrir o nome do seu anjo enquanto faz seus desenhos, e depois você poderá ensiná-lo a escrever palavras para obter respostas. Não se preocupe, Mãe, ele pode fazê-lo!"

Lynn escreveu: "As expressões 'voltar-se para dentro' e 'Mãe' não são usadas por mim ou por meu filho. Enquanto digitava a palavra 'Mãe', minha mente estava dizendo, 'Embora você devesse usar a palavra *Mamãe*, graças a isso sei que as palavras estão vindo de algum outro lugar e não de mim mesma.' Obrigada por tornar possível um dia tão importante para nós."

Com a continuação de suas conversas, você vai observar que o seu anjo tem uma voz característica. Ela tanto pode ser muito diferente ou muito parecida com a sua, embora apresentando certas peculiaridades, como aquelas observadas por Lynn. Ela pode começar a conversa com uma saudação. Alegria, por exemplo, um dos anjos de Timothy, inicia suas mensagens com um "Meu caro", e LNO invariavelmente começa com a palavra "Querida". Sargolais, o companheiro de Andrew, simplesmente começa a falar.

De vez em quando, você poderá se ver escrevendo ou digitando, como fez Anthony, uma palavra desconhecida. Não se detenha; continue escrevendo e volte a essa palavra mais tarde. Ao manter-se aberto e receptivo às mensagens do seu anjo você estará estimulando essa comunicação. Não fique surpreso se a caligrafia do seu anjo for diferente da sua.

À medida que for adquirindo mais prática você vai descobrir que consegue manter conversas mais longas e passará a conhecer melhor o seu anjo. É como conhecer um amigo. Quanto mais tempo vocês passam juntos, melhor se conhecem.

Às vezes os anjos nos respondem de formas inesperadas. Geraldine é contadora. Eis aqui um exemplo de um diálogo mais longo extraído de seu caderno de notas:

GERALDINE: Devo largar meu emprego?

ANJO: Siga o seu coração.

GERALDINE: Meu coração diz sim, mas minha mente diz que preciso pagar o aluguel.

ANJO: Arranje um novo emprego antes de largar o antigo.

GERALDINE: Como posso fazer isso?

ANJO: Siga o seu coração.

GERALDINE: O que isto significa?

ANJO: Faça o que gosta de fazer. Se não puder, aprenda a gostar do que faz. Quando gosta do que faz, você trabalha com amor. Isto glorifica a Deus e eleva o nível do seu trabalho.

GERALDINE: Gosto do meu trabalho mas não suporto o meu chefe. O que devo fazer?

ANJO: Do que você não gosta no seu chefe? O que quer que seja, isso representa algo que existe dentro de você e que você não consegue suportar. Enfrente isso e você irá entender.

Geraldine deu um risinho de satisfação mas tomou o conselho a sério. Ela analisou o que a incomodava no seu chefe. Ele era rápido para achar defeitos e raramente a elogiava. Geraldine era detalhista e muito conscienciosa. Ela percebeu que, embora desejasse ser reconhecida pelo seu superior, ela própria nunca havia reconhecido o seu valor. O diálogo com o seu anjo permitiu-lhe continuar no emprego e, seis semanas depois, de forma inteiramente inesperada, seu chefe passou para outro departamento e Geraldine foi indicada para substituí-lo.

Os momentos vividos na companhia do seu anjo são uma profunda fonte de prazer. O seu amigo celestial traz conforto e alegria à sua vida e derrama luz sobre questões complexas. Neste exato momento você está desfrutando de seu primeiro contato com o seu anjo. Congratulações! E ainda existem mais coisas agradáveis e divertidas pela frente. No capítulo seguinte você vai conhecer outras maneiras de ''se divertir'' com o seu anjo, usando o Oráculo dos Anjos.

154

8
Divertindo-se
(O Oráculo dos Anjos)

Sargolais criou o Oráculo dos Anjos para lhe dar a oportunidade de brincar com o seu próprio companheiro e também com uma legião de outros anjos sintonizados com a Terra.

Você pode usar o Oráculo quando quiser orientação mas estiver por demais agitado para se sentar e dialogar com o seu anjo. Poderá haver ocasiões em que você queira trabalhar com algo que possa tocar e segurar, tal como pedras da Runa, cartas de tarô ou moedas do *I Ching*. Pode ser ainda que você queira apenas relaxar e desfrutar da companhia dos anjos. O Oráculo pode ser usado em todas essas ocasiões.

Quase todas as culturas do mundo criaram seus próprios sistemas de acesso a informações espirituais, desde Urim e Thummim, mencionados na Bíblia, até aqueles relacionados acima. Assim como outros métodos divinatórios, o Oráculo dos Anjos opera através do princípio que o psicólogo suíço C. G. Jung chamou de "sincronicidade". Jung notou que um ato aparentemente casual, como atirar uma moeda ou puxar uma carta do baralho, pode proporcionar-lhe uma profunda compreensão intuitiva a respeito dos acontecimentos de sua vida – se você souber como interpretar isso. Ao consultar o Oráculo dos Anjos você cria oportunidades para os anjos o alcançarem com a sua orientação, quer você tenha ou não em mente uma pergunta específica.

O que existe no Oráculo dos Anjos

Existem três categorias de informações no Oráculo dos Anjos. É através da combinação sincrônica da seleção feita por você entre as opções de cada uma dessas categorias que os anjos podem ligar-se a você.

- Na primeira categoria estão aos arcanjos, os seres superiluminados que irão coreografar a sua aventura.
- A segunda categoria contém 16 diferentes tipos de anjos que estão prontos para ir ao seu encontro, ligarem-se a você e orientarem-no.
- Na terceira categoria você vai encontrar 24 diferentes situações de vida através das quais esses anjos podem ser convocados.

Abaixo você vai encontrar tudo o que precisa saber para usar o oráculo imediatamente. Para auferir o máximo de prazer, porém, reserve algum tempo para confeccionar um baralho de cartas do Oráculo dos Anjos. Você vai encontrar as instruções para isso no final deste capítulo.

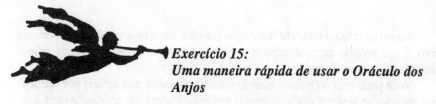

Exercício 15:
Uma maneira rápida de usar o Oráculo dos Anjos

Antes de usar o Oráculo dos Anjos, você talvez queira fazer a "Meditação Básica de Ligação com a Terra" (pp. 104-107), embora isso não seja um pré-requisito. As informações de que você precisa para fazer a leitura são apresentadas nos três quadros que se seguem:

1. Sente-se calmamente e tome consciência da sua respiração.
2. Se tiver uma pergunta para os seus anjos, concentre-se nela. Se não tiver nenhuma pergunta, simplesmente convide-os para entrar em sua vida.

3. O lado esquerdo do corpo está ligado ao hemisfério direito do cérebro, que é o lado mais intuitivo. Quando estiver pronto, ponha o dedo indicador esquerdo sobre o quadro que contém o nome dos arcanjos. Feche os olhos, faça três rotações com o dedo, no sentido anti-horário e, então, desça-o sobre a página. Abra os olhos e veja qual arcanjo você escolheu.

4. Em seguida, ponha o dedo sobre o segundo quadro, aquele que relaciona os 16 diferentes tipos de anjos. Como antes, feche os olhos e deixe o dedo pousar sobre a página. Abra os olhos e veja sobre que tipo de anjo o seu dedo pousou.

5. Por fim, repita o mesmo processo com o terceiro quadro. Desta vez você vai descobrir as circunstâncias através das quais o seu anjo específico prefere chegar até você. Juntos, esses três itens constituem a leitura do seu Oráculo Angelical.

6. Vá para a seção ''Como Interpretar o Oráculo dos Anjos'' (pp. 159-164 do original) e leia o significado de cada um dos três itens que você escolheu.

Uriel
Gabriel
Rafael
Miguel

O Seu Anjo Companheiro
Um Anjo de Ligação
Um Anjo de Informação
Um Anjo que Atua Durante o Sonho
Um Anjo que Cura
Um Anjo que Renova
Um Anjo do Equilíbrio
Um Anjo da Transformação
Um Anjo que Modela
Um Anjo que Reorganiza
Um Anjo da Tecnologia
Um Anjo Ambiental
Um Anjo da Natureza
Um Anjo que Sintoniza
Um Anjo da Paz
Um Anjo da Graça

Visite uma Pessoa Sábia
Crie um Espaço Sagrado e o seu Próprio Ritual
Fique com uma Planta, um Animal ou com a Própria Terra
Não Faça Nada
Faça Alguma Coisa Nova
Passe Algum Tempo com uma Pessoa que Você Ama
Passe Algum Tempo Sozinho Num Lugar Bonito
Visite um Terapeuta
Divirta-se
Visite um Lugar Sagrado e Participe de um Ritual
Fale com Alguém que Você Conhece há Muito Tempo
Faça Algo que Você não Gosta de Fazer
Procure um Objeto Poderoso
Jogue Alguma Coisa Fora
Ligue-se Através de um Livro, Disco, Filme, Programa de TV ou Obra de Arte
Entregue-se a Cada Momento
Faça Alguma Coisa
Incube um Sonho
Procure Outro Oráculo
Abra um Livro ao Acaso
Recorde Algum Acontecimento da Sua Infância
Deixe que os Anjos Escrevam Através de Você
Espere Orientação Oferecida por um Estranho
Espere Orientação Proveniente de Uma Fonte Inesperada

Como usar o Oráculo

Eis o que acontece quando você consulta o Oráculo dos Anjos. A seleção de um arcanjo vai sintonizá-lo com a sua presença superluminosa. Alertado pela sua pergunta, ele enviará o anjo específico que você escolheu no segundo quadro. Esse anjo é aquele que irá ligar-se a você através da situação que você escolheu no terceiro quadro.

Como os anjos existem num domínio que está além do tempo tal como o conhecemos, a situação selecionada poderá não acontecer imediatamente. Livre-se de qualquer idéia preconcebida a respeito de como o anjo vai aparecer para você. Tenha confiança de que o arcanjo escolhido tomará as providências necessárias.

Mantenha um registro de suas leituras do Oráculo no seu caderno de anotações. Não se esqueça de colocar a data de cada leitura. Depois, fique atento para o que acontece na sua vida. Mais tarde você talvez queira voltar e acrescentar entradas para cada leitura, tratando de acontecimentos subseqüentes e do que você aprendeu com eles. Isto também vai ajudá-lo a recordar-se dos anjos com os quais você se encontrou e do modo como eles atuaram na sua vida, para que você possa chamá-los a qualquer momento no futuro, e não apenas quando estiver usando o Oráculo.

No final deste Capítulo você vai encontrar quatro exemplos que irão mostrar-lhe como interpretar as suas leituras.

Como fazer um baralho de cartas do Oráculo dos Anjos

Embora você sempre possa consultar rapidamente o Oráculo dos Anjos, a criação de um baralho vai acrescentar uma outra dimensão à maneira de usá-lo. Os objetos que você confecciona contêm o amor e a energia que emanam de suas mãos. O próprio ato de confeccionar o baralho vai colocá-lo em contato com os seus anjos.

É muito simples fazer um baralho de cartas do Oráculo dos Anjos. Tudo o que você necessita são três conjuntos de cartas de três por cinco polegadas, cada conjunto de uma cor diferente. Cartas maiores também servem, se você preferir, mas são mais difíceis de embaralhar.

Deixe a criança espontânea que há em você escolher as cores das cartas e a tinta que você vai empregar. Use a imaginação para ilustrar as cartas ou, se preferir, recorte figuras para decorá-las. Para protegê-las, você pode embrulhar as cartas num pano, fazer uma bolsinha para elas ou mantê-las dentro de um envelope. Uma vez mais, a escolha cabe a você. É conveniente levar as cartas quando estiver viajando ou visitando amigos.

- No primeiro conjunto de cartas, você vai escrever o nome dos quatro arcanjos apresentados no quadro acima.
- No segundo conjunto de cartas, usando uma cor diferente, escreva o nome das 16 categorias de anjos relacionados no segundo quadro, um em cada carta.
- No terceiro conjunto de cartas, consulte o terceiro quadro apresentado acima e escreva as 24 diferentes situações através das quais os anjos podem vir até você.

Exercício 16:
Fazendo uma leitura com as cartas do seu Oráculo dos Anjos

Suas cartas vão permitir que você combine as informações necessárias para uma leitura do Oráculo dos Anjos, conforme você fez no exercício 15. Sente em seu espaço sagrado e acenda uma vela ou uma vareta de incenso. Ponha suas cartas e seu caderno de anotações à sua frente. Antes de começar, faça a "Meditação Básica de Ligação com a Terra".

1. Sente-se em silêncio. Concentre-se na sua pergunta para os anjos, se você tiver uma. Se você não tiver uma pergunta específica, convide os anjos para entrarem na sua vida.
2. Quando estiver pronto, embaralhe as quatro cartas dos arcanjos. Você pode fazer isso em suas mãos ou colocá-las sobre uma mesa. Escolha uma delas e ponha a carta de lado, sempre com a parte identificável voltada para baixo.
3. Em seguida, embaralhe as 16 cartas correspondentes aos diferentes tipos de anjos e escolha uma. Coloque-a de lado, também com a parte identificável voltada para baixo.
4. Por fim, embaralhe as cartas correspondentes às diversas situações e escolha uma delas. Agora você já pode virar essa carta e as outras duas que escolheu.
5. Para interpretar sua leitura você deve procurar o significado destas cartas nas informações abaixo. Faça um registro da leitura no seu caderno de anotações.

Como interpretar o Oráculo dos Anjos

Os arcanjos

Uriel – Ao escolher este arcanjo, você está se ligando a um ser cujo nome significa "Luz de Deus" ou "Fogo de Deus". Uriel é o protetor do Leste, do sol nascente, da manhã, de novos começos, da primavera e da cor amarela. Uriel traz energias de transformação para a mente e é o guardião dos domínios mentais. A ciência, a economia e a política pertencem aos domínios de Uriel. Isto inclui tudo, desde a eliminação de resíduos tóxicos até a solução dos problemas relacionados com a fome, com os desabrigados e com a reforma política. A atuação de Uriel diz respeito a sistemas, organizações e a todas as questões relacionadas com o trabalho.

Gabriel – Ao escolher este arcanjo, você está fazendo uma ligação com aquele cujo nome significa "Homem de Deus" e "Deus é a Minha Força". Gabriel é o protetor do Sul, do meio-dia e do calor do Sol, do verão e da cor verde. Gabriel é o anjo da esperança e da revelação, do amor e das conexões do coração. Ao selecionar Gabriel, você se abriu para todas essas qualidades e para o domínio específico do seu arcanjo, para a criatividade e as artes, para as emoções e para todos os seus relacionamentos com animais, pessoas e anjos.

Rafael – O nome deste arcanjo significa "Curado por Deus" ou "Deus Cura". Ele é o protetor do Oeste, do crepúsculo, da noite, do outono e da cor vermelha. Rafael é o guardião do nosso corpo físico e da nossa saúde. O domínio de Rafael é a casa do crescimento e da transformação; portanto, ao escolher este arcanjo, você torna-se receptivo a todas essas qualidades e fica sintonizado com o mundo físico. Você deve invocar Rafael se estiver trabalhando em favor da cura global ou pessoal em qualquer nível, desde doenças até o uso abusivo e a dependência de drogas.

Miguel – O nome deste arcanjo significa "Quem é como Deus?" Miguel é o protetor do Norte, que é a casa da madrugada, do inverno e da cor azul. O norte é o domínio do espírito e dos sonhos. Miguel é o guardião da paz, da harmonia e da cooperação global. Embora você esteja empenhado em sua busca espiritual, vale a pena lembrar-se dos ensinamentos ocultos que Miguel nos oferece. Às vezes estamos tão ocupados procurando respostas que nos esquecemos do quanto é importante aprender a fazer as perguntas certas. Nesses momentos você deve lembrar-se de Miguel, cujo nome já é uma pergunta.

Categorias de anjos

O seu Anjo Companheiro – É o seu anjo mais íntimo, que fica ao seu lado em todas as situações da vida. O seu anjo pessoal é um mestre, consolador e amigo íntimo. Antes costumávamos chamá-los de anjos da guarda; todavia, o termo "guarda" implica um perigo contra o qual você precisa ser protegido, e nós estamos evoluindo rumo a um estilo de vida em que todos estaremos seguros neste mundo. Quanto maior a proximidade entre você e o seu anjo, mais você estará perto de criar essa realidade.

O seu anjo companheiro é a ponte entre você e o domínio espiritual, assim como você é a ponte entre ele e o domínio físico. Ao escolher esse anjo você estará invocando aquele que sempre estará ao seu lado. Abra-se para o amor que ele tem por você, sinta sua presença e deixe que ele o encha de alegria.

Um Anjo de Ligação – Esses são os anjos da guarda ou anjos companheiros de grupos e relacionamentos. Eles também são conhecidos como anjos coordenadores ou coletivos. Sempre que duas ou mais pessoas se reúnem, um desses anjos é convocado para trabalhar ao lado delas, para ajudá-las a fazer a ligação entre suas energias e intenções. Alguns ficam conosco durante muito tempo e outros são temporários, dependendo da duração do relacionamento. Assim, haverá um anjo de ligação atuando junto a cada casal, a cada pai/mãe e filho, entre amigos, familiares, colaboradores, corporações, seminários e encontros, classes, exércitos e nações. Você vai encontrar mais informações sobre esses anjos no Capítulo 13.

Se você escolheu esse anjo, saiba que em alguma área da sua vida existe um relacionamento que precisa de esclarecimento, cura e transformação. O elemento celestial de ligação está voando para você com o propósito de ajudá-lo.

Um Anjo de Informação – Estes também são conhecidos como anjos registradores ou anjos da sabedoria. Sua função consiste simplesmente em fornecer informações a quem as solicita. Esses anjos são os bibliotecários do Céu, os depositários do que tem sido chamado de registros akáshicos. Eles podem fornecer a informação diretamente a você ou atuar como musas na sua vida, enchendo-o de inspiração. Mais freqüentemente, porém, esses anjos atuam de forma indireta, guiando-nos para a informação que procuramos. A revelação pode surgir na forma de um livro que cai de uma estante, de um filme que você assiste numa noite de insônia ou de uma canção que você não consegue tirar da cabeça.

Um Anjo que Atua Durante o Sonho – Esses anjos estão relacionados com os anjos de informação, mas atuam quando estamos dormindo e não durante os períodos de vigília. Eles também cuidam de nós durante os estados alterados de consciência, como transes e experiências de viagem para fora do corpo. O domínio deles é o inconsciente. Se você escolheu este anjo, convoque um desses guias celestiais quando estiver meditando ou prestes a pegar no sono. No Capítulo 10 existem mais informações a respeito de como lidar com os sonhos.

Um Anjo que Cura – Esses anjos servem para despertar o terapeuta que existe dentro de você e tornar mais fácil a cura em todos os níveis. Eles cuidam dos doentes, atuam em hospitais e hospícios e trabalham ao lado de médicos e profissionais da saúde.

Se você escolheu este anjo, saiba que algum aspecto da sua vida está pronto para ser curado com a ajuda dos anjos. Você está prestes a se livrar de alguma coisa que o tem limitado fisicamente ou de alguma outra forma. Esses anjos também são conhecidos como anjos purificadores. No Capítulo 12 existem mais informações sobre a cura.

Um Anjo que Renova – Estes anjos estão relacionados com os anjos que curam. Todavia, enquanto os anjos que curam entram na nossa vida para restaurar o equilíbrio, para reparar e purificar, os anjos renovadores melhoram os nossos sistemas e aumentam a nossa capacidade de percepção. Os anjos que curam fazem reparos. Os anjos renovadores aperfeiçoam.

Caso tenha escolhido esse anjo, você estará aberto e pronto para crescer. Assim como o processo de cura e purificação pode ser desagradável, o processo de renovação às vezes também é conturbado e desorientador. A doença é a maneira de o corpo se purificar. Se você tem os sintomas de um gripe mas não tem febre e sabe que não está doente, você provavelmente está sofrendo um processo de renovação. Conquanto este possa ser um processo desconcertante, ao seu término você estará mais lúcido, mais concentrado e vivendo mais no presente.

Um Anjo do Equilíbrio – Na nossa vida precisamos promover o equilíbrio entre repouso e movimento, entre ser e vir a ser, entre mudança e estabilidade. Cada um desses pares de atributos é facilitado por um anjo do equilíbrio. Alguns atuam com o desenvolvimento do universo e nos ajudam a nos modificar; outros atuam com sua natureza imutável e nos ajudam a descansar. O anjo do equilíbrio media o nosso comportamento, ajudando-nos a equilibrá-lo.

Se você escolheu este anjo é possível que tenha se tornado demasiado passivo em alguma área da sua vida e precise pôr-se novamente em movimento. O anjo do equilíbrio vai ajudá-lo nesta mudança. Por outro lado, esta seleção poderá estar lhe dizendo que você se tornou demasiado ativo e envolvido. O anjo do equilíbrio, encarregado do descanso e da calma, vai ajudá-lo a efetuar uma mudança no sentido do equilíbrio.

Um Anjo da Transformação – Esses anjos são responsáveis pela transformação do espírito e do pensamento no plano físico. Eles também são chamados de anjos da manifestação, e em suas fileiras você encontrará os anjos da prosperidade.

163

Em virtude da sua função transformadora, esses anjos irão nos ajudar sempre que estivermos fazendo algum trabalho criativo. Eles também vão ajudar os anjos do nascimento e da morte em suas missões.

Se esta foi a sua escolha, é hora de criar novas maneiras de ser na sua vida. Sua transformação pode ser precipitada por um verdadeiro nascimento ou morte no seu círculo de relacionamentos. O nascimento e a morte são também metáforas para mudanças que você precisa fazer. Agora é o momento de colocar em prática novas idéias – e livrar-se das antigas que não deram resultado. Tendo escolhido o seu anjo, prepare-se para a transformação que logo vai ocorrer na sua vida.

Um Anjo que Modela – Também conhecidos como anjos projetistas, os anjos modeladores aparecem para facilitar o nosso alinhamento com os grandes padrões do universo. Eles transmitem a energia desses padrões e passam os projetos para os anjos da transformação, que contribuem para sua manifestação no plano físico. Depois, o anjo do equilíbrio aparece para ver se o equilíbrio foi mantido.

Caso tenha escolhido este anjo, você está procurando um maior senso de propósito e significado na sua vida. Padrão e propósito são a mesma coisa. Tudo o que existe tem um propósito. Contudo, isoladamente você não consegue descobrir qual é esse propósito. O propósito diz respeito à interação. Na sua jornada espiritual, agora é o momento de procurar entrar em contato com um desses anjos para compreender melhor o seu papel na complexa teia da criação, em que todos estamos contidos.

Um Anjo que Reorganiza – Se você escolheu este anjo, chegou o momento de olhar para as partes da sua vida em que não está fazendo progressos. É importante ter em mente que, quanto mais arraigado e obstinado você estiver, maior a tarefa de reorganização à sua frente e maior a conseqüente revolução. As coisas podem ser viradas de pernas para o ar e, até mesmo, desaparecer, tais como chaves de carro, empregos e relacionamentos. Isso acontece porque esses anjos também estão encarregados da desmanifestação. Como a atuação deles às vezes pode ser perturbadora – e, na verdade, pretende-se que seja assim –, eles nem sempre são bem recebidos. Toda reorganização tem sua origem no amor e está voltada para ele. Se você tiver isto em mente poderá sentir-se seguro em meio a todas as mudanças.

A reorganização é parte da evolução. É hora de realizar profundas mudanças. No meio da arrumação de um armário é que os objetos ficam mais bagunçados. Não se deixe dominar pelo caos. Continue simplesmente a fazer o que precisa ser feito. Os resultados sempre são compensadores. Irão surgindo padrões novos e mais satisfatórios à medida que você for se livrando dos antigos.

Um Anjo da Tecnologia – Quando aprendemos a trabalhar com esses seres e a nos alinharmos com a sua visão, criamos coisas equilibradas, ecologicamente seguras e que dão sustentação à vida. Tudo o que produzimos, desde o aço até o plástico, vem da Terra. Os anjos da tecnologia são aparentados e atuam em colaboração com os anjos do meio ambiente e da natureza.

Se você escolheu um anjo da tecnologia, saiba que sempre que estiver envolvido em qualquer atividade relacionada com objetos manufaturados, desde esferográficas a computadores, você santifica as ferramentas com as quais trabalha e as utiliza de uma maneira sagrada.

Um Anjo Ambiental – Esses são os guardiães dos lugares do mundo – das montanhas, rios, florestas e mares. Existem também anjos ambientais que cuidam de lugares criados pelo homem. Sua função é manter e elevar a integridade espiritual do ambiente do qual cuidam.

Onde quer que você esteja, pare por um momento e torne-se consciente do anjo ambiental desse lugar. Ao fazer isso, a presença dele vai impregnar você com a beleza e os milagres do nosso planeta e ajudá-lo a se sentir parte de Tudo o que Existe. Sentindo isso, você levará respeito e consideração a qualquer lugar onde estiver.

Um Anjo da Natureza – Esses seres são primos dos anjos ambientais. Eles trabalham com os quatro elementos: Terra, Água, Fogo e Ar. Eles incluem os espíritos da natureza, todos os seres que chamamos de devas, elfos, fadas, gnomos e assim por diante. Enquanto os anjos ambientais estão ligados a lugares, estes anjos têm relação com as formas de vida. Eles são os guardiães de todas as coisas, desde a mais minúscula até a mais grandiosa, desde os vírus até as pedras dos rios e as sequóias. Caso tenha selecionado um anjo da natureza, você está sendo solicitado a fazer contato com um elemento dessa miríade de espíritos em constante mutação, para ligar-se novamente às forças primitivas da natureza, presentes em todas as formas de vida.

Um Anjo que Sintoniza – Enquanto os anjos ambientais se preocupam com o espaço, os anjos sintonizadores se interessam pelo tempo. Ao ligar-se a um anjo ambiental, o lugar onde você se encontrar transforma-se num local sagrado. Ao ligar-se a um anjo que sintoniza, você cria um momento sagrado.

Em virtude da sua atuação, esses anjos também são chamados de anjos rituais ou cerimoniais. Embora você possa entrar em harmonia com eles em qualquer momento, quando você o faz enquanto está rezando ou meditando, eles estarão ali para sintonizá-lo com o caráter sagrado de cada momento intemporal. Caso tenha selecionado um ano que sintoniza, talvez seja hora de criar uma cerimônia ou um ritual que santifique a sua vida.

Um Anjo da Paz – Paz é harmonia, um livre fluxo dos vários elementos que atuam em conjunto para tornar possível a criatividade e o crescimento. A paz é uma energia que permeia o Universo. Ela é ativa e não passiva. Caso tenha selecionado este anjo, você tem o poder de promover a paz e a cooperação nas questões ou pessoas que fazem parte da sua vida. Ao agir assim você abre novas portas para a energia da paz penetrar no nosso mundo.

Ao escolher este anjo, você se tornou um agente promotor de mudanças, um mensageiro do princípio que está transformando a consciência deste planeta. Os anjos da paz contêm as visões e a energia de que precisamos para fazer isso. Pergunte a si mesmo quais são os seus sonhos mais caros e saiba que, ao trazer paz para a sua vida, sonhos ainda mais grandiosos do que estes irão se tornar realidade para todos.

Um Anjo da Graça – A função destes anjos consiste em fazer a ligação entre os domínios material e espiritual. Estes anjos nunca param de trabalhar. Todo aquele que cruza o caminho deles passa a fazer parte dessa ligação durante um instante inesquecível e conhece a bondade e o amor de Deus. A graça surge como uma dádiva que enriquece e catalisa a nossa vida. Se você já teve um momento de alegria em meio ao seu pesar, você sabe o que é a graça. Quanto mais você estiver consciente desses anjos, maior a sua receptividade para sentir esses momentos de graça durante todo o tempo. Ao escolher este ser na sua leitura, você abriu o seu coração e sorriu.

Convide os anjos para a sua vida

Visite uma Pessoa Sábia – Existem muitos tipos diferentes de pessoas sábias, idosas e jovens, interiores e exteriores. Escolher esta situação pode ser um convite para se sentar com um ancião da comunidade, com um sábio ou um professor. Isso pode ser um convite para fazer um seminário junto com alguém que você respeita ou para empreender uma jornada interior com o propósito de encontrar o sábio que existe dentro de você. Este pode ser o sábio em que você vai se transformar ainda nesta vida ou alguém que você já foi numa vida passada. Através do sábio os anjos irão se apresentar a você, através de palavras ou do silêncio, por meio de um gesto ou de um sentimento.

Crie um Espaço Sagrado e o seu Próprio Ritual – Esta pode ser uma mediação que você cria num canto do seu quarto ou uma dança que você executa numa clareira no meio da floresta. Quando você faz isso saiba que, através da criação do sagrado, um anjo vai ligar-se a você, dançar com você e rezar com você. Você deve aprofundar e expandir esse contato.

Fique com uma Planta, um Animal ou com a Própria Terra – Através da sintonização com o planeta e com todas as suas formas de vida, o anjo com o qual

166

você precisa se comunicar vai aparecer para você. Reserve algum tempo para sair andando por aí. Sente-se com uma árvore, brinque com o seu animal de estimação, dê um passeio num bosque ou num parque, escale uma montanha. Aproveite a oportunidade para ligar-se ao próprio planeta. Deite-se na areia ou na grama. Sinta o vento. Abra-se para o céu acima de você. Ao fazer isso você abre o caminho para o anjo escolhido ir até você em meio às folhas, ao vento e às ondas.

Não Faça Nada – Pare de olhar, de desejar e de procurar. Relaxe e deixe que os anjos vão até você quando e como eles quiserem. Saiba que você não precisa fazer nada para que isso aconteça. De fato, neste exato momento, você não precisa fazer coisa alguma. Deixe que os anjos vão até você da maneira que eles acharem apropriada. Isto talvez ocorra no momento e no lugar onde você menos espera. Volte-se para dentro, para um local íntimo de entrega. Abra mão de qualquer controle sobre os acontecimentos e deixe que os anjos façam todo o trabalho.

Faça Alguma Coisa Nova – Muitas vezes vivemos dentro de pequenas prisões constituídas pelas rotinas e hábitos que criamos para nós, e não reparamos o quanto a vida é vasta e cheia de possibilidades. Se você escolheu esta circunstância, faça algo que nunca fez antes. Talvez seja hora de fazer alguma coisa que lhe cause medo, alguma coisa que represente um desafio para as suas capacidades físicas ou mentais. Ao ampliar os seus limites você aumenta sua auto-estima e renova sua autoconfiança. Você se sente mais vivo e revigorado.

Passe Algum Tempo com Alguém que Você Ama – Crie um momento especial para ficar com a pessoa que você mais ama. Marque um encontro com um velho amigo. Se neste exato momento não houver na sua vida ninguém por quem você tenha este sentimento, convide o amor interior, a amizade interior. Visite sua avó ou algum outro parente. Converse com um vizinho. Às vezes nós nos esquecemos de passar algum tempo com as pessoas que amamos – nos esquecemos de que o amor está ali.

Passe Algum Tempo Sozinho num Lugar Bonito – A beleza é estimulante. Permita-se descansar e ser curado pela beleza que este planeta nos oferece ou pela beleza que os seres humanos criaram, numa mesquita, numa catedral, no alto de uma torre com uma bela vista ou passeando por um jardim. Enquanto estiver fazendo isso, sinta os anjos que estão em torno de você e capte também a beleza deles.

Visite um Terapeuta – Assim como no caso da visita a uma pessoa sábia, esta pode ser uma jornada exterior ou interior, pois não há ninguém melhor para nos curar do que nós mesmos. Um amigo querido pode ser um terapeuta. O mesmo papel pode ser desempenhado por uma imagem que, para você, tenha poder. Esta escolha talvez esteja sugerindo que você precisa ser acalentado, massageado e assistido. Seria isto um lembrete para marcar com o seu médico aquela consulta que você vem adiando? Sente-se em silêncio e saiba que você vai encontrar a resposta à pergunta que esta ocasião coloca diante de você. Quando você visita um terapeuta os anjos estarão lá, trabalhando ao lado dessa pessoa e através dela para aprofundar a sua cura.

Divirta-se – Esta pode ser a mais difícil de todas as aventuras. Muitas vezes é difícil para a pessoa ficar livre e solta e deixar-se levar pelo prazer. Quando você o faz, porém, todos os anjos estarão lá com você, também rindo e felizes. Algumas pessoas nunca crescem porque acham que os adultos não se divertem. Mas divertir-se é simplesmente uma maneira de estar vivo e desfrutando cada momento. Se você acha que esqueceu como fazer isso, lembre-se de que no passado você já soube como fazê-lo. Divertir-se é como andar de bicicleta. Você não pode esquecer como fazer isso mas sim *de* fazê-lo.

Visite um Espaço Sagrado ou Participe de um Ritual – Ao contrário do primeiro convite para criar algo sagrado, esta parte da sua leitura pede que você participe de alguma coisa já estabelecida, tradicional e com uma história própria. Esta pode ser a religião em que você foi criado ou alguma outra. Ao selecionar este ato você foi solicitado a se abrir para os seus anjos, entregando-se a alguma coisa que está fora de você. Não existe nenhuma obrigação de fazer isso. Você só precisa deixar que alguma coisa externa e antiga promova essa mudança em você.

Fale com Alguém que Você Conhece há Muito Tempo – Essa pessoa pode ser um pai ou um velho amigo, um irmão ou alguém com quem você perdeu contato há muito tempo e precise localizar. Ao escolher este acontecimento, alguém que viu você crescer vai emprestar sua voz para o que os anjos têm a lhe dizer. O que eles vão dizer talvez não seja aquilo que você espera – ou quer – ouvir. Todavia, eles lhe dirão aquilo que você precisa ouvir neste exato momento para poder crescer. Talvez lhe peçam para você ficar atento aos seus padrões autolimitantes ou para reconhecer alguma coisa maravilhosa a respeito de si mesmo e cuja realidade você vem negando.

Faça Alguma Coisa que Você não Gosta de Fazer – Você pode aprender muitas coisas examinando suas opiniões e antipatias. A escolha dessa situação poderá ajudá-lo a perceber como você está limitado por elas. Existem algumas coisas que não queremos fazer porque, no nosso entender, são antiéticas, e outras que evitamos por medo ou orgulho. Esta situação é uma oportunidade para você se livrar dessas limitações. Se você a escolheu, faça alguma coisa que você disse que nunca faria. Observe sua resistência e veja se pode vencê-la. Pergunte-se o que o faz se sentir constrangido. Mostre-se tão aberto e receptivo quanto puder. Sinta a presença dos anjos. Eles estão aí para ajudá-lo a lidar com os seus medos e preconceitos. Dance e ria com eles enquanto ambos penetram na luz.

Procure Um Objeto de Poder – Um objeto poderoso concentra a sua energia e intencionalidade. Este objeto pode ser um livro, um cristal, uma pedra, um graveto incomum que você encontra num bosque ou uma concha especial que você descobre enquanto passeia por uma praia. A procura pelo objeto de poder é uma peregrinação para a parte de si mesmo que você está pronto a honrar e a conhecer. Esta é a parte que se recorda da razão pela qual você veio para este planeta e o que você veio fazer aqui. Através desse objeto você poderá conhecer-se melhor e ser uma pessoa mais autêntica.

Jogue Alguma Coisa Fora – Pode ser alguma coisa que você ama ou algo que você nunca usa ou que lhe traz recordações negativas. Pode ser alguma coisa valiosa ou de pouco valor. O ato de jogar fora vai libertar uma parte da sua vida e abrir espaço para alguma coisa nova. Você cria a oportunidade para receber uma dádiva angelical. Esta dádiva pode não ser dada imediatamente. Ela virá no tempo angelical. Esteja aberto para recebê-la e agradeça por isso quando ela chegar.

Faça Alguma Coisa – Um quadro, uma refeição, uma dança, um suéter, um poema. Convide os anjos para estarem com você enquanto estiver fazendo o que decidir fazer. Dê as boas-vindas a eles como se fossem musas a inspirá-lo suavemente a ligar-se à parte de si mesmo que é tão rica e criativa quanto a própria vida. Sua criatividade poderia manifestar-se através de uma piada, de um poema ou das flores que você planta em seu jardim. Ao escolher esta experiência, lembre-se de que todos nós somos co-participantes da Criação, ao lado de Deus. Deixe os seus impulsos criativos fluírem livremente, como a luz emitida pelo Sol, brilhando em todas as direções.

Ligue-se Através de um Livro, Disco, Filme, Programa de TV ou Obra de Arte – Se você escolheu esta alternativa, os anjos virão até você através do trabalho criativo de outra pessoa. Isto pode acontecer através do livro que você está lendo. Um filme pode lhe contar justamente a história que você está precisando ouvir. Uma pintura ou uma dança podem estar tão ligadas aos anjos que conseguem inundar você de alegria. Lá fora criou-se alguma coisa que contém exatamente as informações de que você necessita. Essa obra pode ter sido criada há milhares de anos ou no dia anterior. Há no mundo alguma coisa esperando para falar a você, alguma coisa criada para você.

Entregue-se a Cada Momento – Se você escolheu esta situação, saiba que você está sendo solicitado a se encontrar com os anjos em todos os momentos, felizes ou tristes, engraçados ou temíveis. Cada momento é um professor. Nada acontece por engano – não existem acidentes. Toda situação da sua vida tem algo para lhe ensinar. Um "engano" pode ensinar-lhe mais coisas do que uma atitude "acertada". Lembre-se disso. Saiba que na sua entrega a cada momento, os anjos estão ao seu lado, dando-lhe apoio enquanto você entra em contato com a grande unidade de Tudo o que Existe.

Incube um Sonho – Esta é uma das maneiras mais fáceis de deixar um anjo vir até você. Quando estiver quase pegando no sono, convide um anjo para ter uma conversa íntima com você durante um sonho. Você pode pedir a si mesmo um sonho a respeito de uma situação específica, e ter confiança de que o seu anjo vai falar a você durante o sono. Embora a incubação de um sonho possa levar várias noites, se você tiver confiança e for paciente os anjos irão aparecer. Você pode pedir ao seu anjo que o ajude a identificá-lo no sonho. No Capítulo 10 existem mais informações sobre os sonhos.

Procure Outro Oráculo – Caso tenha escolhido este evento, você está convidado a receber orientação angelical fazendo uso de outro oráculo. Esta poderia ser uma outra ferramenta de adivinhação, tais como as runas, as cartas do Tarô ou o *I Ching*. Poderia ser também uma sugestão para consultar uma quiromante ou mandar fazer um mapa astral. Tendo escolhido esta alternativa, deixe o seu eu interior conduzi-lo para o oráculo certo e tenha confiança de que um anjo irá encontrar-se com você lá.

Abra um Livro ao Acaso – Este pode ser um livro que você adora ou um velho livro qualquer que você é levado a pegar numa estante. Tenha confiança de que os anjos vão guiar suas mãos para abrir o livro na página certa e irão ajudá-lo a pôr o dedo no parágrafo correto, cujas palavras vão lhe dizer o que você precisa ouvir e saber.

Recorde Algum Acontecimento da Sua Infância – Na infância, todos estamos muito mais perto dos anjos e, assim, é mais fácil para eles estarem juntos de nós. Ao lembrar-se de alguma coisa da sua infância, de algo que você fez, pensou, sentiu, amou ou desejou fazer, os anjos irão novamente ao seu encontro, num clima de inocência e alegria. Talvez seja útil rever fotografias suas quando criança ou olhar e manusear alguns objetos que eram seus quando pequeno.

Deixe que os Anjos Escrevam Através de Você – Chegou o momento de sentar-se calmamente e entrar em contato direto com um anjo. Reserve algum tempo para executar o Processo da GRAÇA e deixe o anjo que você escolheu aparecer. Capte a sabedoria dele nas palavras que você escrever. Esta é também uma oportunidade para dialogar com o anjo, conforme você já aprendeu.

170

Espere Orientação Oferecida por um Estranho – Nunca se pode saber se alguém não é um anjo disfarçado ou se um anjo falará a você através de alguém que você não conhece. Isso pode acontecer num ônibus ou enquanto você espera numa fila. Mantenha os ouvidos atentos. Quando você menos esperar, um estranho vai lhe proporcionar uma informação a respeito de uma parte da sua vida que precisa ser elucidada. Isto pode dar um novo rumo à sua vida, um rumo que você nunca levou em consideração. Muitas vezes é mais fácil conversar com estranhos do que com os amigos, e pode ser surpreendente descobrir que você é aquele que está dizendo algo que você mesmo precisa ouvir.

Espere Orientação Proveniente de uma Fonte Inesperada – Os anjos vivem num domínio em que o espaço e o tempo são fluidos. Se você escolheu essa situação, saiba que um anjo virá até você de uma maneira que ninguém pode prever, nem mesmo este oráculo.

Algumas amostras de leituras do Oráculo dos Anjos

O relacionamento de Carol com sua mãe, Lois, tinha melhorado muito. Isto aconteceu porque ela perdeu a calma quando a mãe telefonou certo dia e começou a criticá-la da forma como costumava fazer. Depois do telefonema, Carol ficou tão perturbada que não pôde esperar para alinhar-se com o seu anjo e voltou-se para o Oráculo em busca de orientação. Ela tirou "Uriel", do primeiro grupo, "Um Anjo que Cura", do segundo, e "Passe Algum Tempo com uma Pessoa que Você Ama", do terceiro.

Ela procurou as informações sobre "Uriel", viu que ele é o arcanjo das primeiras horas do dia e que sua cor é o amarelo. Ela acendeu uma vela amarela para invocar o arcanjo. Não havia dúvida de que "Um Anjo que Cura" veio ajudá-la a resolver seu problema com a mãe e ela também invocou a sua presença. Em sua meditação com esses anjos, ela percebeu que tinha negligenciado sua mãe. "Passe Algum Tempo com Uma Pessoa que Você Ama" era uma mensagem clara.

Carol resolveu telefonar para a mãe na manhã seguinte. Antes de ligar, ela acendeu outra vela amarela, invocando novamente os anjos. Quando sua mãe atendeu, Carol saudou-a efusivamente e perguntou se ela gostaria que ela lhe fosse fazer uma visita. Lois pareceu surpresa. "Eu adoraria", disse ela, "mas não queria pedir. Achei que você não quisesse."

Na semana que passaram juntas, elas tiveram muito tempo para conversar. Velhos ressentimentos foram discutidos e eliminados. Uma nova e saudável ligação se desenvolveu. Elas fizeram até mesmo um piquenique sob o olmo em que Carol costumava brincar quando criança. Foi um período de cura para ambas.

Bob não tinha uma pergunta específica em mente quando se voltou para o Oráculo. Ele só queria ligar-se aos anjos. Assim, ele apanhou o baralho que havia feito, embaralhou as cartas e escolheu "Rafael", "Um Anjo Ambiental" e "Divirta-se". Leu as descrições para cada carta. Como "Rafael" é o guardião do Oeste, ele resolveu seguir nessa direção, para o seu parque favorito, a fim de entrar em contato com "Um Anjo Ambiental". Sendo pintor, Bob levou consigo um bloco de desenhos. Andou pelo parque durante várias horas e encontrou um lugar tranqüilo. O sol estava começando a se esconder. O céu estava avermelhado e cor de coral; a vista era espetacular. Ele apanhou o bloco de desenhos e fez alguns esboços. Só depois ele se lembrou de que Rafael é o arcanjo do pôr-do-sol. Os esboços serviram de inspiração para diversos quadros que ele veio a pintar. Ao apreciá-los, Bob sentiu que tinha sido realmente abençoado pelos anjos.

Kevin tinha acabado de comemorar o primeiro aniversário do encontro com o seu anjo. Eles tinham trabalhado juntos em suas metas (veja o Capítulo 11). Kevin tinha largado seu emprego na lanchonete para fornecer comida para festar e *bar mitzvahs*. O negócio estava indo bem mas ele trabalhava das 6 da manhã até às 23 horas ou meia-noite todos os dias. Embora gostasse de cozinhar, alguma coisa estava faltando em sua vida.

Não tendo muito tempo ou energia para gastar, ele resolveu consultar o Oráculo dos Anjos. Kevin pegou "Gabriel", "Um Anjo da Graça" e "Fale com Alguém que Você Conhece há Muito Tempo".

"Gabriel", descobriu ele, era o arcanjo da criatividade e dos relacionamentos. Kevin refletiu sobre os três itens que havia selecionado e percebeu que estava descuidando de seus amigos. Houve um, em particular, cuja lembrança lhe veio à mente. Ele estava sentindo falta de seu amigo Richard, com quem não falava havia meses. Embora sentisse vontade de telefonar para ele imediatamente, Kevin precisava acabar de preparar os pratos que seriam servidos numa festa daquela noite.

Quando Kevin voltou para casa, vindo do trabalho, o telefone estava tocando. Kevin correu para atender e riu ao ouvir uma voz conhecida. Era Richard. Eles tiveram uma longa e agradável conversa. Quando Kevin refletiu sobre isto mais tarde, ele se perguntou se o telefonema de Richard fora uma coincidência ou obra de "Um Anjo da Graça".

Quando Andrew estava trabalhando na revisão deste capítulo, sua amiga Maryanne telefonou para contar que tinha machucado o ombro. Ela queria saber se podia procurá-lo para que ele desse uma olhada no problema.

Quando Maryanne chegou, Andrew olhou para o ombro dela. Ele não estava deslocado, como ela temia. Os anjos de Andrew disseram a ele que Maryanne estava simplesmente tendo sua energia renovada. Ela ficou aliviada e, quando Andrew lhe disse que estava trabalhando em seu oráculo, ela quis conhecê-lo.

172

As cartas que ela pegou foram "Rafael", o arcanjo encarregado da cura, "Um Anjo Renovador", que foi uma confirmação instantânea do que os anjos tinham acabado de dizer, e "Entregue-se a Cada Momento". Ela havia tido o impulso de negar a dor e de enfrentá-la destemidamente. Quando virou a terceira carta e viu o que ela dizia, Maryanne irrompeu em lágrimas. Ela tinha medo de que o machucado a impedisse de viajar em suas férias e estava sentindo muita dor. Andrew explicou-lhe que o "Anjo Renovador" estava executando o seu trabalho e que ela estaria bem para a viagem. No dia seguinte, o ombro de Maryanne estava significativamente melhor e, quando ela entrou no avião, a dor havia desaparecido.

Vivendo com GRAÇA

Você completou o Processo da GRAÇA e conhece os passos básicos necessários. Reserve algum tempo para voltar atrás e lembrar-se de como era a sua vida antes de começar a falar com o seu anjo. De que maneira ela é diferente agora?

Leia suas anotações. Existem pontos em que sua mente interferiu com a voz do seu anjo? Reexaminando-as agora, algumas das mensagens do seu anjo parecem ainda mais claras e apropriadas do que quando você as recebeu. Reconheça o seu progresso.

Você precisou de tempo para aprender o Processo da GRAÇA e fazer cada um dos exercícios. Quanto mais experiência você tiver, maior a sua facilidade para fazer o exercício seguinte. Com a prática, o Processo da GRAÇA vai acabar se transformando numa segunda natureza para você.

Na próxima seção do livro mostramos como utilizar, na prática, na sua vida cotidiana, as coisas que aprendeu. Quando você se associa aos anjos, mesmo as atividades mais comuns passam a ser feitas com amor e alegria. Ao abrir-se para o seu anjo você se juntou à jubilosa celebração feita por todos os seres humanos da história que tiveram encontros com os anjos. Vivendo com GRAÇA, você e o seu anjo estão ajudando a criar o Céu na Terra.

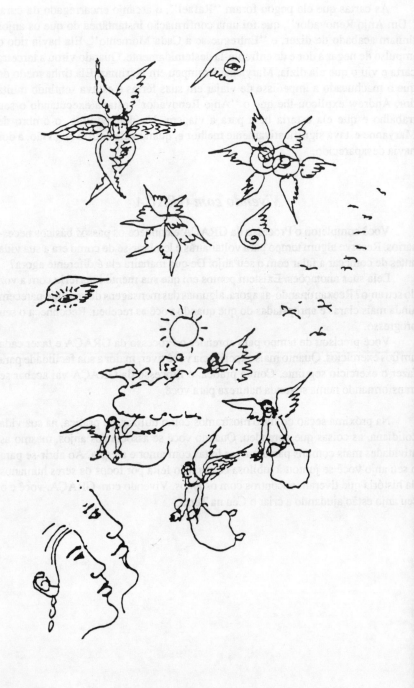

Parte III

Em parceria com os anjos

Agora que você estabeleceu contato com os anjos e tornou-os reais para si mesmo, é hora de praticar mais amplamente aquilo que aprendeu e torná-los reais no mundo.

Se a humanidade alguma vez precisou de defensores dos anjos, este é o momento. Todas as vezes que alguém se liga a um anjo, nasce um defensor; uma nova luz é acesa. Pessoa por pessoa, anjo por anjo, luzes estão se acendendo por todo o planeta. Cada luz é importante. Cada luz deixa o mundo mais iluminado. É por esta razão que isso é chamado de iluminação.

Nesta última seção você dá início a um trabalho em parceria com os seus anjos para trazer as bênçãos desses benfeitores para todas as partes da sua vida. Nos capítulos seguintes você vai descobrir como os anjos podem ajudá-lo a alcançar suas metas; como podem aliviar seus sofrimentos, se você estiver precisando de cura ou lidando com problemas relacionados com a dependência de drogas; como podem inspirar e aprofundar relacionamentos íntimos; e como você pode trazer a deleitosa companhia deles para todos os seus relacionamentos – com sua família, com seus amigos e, até mesmo, em termos globais.

Para começar, nós lhe oferecemos algumas dicas sobre como sintonizar melhor sua conexão com os seus amigos celestes, junto com sugestões para o uso de sonhos e da escrita para aprofundar esse contato. Por fim, exploramos as maneiras pelas quais nossas ligações com os seres celestes poderiam crescer e modificar-se ao ingressar, ao mesmo tempo, num novo século e num novo milênio.

A parceria que escreveu este livro

Seria ótimo poder dizer que o ato de escrever este livro foi tão fluido e harmonioso quanto a reunião dos seus autores e a aceitação de nossas propostas; mas este não foi absolutamente o caso. Cada um de nós tinha conceitos bem-definidos a respeito dos anjos – e cada um de nós estava apegado à própria idéia a respeito de como deveria ser o livro e de que maneira ele seria feito. Embora Andrew já tivesse sido co-autor de livros antes, Alma e Timothy não tinham essa experiência. E nenhum de nós tinha escrito um livro em colaboração com mais

177

duas pessoas! Tente colocar três motoristas no volante de um carro e veja o que acontece.

Às vezes ficávamos atolados em divergências aparentemente inconciliáveis. Nós não somos anjos. Gritávamos uns com os outros e ameaçávamos abandonar o projeto. Ficávamos acabrunhados, nos sentíamos incompetentes para dar cabo da tarefa e nos zangávamos. Algumas das idéias que considerávamos mais importantes tiveram de ser sacrificadas ao longo de profundas revisões.

A tarefa parecia não ter fim. Todavia, Abigrael tinha nos contado, desde o início, que "Este livro será feito no tempo dos anjos". Sendo humanos, nós não demos o devido valor a esse conselho. Muitas vezes trabalhamos de dez a doze horas por dia durante semanas a fio. Passaram-se três anos entre a aceitação da nossa proposta e a entrega da versão definitiva do texto.

Os anjos nos meteram nisso, porém, e os anjos nos fizeram chegar até o fim. Sempre que tínhamos a impressão de que tínhamos entrado num beco sem saída, nós nos voltávamos para os anjos em busca de orientação. Várias vezes eles abriram nossos corações e permitiram que enxergássemos uma outra saída. Eles nos mostraram que cada barreira que encontrávamos era reflexo de um problema pessoal não resolvido. Praticamos muito a libertação.

À medida que fomos aprendendo a renunciar aos nossos pontos de vista pessoais, passamos a conhecer a liberdade, a expansividade e a criatividade que pode existir num grupo sem liderança e voltado para o coração. Tendo dado início a uma parceria com os nossos anjos e uns com os outros, nós nos vimos definindo as bases deste novo tipo de relacionamento. Nossos anjos nos informaram de que este é um padrão para futuras colaborações e empreendimentos comunitários. Eles disseram que, daqui a um século, a cooperação altruísta será uma coisa comum – nas famílias, nas atividades comerciais e no governo.

Cada um de nós tem a oportunidade de trabalhar de novas e harmoniosas maneiras. No capítulo seguinte, você também vai descobrir os prazeres da parceria com os seus anjos.

9

Como sintonizar a conexão angélica

Você abriu-se para o seu anjo, ouviu sua voz bondosa e sentiu sua terna e luminosa presença. Você já começou a gostar do seu companheiro celeste; talvez vocês já tenham rido ou chorado juntos. Usando o Processo da GRAÇA, você aprendeu os passos básicos. Agora você está pronto para prosseguir e desenvolver a capacidade de aperfeiçoar e manter um canal aberto de comunicação quando e onde quer que você deseje fazê-lo.

Às vezes, a comunicação é interrompida. Por que isso acontece e o que se pode fazer a respeito? E quanto às mensagens que não são verdadeiras? Os anjos erram? Qual a melhor maneira de pedir orientação ao seu anjo em questões pessoais?

Neste capítulo você vai encontrar as respostas para essas perguntas e, para ajudá-lo a eliminar quaisquer interferências na comunicação, nós lhe oferecemos técnicas avançadas de Ligação com a Terra, com a Libertação e o Alinhamento.

Quando nos abrimos para os anjos, nós também nos tornamos receptivos a outros mundos, a outras dimensões de percepção. Agora que está familiarizado com a "Meditação Básica de Ligação com a Terra" (pp. 104-107), você vai gostar de explorar os domínios dos arquétipos que habitam o inconsciente coletivo. Um arquétipo representa um atributo específico ou um conjunto de características – a deusa Vênus, por exemplo, representa a beleza feminina, e Nossa Senhora o amor maternal. No mundo contemporâneo, Arnold Schwarzenegger é um símbolo do homem forte e Madonna representa a sexualidade. Os animais também desempenham funções arquetípicas: o leão é feroz, a raposa astuta e assim por diante.

No "Exercício Avançado de Ligação com a Terra", apresentado a seguir, você pode fazer amigos nos reinos animal, vegetal e mineral, e também ligar-se aos anjos, aos arcanjos e aos domínios arquetípicos. Você vai descobrir que os chakras são elementos de ligação entre os corpos físico e sutil e outros mundos invisíveis.

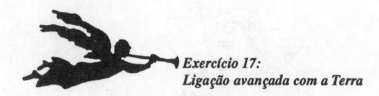

Exercício 17:
Ligação avançada com a Terra

Conforme recomendamos anteriormente, é melhor ler este exercício diante de um gravador para que você possa ouvir as instruções sem precisar consultar o livro. Antes de começar, talvez você queira consultar o "Diagrama de Chakras" (pp. 102 e 109) e certificar-se de que seu caderno de anotações, sua caneta e seu gravador estão por perto.

1. Entre no seu espaço sagrado. Acomode-se confortavelmente e feche os olhos. Tome consciência de seu corpo. Concentre-se nos seus batimentos cardíacos e na sua respiração. Visualize raízes estendendo-se a partir de seus pés e da base da espinha e penetrando na Terra.

2. Através de suas raízes, puxe a energia da Terra para cima, fazendo-a penetrar no seu corpo e chegar até o primeiro chakra, na base da espinha. Este chakra Raiz é o seu ponto de ligação com a Terra e com o reino mineral.

3. Quando estiver pronto, deixe a energia da Terra subir para o segundo chakra. O chakra Sexual é o ponto de acesso no seu corpo para o reino vegetal, o lugar onde você interage com os espíritos da natureza, que cuidam de todos os seres vivos. Agora, concentrando a energia da Terra dentro do seu corpo, através da bacia e dos órgãos genitais

comece a sentir a sua natureza vegetal. Você é uma árvore, uma planta ou uma flor? Você é uma folha de grama ou um feixe de trigo? Sinta o Sol sobre o seu corpo vegetal. Sinta o vento, a chuva e a passagem das estações. Sinta como você dá frutos, como é luxuriante e fértil. Sinta os rios de criatividade que correm através de você de forma muito natural.

4. Agora a energia sobe para o seu terceiro chakra, o do Plexo Solar, a sede do poder e um ponto de ligação com o reino animal. Quando a energia da Terra estiver fluindo para essa área, pergunte a si mesmo que tipo de animal você é. Grande ou pequeno? Feroz ou dócil? O que o seu animal lhe diz a respeito de você? Deixe sua natureza animal espalhar-se por todo o seu corpo. Torne-se o seu eu animal. Proclame a sua sabedoria animal.

5. Tal como acontece numa fonte, a energia da Terra brota do quarto chakra, o seu Coração, o centro do amor incondicional e o domínio do senso de humanidade que existe dentro de você. Penetre dentro da energia do seu coração e desfrute profundamente a sensação da sua humanidade, sua natureza terna e amorosa, seus pontos fracos, seus sonhos e fracassos. Tenha compaixão por si mesmo e aceite-se amorosamente tal como você é. Lembre-se de todas as pessoas que amaram você e a quem você amou.

6. À medida que a energia da Terra continua a subir, ela flui para o chakra do Timo. Este chakra despertou recentemente em toda a humanidade. Ele é o centro da ligação e da fraternidade universal, da paz e da comunhão. Sinta como as vibrações desse local ligam você a toda a humanidade. Você é parte de tudo o que existe, nunca está sozinho e sempre está em harmonia com as mais elevadas e profundas necessidades da nossa espécie.

7. Continuando a subir, a energia da Terra enche o seu próximo chakra, o chakra da Garganta e dos Ouvidos. Relaxe o queixo e abra os ouvidos internos. Este é o ponto de acesso aos nossos anjos. Visualize um triângulo invertido fazendo a ligação entre suas orelhas e sua garganta, e deixe que essa área se encha com a energia da Terra. Faça uma carinhosa saudação a todos os seus anjos e pare para ouvir. Se imagens ou sentimentos surgirem na sua mente, agradeça ao seu anjo por ter vindo até você.

8. Agora, deixe a energia subir para o seu Terceiro Olho, fazendo a ligação entre você e o domínio dos arcanjos. Você pode puxar o amor e o poder dos arcanjos para dentro de você, através do Terceiro Olho, e encher com eles todo o seu corpo. Mantenha-se aberto para receber o que quer que os arcanjos atualmente tenham reservado para você.

9. Deixe a energia da Terra subir para o chakra da Coroa, no topo da sua cabeça. Esta é a sede do que há de Divino dentro de você, o seu eu divino. Abra-se para o poder e a grandiosidade do seu Eu divino. Lembre-se de quem você é. Lembre-se da razão pela qual você está aqui.

10. Sinta todos os filamentos brotando do seu chakra da Coroa, espalhando-se pelo universo e ligando-o a todas as partes da criação. Inspire a luz das estrelas e envie-a através dos filamentos de seu chakra da Coroa, um por um. Deixe-a descer através de seus chakras, impregnando cada um deles com a energia universal. Deixe que essa cascata de luz estelar seja uma bênção para o Divino que existe dentro de você, para o arcanjo interior, o anjo, o eu mundial, o eu amoroso, o eu animal, o eu vegetal e o eu mineral.

11. Seu corpo agora está radiante. Sinta-o vivo e pulsando. Sinta-se ligado a Tudo o que Existe. Saiba que você está abençoado e inteiro. Saiba que você se basta a si mesmo. Descanse neste tempo fora do tempo, sabendo ou, até mesmo, recordando-se como é sentir-se completo dentro de si mesmo.

12. No seu próprio tempo, quando você estiver pronto, tome novamente consciência do seu corpo, sinta a poltrona onde está sentado e o ambiente a sua volta. Coloque a mão sobre o coração. Lentamente, muito lentamente, abra os olhos.

Registre suas experiências no seu caderno de anotações. Certifique-se de colocar data na anotação. Sinta-se livre para usar as imagens que surgirem ao longo do dia durante esta meditação. Quando você precisar se sentir forte e confiante, lembre-se de como você se sentiu sendo uma rocha. Quando você quiser sentir-se mais poderoso, lembre-se de como você se sentiu sendo o seu animal. Esteja preparado para a mudança das imagens toda vez que fizer esta meditação. Qualquer que seja a mensagem recebida, aceite-a como sendo perfeitamente apropriada para você neste momento.

Este exercício foi notavelmente eficaz para Dorothy. Ela era uma jovem sensível, delicada e muito tímida. Até esse ponto do seminário ela não havia falado absolutamente nada. Depois do processo de Ligação Avançada com a Terra porém, ela foi a primeira a relatar suas experiências.

"Alguma coisa aconteceu e não sei ao certo o que foi", disse ela, com voz clara e forte. "O fato é que me senti realmente como uma rocha, uma árvore, uma águia. O mais estranho é que me senti absolutamente normal. Não creio que algum dia eu tenha percebido a força que existe dentro de mim."

Dorothy tinha descoberto o seu senso interior de valores e estava se transformando.

Como solucionar situações problemáticas: quando a linha cai

Conversar com os anjos é como falar com um amigo ao telefone – de vez em quando, a ligação cai. Mesmo depois de ter estabelecido um vigoroso contato, você pode descobrir, de tempos em tempos, que a ligação é interrompida. A autoconsciência é responsável pelas transmissões que param no meio de uma sentença ou sofrem uma significativa mudança na linguagem ou no tom. O entusiasmo ou a efusão podem trazer o ego para o primeiro plano.

Alguma vez você já se descobriu fora do corpo e percebeu isso subitamente? Logo que o faz – BOOM! – você volta rapidamente para ele. Conversar com os anjos às vezes produz um efeito semelhante. A reação "Uau! Vejam só isto!" é muito natural quando começamos a nos comunicar com os anjos, mas pode desfazer o estado de receptividade tão duramente conquistado. Se a conversação morre, você pode simplesmente pedir ao seu anjo para voltar a fazer contato ou

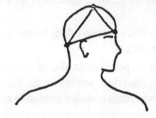

Dispositivo Transmissor Interno

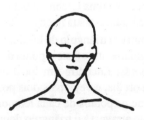

Dispositivo Receptor Interno

usar a visualização do exercício 14 para refazer a conexão. Você também pode usar isso como um exercício avançado de alinhamento, depois que já tiver alguma prática com os passos básicos apresentados no Capítulo 6.

Exercício 18:
O telefone interior

Este exercício é um *software* espiritual que você pode criar para o seu computador interno com o propósito de ajudá-lo a chamar o seu anjo. Familiarize-se com o diagrama para formar uma idéia geral de todo o processo, antes de iniciar a visualização.

1. Sente-se confortavelmente. Feche os olhos e concentre-se na sua respiração. Relaxe.
2. Coloque a ponta dos dedos sobre o seu Terceiro Olho. Imagine que o seu toque cria ali um foco de luz dourada.
3. Agora, mova a ponta dos dedos para o ponto mais alto da sua cabeça. Sinta o seu toque criando um outro foco de luz nesse lugar. Visualize uma linha de luz dourada ligando esses dois pontos e passando através do cérebro.
4. Em seguida, deslize os dedos para a parte de trás da cabeça e deixe-os apoiados sobre a protuberância occipital, a saliência que existe na nuca, logo acima do pescoço. Sinta um terceiro ponto de luz aparecendo aí quando você toca essa parte da cabeça, e veja uma segunda linha de luz dourada fazendo a ligação entre esse ponto e o alto da cabeça.
5. Agora, leve os dedos novamente para o Terceiro Olho, para o primeiro ponto dourado. Sinta uma terceira linha de luz dourada atravessando o seu cérebro e ligando a sua nuca ao Terceiro Olho.
6. Agora você criou um triângulo de luz dourada na sua cabeça. Quando puder vê-lo nitidamente, afaste a ponta dos dedos e volte a colocá-la sobre as têmporas. Encontre um local que lhe pareça apropriado, acima de cada orelha, e veja mais dois pontos de luz dourada aparecerem ali. Ligue os pontos de cada têmpora com uma outra linha de luz dourada que atravessa o triângulo dourado, passando pelo centro do cérebro.

7. Esse dispositivo funciona como um transmissor interno para falar com os seus anjos. Ele desempenha o papel do bocal de um telefone. Quando está claramente instalado na sua cabeça, você está pronto para criar o dispositivo receptor interno, o componente através do qual você vai ouvir os seus anjos.

8. Coloque a ponta dos dedos sobre as orelhas, imaginando dois outros pontos de luz dourada em cada uma delas. Ligue esses pontos com uma linha de luz dourada.

9. Coloque a ponta dos dedos sobre a garganta, na área do pomo-de-adão, e imagine aí um terceiro ponto de luz dourada. Visualize duas linhas douradas ligando os pontos de suas orelhas com o ponto em sua garganta para formar outro triângulo. Este é o seu receptor angélico.

Use o exercício do "Telefone Interior" para falar com os seus anjos quando estiver preocupado com alguma coisa ou, simplesmente, estiver com vontade de ter uma conversa íntima. Depois de ter feito o exercício duas ou três vezes você não precisa executar todos os passos; você poderá simplesmente visualizar o seu telefone pronto para ser usado.

Irradie seus pensamentos para o seu anjo, usando o primeiro triângulo que você fez, e sinta a mensagem do seu anjo vibrando no seu corpo, no triângulo formado pela garganta e pelos ouvidos. Embora no início isto possa parecer um tanto complicado, como Ronny disse, "Depois que peguei a prática, foi como usar um telefone comum. A única diferença é que a linha nunca está ocupada".

Desculpe, número errado

Quando um conselho do seu anjo for incorreto, ele na verdade veio de outra fonte. Mensagens que se revelam desorientadoras ou falsas são devidas ao desejo ou ao medo que deixaram de ser eliminados antes de você começar a conversar com os seres celestes. Você obviamente tem consciência de que qualquer situação pode ter múltiplos desdobramentos. Os anjos enxergam todas as possibilidades simultaneamente. E como não fazem o mesmo tipo de julgamento que nós a respeito do que é certo ou errado, bom ou mau, eles vêem toda situação como uma oportunidade de aprendizado, aquisição de experiência e crescimento. Como os anjos se preocupam conosco e querem que sejamos felizes e alcancemos as nossas metas, quando o desdobramento que desejamos é uma das escolhas possíveis, nós podemos receber uma mensagem confirmando que isso vai acontecer. A mensagem reflete o nosso desejo.

Desejo

Os desejos interferem com as mensagens angelicais, prejudicando a sua recepção. Quando você pede conselho ao seu anjo a respeito de alguma coisa muito importante para você, o seu apego a um determinado resultado ou ponto de vista pode deturpar ou distorcer a informação recebida. Por isso é tão importante eliminar da sua mente e de suas emoções, de forma consciente e deliberada, qualquer predileção por um determinado desdobramento.

Corrie é uma amiga muito querida de todos nós, sensível e inteligente. Quando conheceu o seu anjo, Eleo, e começou a falar com ela, Corrie era diretora assistente de uma companhia nacional de balé. Ela estava envolvida num relacionamento que tinha os seus altos e baixos. Depois de algum tempo, Corrie começou a pedir conselhos a Eleo a respeito do que estava se passando com ela. As informações que recebeu, e que anotou, asseguravam-lhe que tudo ia bem, que ela e seu namorado iam se casar e ter um filho, e que ela deveria continuar sendo receptiva e amorosa em suas relações com ele. Quando Corrie descobriu que seu namorado estava tendo um caso com uma outra mulher, ela rompeu seu relacionamento com ele e jogou suas anotações no lixo.

Os anjos erram?

"Tive o que merecia", disse Corrie, com o rosto angustiado. "Como posso acreditar agora em alguma coisa que o meu anjo me diz? Por que ela não me disse o que estava realmente acontecendo? Como ela pôde dizer que eu ia me casar e ter um filho? Simplesmente não compreendo isso."

Nós tampouco compreendíamos isso. Assim, perguntamos aos nossos anjos.

LNO: No que diz respeito à autenticidade do material recebido, distorções são criadas pelo desejo e pelo medo e não deixam a voz intuitiva superior manifestar-se claramente. O desejo e o medo criam um estado de intencionalidade.

Corrie tem uma forte predisposição para deixar de ouvir e ver a verdade quando esta não corresponde ao que ela deseja ou quer acreditar. Essa intencionalidade permeia suas transmissões. Ela refletiu os seus desejos.

Você pergunta como é possível saber se a informação tem origem no desejo ou é influenciada por ele. Nós respondemos: pergunte. Nós respondemos: elimine todas as outras considerações antes de pedir orientação. Tenha em mente apenas o desejo de conhecer a verdade. Peça que essa verdade seja contada, que ela se torne visível. E se houver dúvidas sobre a veracidade da informação, pergunte. Pergunte e volte a perguntar. Aquilo que se pergunta com humildade e sinceridade sempre é respondido.

Medo

O medo é a contrapartida do desejo. Você teme aquilo que torce para não acontecer, e isso prejudica a recepção angélica da mesma maneira que o desejo, com vínculos e intencionalidade. Quando se fala em conexão com os anjos, a "entrega" é uma palavra muito usada. Entrega significa eliminar os temores e ter confiança de que o bem vai prevalecer. Significa estar disposto a fazer algo, e não estar obstinado.

Antes de fazer ao seu anjo o que lhe parece ser uma pergunta importante, dirija sua atenção para quaisquer temores que você possa ter, fazendo a si mesmo as seguintes perguntas:

Se (o que eu temo) acontecer, como eu vou me sentir?
O que eu faria nesse caso?
E depois?
Estou disposto a me livrar desse medo?
Estou disposto a conhecer a verdade?

Se a resposta for sim, use uma das técnicas seguintes de Libertação Avançada. Elas se baseiam nos elementos Terra, Água e Fogo. (Uma técnica Avançada de Libertação usando o elemento ar foi dada no Capítulo 11, na página 217.) Você poderá descobrir que consegue melhores resultados com uma dessas técnicas do que com as outras. Sugerimos que experimente uma de cada vez, para verificar qual é a mais apropriada.

Exercício 19:
A libertação da terra

Ao realizar os exercícios de Ligação com a Terra e conhecer os seus chakras você talvez queira resolver questões específicas associadas a um determinado centro de energia. As questões relacionadas com segurança, por exemplo, dizem respeito ao chakra Raiz; a decepção amorosa envolve o chakra do Coração, e assim por diante. Consulte o "Mapa de Chakras 2" (p. 109) para refrescar a memória e, se não estiver certo quanto ao chakra envolvido, você pode cobrir todas as bases eliminando os bloqueios de todos os centros. Uma solução mais rápida consiste em libertar o chakra do Coração e, depois, o chakra Raiz.

Este exercício é uma ampliação do "Exercício Básico de Libertação"; ele permite que você penetre fundo em seu corpo sutil e chegue ao local onde estão esses bloqueios. Você pode trabalhar com todos os chakras de uma só vez ou um a um. Para eliminar o bloqueio de um único chakra você pode ir diretamente a ele depois de ter feito a Ligação com a Terra através de seu chakra Raiz. Este exercício é particularmente eficaz para eliminar medos, dúvidas, decepções, autocríticas e sentimentos de desmerecimento e inadequação.

1. Relaxe e feche os olhos. Convide o seu anjo para ficar com você. Concentre-se na sua respiração ao enviar suas raízes para dentro da Terra. Quando elas tiverem penetrado e se fixado, comece a sugar a energia da Terra através de suas raízes, e faça com que essa energia suba pelos seus chakras, um a um.

2. Imagine delgados filamentos saindo do chakra da Coroa, no alto da sua cabeça, alcançando o Céu e ligando-se a ele. Puxe a energia do Céu para baixo, através desses filamentos, e faça-a descer pelos seus chakras, um a um.

3. Volte a concentrar sua atenção no chakra Raiz. Observe se existe alguma emoção, lembrança ou bloqueios que precisem ser liberados. Se for este o caso, concentre-se em cada um deles, um por um. Verifique a origem de cada um desses problemas e pergunte a si mesmo o que aprendeu com isso.

4. Quando estiver pronto para a libertação, agradeça à lembrança ou ao bloqueio pelo que você aprendeu. Inspire profundamente e expire o bloqueio vigorosamente através da boca.

5. Quando estiver pronto, respire fundo, puxe a energia da Terra para cima, até o chakra do Sexo, e repita os passos 3 e 4. Continue a trabalhar os chakras no sentido ascendente, um a um, explorando e libertando.

6. Agradeça aos seus anjos e à sua mãe, a Terra, por terem trabalhado ao seu lado. Tome consciência do seu corpo físico. Observe a respiração. Quando estiver pronto, abra os olhos.

Você talvez ache que este exercício de "Libertação da Terra" lhe proporciona um benefício – você se sente mais ligado à Terra, mais centrado e mais estável.

Allan usou a "Libertação da Terra" para livrar-se do ressentimento, embora este problema não constasse originalmente de sua "Lista da Lavanderia Espiritual". Todavia, quando fez o "Exercício Básico de Libertação" (pp. 118-119), para livrar-se da inveja que sentia do irmão, Allan notou que, embora não quisesse mais o que o seu irmão havia recebido, ainda continuava ressentido por causa disso.

188

Depois, ele começou a atentar para outras coisas das quais se ressentia – ter de trabalhar tanto, estar sempre endividado, ter sofrido um ataque cardíaco – e percebeu, pela primeira vez, a existência de um padrão negativo que o incomodara ao longo de toda a sua vida.

Antes de fazer a "Libertação da Terra", Allan se abriu para o seu anjo. Ele esperava receber a mesma intensa sensação de amor que experimentara no seminário. Embora, na verdade, não esperasse ouvir nenhuma palavra ou mensagem, do fundo do seu coração ele formulou uma pergunta:

"Anjo, o que eu tenho de fazer para me livrar de todos os meus ressentimentos?"

Para seu espanto – e deleite – ele ouviu estas palavras:

"Deixe o passado ir embora. Você pode fazê-lo. Viva o presente. Concentre-se nos seus dons e não nos seus problemas."

Allan relaxou. Começou a pensar nas boas coisas de sua vida – a família e amigos, os colegas de trabalho, as férias que estava planejando. Depois de alguns minutos, descobriu que não conseguia ter absolutamente nenhuma sensação ligada ao ressentimento. Só para ter certeza, fez a "Libertação da Terra". Foi fácil e ele realmente gostou de fazê-lo.

Alguns de nós temos as nossas melhores idéias no banheiro. O próximo exercício será para limpar o seu corpo mental, emocional e físico.

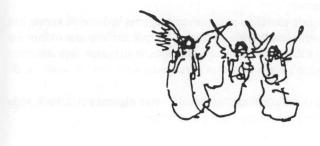

Exercício 20:
A libertação da água

Se um chuveiro de verdade não estiver disponível, você também pode fazer este exercício através de visualização. Você vai descobrir que este método é especialmente eficaz para lidar com sentimentos de ambivalência, indecisão, preguiça, procrastinação e falta de concentração; não obstante, sinta-se à vontade para livrar-se de quaisquer outros problemas.

1. Fique de pé, com a cabeça embaixo do chuveiro, para que o seu corpo seja rodeado de água por todos os lados. Sinta os anjos da água deslizando em torno de você.
2. Identifique com precisão o problema do qual você quer se livrar e sinta-o dentro de você. Sinta-o em torno de você, no campo de energia que circunda o seu corpo.
3. Sinta a água escorrendo pelo seu corpo e levando embora aquilo de que você quer se ver livre. Use as mãos para remover o problema e imagine-o descendo pelo ralo.
4. Lembre-se de agradecer o problema pelas lições que ele lhe ensinou, e de dar graças aos anjos da água por terem-no ajudado a se limpar.
5. Aproveite o restante do banho.

Rosie usa este exercício todas as manhãs durante o banho, preparando-se para enfrentar o dia. Ela trabalha no turno do café do McDonald's, mas também gosta de ir a festas à noite, e por isso acha difícil sair da cama quando o despertador toca às 5 da madrugada. Rosie costumava chegar ao trabalho resmungando contra a vida; desde que começou a tomar banho com os anjos, porém, ela entra na lanchonete de bom humor.

Você pode usar este exercício para prevenir alguma resistência imprevista que poderia surgir durante suas atividades diárias. Se você também usar o chuveiro pela manhã para abrir e limpar os filamentos dourados de suas asas, faça isto antes da "Libertação da Água" e use suas asas para ajudar a remover os resíduos de seus problemas.

O fogo purifica. Quando estiver "queimado" com alguma coisa, você pode usar o exercício seguinte para combater fogo com fogo.

Exercício 21:
A libertação do fogo

A "Libertação do Fogo" é um exercício com múltiplas finalidades. Todavia, ele é particularmente útil para eliminar rancores, ressentimento, inveja, ciúme, e qualquer outro problema que envolva outras pessoas. Para fazê-lo, você precisa de papel e caneta, fósforos, uma vasilha com água, uma pinça de metal e os anjos do fogo.

1. Num pedaço de papel em branco, escreva o nome do atributo ou sentimento que está mantendo você ligado a outra pessoa, tal como ciúme ou inveja. Use um pedaço de papel diferente para cada sentimento. Dobre duas vezes cada pedaço de papel, para que você não possa ver o que está escrito nele.
2. Misture os papéis dobrados e escolha um.
3. Abra o papel e reflita sobre a(s) situação(ões) que provocaram o sentimento que você anotou ali. Imagine como seria sua vida se você não tivesse esse sentimento. Como isso iria mudar o seu relacionamento com essa pessoa? Pergunte-se se você está disposto a se livrar desse sentimento agora. Caso não esteja, ponha esse papel de lado e escolha um outro, do qual você *esteja* disposto a se livrar.
4. Torça esse papel fazendo uma espécie de pavio que você possa segurar com a pinça. Acenda esse pavio, segurando-o sobre a vasilha com água. Embora não seja muito elegante, você também pode fazer isso sobre o vaso sanitário. Obviamente, se tiver a sorte de ter acesso a uma lareira, esta é uma excelente alternativa.
5. Peça aos anjos do fogo para eliminarem esse sentimento de sua mente, de seu corpo e de suas emoções, livrando-o completamente dele. Deixe o papel carbonizado cair na água.
6. Repita os passos 2-5 com cada problema que você escreveu nos papéis e do qual está disposto a se livrar. Não se esqueça de agradecer aos anjos do fogo.

Astrologicamente, Carol é de Leão, um signo do fogo. (Muitos atores e atrizes são de Leão.) Ela foi levada a usar a "Libertação do Fogo" para purificar um relacionamento de amor e ódio com uma amiga que também era atriz. Embora ela e Melissa fossem amigas muito íntimas, sempre que Melissa obtinha um bom papel Carol ficava com inveja. Ela encontrava maneiras de alfinetar Melissa, fazendo comentários mordazes sobre seu cabelo, peso e namorados. Melissa tinha conseguido apenas um papel picante numa novela de TV e Carol estava louca da vida por causa disso.

Carol escreveu a palavra "inveja" numa tira de papel e imaginou como iria se sentir se não invejasse Melissa. No início, foi muito difícil para ela imaginar isso. Então ela imaginou que tinha conseguido esse papel e que a situação havia se invertido. Em sua mente Carol imaginou Melissa toda alegre, comemorando com ela. Carol sentiu-se confiante e segura. Foi então que percebeu que o sucesso de Melissa a ameaçava e a fazia ter dúvidas a respeito do próprio talento. Ela rasgou a tira de papel com a palavra "inveja" e rapidamente escreveu "insegurança".

Carol não hesitou em queimá-la e, quando o fez, sentiu-se muito melhor em relação a si mesma e a Melissa.

Às vezes esses problemas são muito profundos, o que significa que eles podem voltar a se manifestar. Se isso ocorrer, faça primeiro os exercícios de Ligação com a Terra, de Libertação e Alinhamento. Depois disso, peça ao seu anjo informações a respeito da origem do problema e aconselhamento a respeito de como remediá-lo. Aquilo que o seu anjo tem a lhe dizer muitas vezes pode ser surpreendente, altamente esclarecedor e muito útil.

O que perguntar aos anjos

Quem não tem problemas de relacionamento? Ele me ama? Ela vai me abandonar? Nós vamos nos casar? Existem também as perguntas relacionadas com questões profissionais, com a vida cotidiana e as finanças. Estas freqüentemente são marcadas pela ansiedade e pelo medo. Assim, como você pode obter informações a respeito desses assuntos?

Peça aos seus anjos esclarecimento e iluminação sobre o problema. Ao pedir compreensão, clareza e orientação acerca da atitude correta a ser tomada, você deixa a porta aberta para inúmeras opções. Em vez de perguntar: "Tom me ama?", peça esclarecimentos a respeito do sentimento que Tom nutre por você. Ou então: "Qual é a natureza de nosso relacionamento? Quais as lições que vamos aprender juntos? Como posso melhorar nosso relacionamento? O que eu deveria saber sobre as necessidades dele/dela?"

Lembre-se de que os anjos atuam de uma forma amorosa, sutil e paciente. Eles estão dispostos a fazer uma coisa de cada vez, mesmo que você careça dessa mesma disposição. Problemas crônicos e antigos exigem tempo. É preciso penetrar em diversas camadas defensivas que levantamos pela melhor das razões: proteção. Os anjos só nos levam até onde podemos ir em cada passo, aplainando o nosso caminho um pouco de cada vez. Portanto, seja paciente consigo e com o seu amigo celeste.

Nada a não ser a verdade

Assim como um televisor precisa estar funcionando bem, com a tela limpa, você também pode transformar-se de modo a receber os sinais com maior clareza. A inconsciência numa área da sua vida – dieta ou alimentação, por exemplo – pode quase certamente transbordar para outras áreas. A repetição de hábitos insalubres, sejam físicos, mentais ou emocionais, perpetua a inconsciência.

Uma vez que você tenha se aberto para os anjos, toda a sua vida começa a se reorganizar. Phil, um advogado amigo nosso, chama o seu anjo de Fada da Verdade

192

porque, através de suas conversas com ela, ele passou a ver muitas coisas a respeito de si mesmo que, até então, conseguira evitar. Ele é um homem cortês e solícito mas, desde seu encontro com a Fada da Verdade, tornou-se extremamente atencioso. Ele costumava ignorar os aniversários, especialmente o seu, mas agora faz questão de lembrar as datas de nascimento dos amigos e dele mesmo. Nessas ocasiões, ele faz uma grande festa e reúne todos os seus amigos.

Rupturas

Neste processo de busca da verdade, você poderá descobrir que habilidades e dádivas antes ocultas vêm à superfície – colocando você em contato com a sua energia e com o seu potencial para o sucesso. Todavia, você também vai descobrir impurezas, desonestidades, vícios e temores. Todas estas coisas vêm à superfície com o propósito de serem vistas, aceitas, eliminadas ou utilizadas para algum propósito. Sua reação inicial pode ser fugir para as montanhas ou ir para os Mares do Sul, a fim de evitar essas partes de si mesmo que são desafiadoras, ameaçadoras ou embaraçosas. Tenha fé em si mesmo e nos seus anjos. Dê as boas-vindas a todas as coisas que vêm à superfície como parte do seu crescimento espiritual e atue sobre elas com a ajuda de seus devotados anjos. Livrar-se de hábitos insalubres vai ajudá-lo a construir uma saudável auto-estima e abrir caminho para uma comunicação ainda mais clara com os anjos.

Conforme dissemos antes, as únicas coisas de que você precisa para conversar com os seus anjos são uma mente aberta e um coração preparado e disposto a fazê-lo. No capítulo seguinte, nós lhe oferecemos a opção de escrever cartas ou de usar os sonhos para aprofundar o contato com o seu companheiro espiritual. A orientação quanto ao uso dessas ferramentas é oferecida para aumentar a eficiência da comunicação e introduzir algumas variações; isto é feito não por necessidade, mas porque essas técnicas são divertidas.

10
Escrevendo cartas e sonhando com os anjos

À medida que for aprofundando seu relacionamento com o seu melhor amigo celestial, você vai gostar de explorar outras maneiras de trazê-lo para a sua vida diária. Escrever cartas para o seu anjo e para os companheiros angelicais das outras pessoas permite que você concentre a sua intenção e melhore a sua capacidade de comunicação. E aprender como sonhar com os anjos vai lhe dar acesso a um rico depósito de valiosas informações que normalmente permanece oculto no inconsciente.

O valor das anotações

Escrever para os anjos é uma excelente maneira de sintonizar-se e de ligar-se a eles, e pode ajudá-lo a elucidar questões pessoais. Escrever para eles – da mesma forma como você escreveria uma carta para um amigo íntimo e querido – ajuda a fortalecer o contato que você já fez ao estabelecer uma ligação entre a mente e o coração. Essa ligação se desenvolve quando você traz o anjo para a sua mente e para o seu coração com o propósito de dirigir seus pensamentos para ele.

O ato de escrever também ajuda você a organizar os seus pensamentos e a desanuviar a mente. Isto vai permitir que os anjos venham até você numa freqüência mais alta. Escrever cartas para seus amigos celestiais elimina a estática e a tagarelice mental que interferem com uma boa recepção. Outro benefício é que, quando você declara suas intenções e desejos, você começa a se livrar deles. Um pensamento posto no papel é algo definido e completo. Ao colocá-lo no papel, você limpa a parte do cérebro que o abrigava, abrindo espaço para alguma coisa nova.

Solte-se e prossiga

Escrever também pode ajudá-lo a reduzir seu apego aos desejos. Quando você os põe para fora, você permite que eles desapareçam. Caso continue apegado a eles, você não pode se abrir para o seu anjo a fim de obter o apoio de que precisa para conseguir o que deseja. Só podemos receber com a mão vazia, aberta. Todavia, se aquilo que você deseja não vem até você no momento ou do jeito que você queria, continue a acompanhar os desdobramentos dos fatos. Muito freqüentemente você vai descobrir que, em vez daquilo que desejava, alguma coisa melhor ocorreu.

É bom lembrar que os anjos são seres de ligação e não de controle. As maneiras pelas quais eles nos proporcionam apoio têm sua origem no amor e não na força. Caso esteja se sentindo atraído por alguém, por exemplo, você talvez queira escrever para o seu anjo pedindo-lhe ajuda. Entretanto, escrever: "Querido anjo, quero que Arthur me ame", não lhe proporcionará tanto apoio como você teria se, em lugar disso, escrevesse: "Querido anjo, ajude-me a encontrar a maneira apropriada para demonstrar a Arthur o meu amor." Da mesma maneira, escrever: "Por favor, faça com que esse emprego seja meu", não será tão útil como pedir "orientação para encontrar o emprego certo, com um salário justo, para mim agora".

Quando pedimos ajuda, nossos anjos sempre nos apoiarão. Contudo, eles o fazem com base numa perspectiva mais ampla do que aquela que geralmente somos capazes de enxergar. Aquilo que consideramos o companheiro/a ou o emprego perfeito para nós talvez não represente a escolha mais adequada tendo em vista o nosso bem a longo prazo – muito embora isto possa parecer bom para nós no momento ou ajustar-se à nossa idéia atual a respeito do que queremos. Conversando e nos comunicando com os nossos anjos, nós aprendemos a aprimorar nossos desejos – a não querer simplesmente aquilo que desejamos mas o que é melhor para todos. Ao longo do tempo, descobrimos que isso nos proporciona um profundo senso de satisfação e de realização. E esta é apenas uma das dádivas proporcionadas pelos contatos com os anjos.

Escrever para o seu anjo é fácil. Basta seguir os passos descritos abaixo.

Exercício 22:
Cartas para o seu anjo

Você talvez queira acender uma vela ou uma vareta de incenso para dar maior intensidade à sua experiência e ajudar a criar uma atmosfera favorável à comunicação angélica. Você vai precisar de papel e caneta ou do seu computador, se tiver um. Pode ser que você queira fazer a "Meditação Básica de Ligação com a Terra" (pp. 104-107) antes de começar, especialmente se estiver se sentindo distraído.

1. Sente-se confortavelmente e passe alguns momentos concentrando-se em sua respiração e controlando a inspiração e a expiração para que essas duas fases tenham aproximadamente a mesma duração.
2. Volte sua atenção para dentro de si mesmo e sinta ou se concentre em seu anjo da mesma forma como faria ao escrever para seus amigos. Você pensa nos seus amigos, na sua aparência, e começa a se dirigir a eles tendo suas personalidades em mente. De maneira semelhante, pense no seu anjo e sinta a bondosa energia que emana dele.
3. Coloque data na sua carta, escreva "Caro Anjo", e deixe as palavras fluírem. Peça o apoio e a orientação do seu anjo e agradeça antecipadamente pela sua ajuda. Ponha sua assinatura no final da carta, tal como você faria ao escrever para um amigo.
4. Caso possua um altar de meditação ou uma caixa na qual guarda coisas especiais, você talvez queira colocar sua carta aí. Algumas pessoas põem as cartas para seus anjos sob o travesseiro e outras as queimam, enviando a mensagem para os Céus na forma de fumaça. Você saberá o que fazer com a sua. Se não souber, pergunte ao seu anjo!

Correspondência aérea para os outros anjos

Além de escrever para o seu próprio anjo, você também pode escrever cartas para todos os diferentes tipos de anjos descritos no Capítulo 8. Escrever uma carta para um desses anjos é uma maneira de convidá-lo a fazer parte da sua vida. Você talvez queira voltar atrás e reler esse capítulo.

Se estiver passando por uma fase de transição, é possível que você deseje escrever uma carta para um anjo que modela, pedindo-lhe que o ajude a enxergar o projeto da próxima fase de sua vida. Se arranjou um novo emprego e tem de usar um computador pela primeira vez, você pode escrever uma carta para os anjos da tecnologia – especificamente para um anjo do computador – e pedir seu apoio e orientação. Se a sua vida está um caos, escreva uma carta para um anjo da paz ou para um anjo da graça, pedindo que ele venha a fazer parte da sua vida.

Escrevendo para os anjos superluminosos

Da mesma forma como você escreveu para os anjos, você também pode escrever para os arcanjos. Se você não se lembra das funções deles, volte e releia as descrições na página 159.

Caso esteja precisando de cura, por exemplo, você pode escrever para Rafael. Embora seja bom expressar-se com suas próprias palavras, você talvez queira dizer algo como: "Caro Rafael, fique comigo na minha jornada de cura, por favor. Ajude-me a enxergar o que posso aprender com esta situação. Oriente-me para os médicos e terapeutas mais indicados para a minha situação." Em seguida, acrescente qualquer preocupação ou pedido específico. E não faz nenhum mal agradecer-lhe antecipadamente pela sua amorosa ajuda.

Se você estiver precisando de esclarecimentos a respeito de um amigo ou da pessoa amada, escreva para Gabriel, o guardião dos relacionamentos. Tente alguma coisa como: "Caro Gabriel, volto-me para você em busca de conforto, apoio e orientação no meu relacionamento com _____ (preencha o espaço com o nome da pessoa). Por favor, ajude-nos a estar sempre presentes e a ser sinceros e generosos um com o outro. Ajude-nos a aprender que entramos um na vida do outro para compartilhar, em harmonia com você e com suas mais sublimes intenções. Obrigado pela sua orientação e amorosa presença."

Uriel é o anjo superluminoso para todas as questões relacionadas com o trabalho e com a vida profissional. Para invocar o apoio de Uriel, uma carta poderia ter a seguinte forma: "Caro Uriel, oriente-me, por favor, para o emprego mais apropriado para mim nesta fase da minha vida." Ou então: "Caro Uriel, ajude-me a estar presente no meu trabalho, tanto por mim mesmo como pelos meus colegas, e em harmonia com as necessidades do planeta nesta nossa época. Obrigado pela sua sabedoria e apoio."

Miguel é ao mesmo tempo o guardião da paz global e da nossa evolução espiritual. Uma carta para este anjo poderia ser assim: "Caro Miguel, por favor, fique comigo na minha jornada, como guia e fonte de inspiração. Que meu coração e meus olhos permaneçam abertos e que eu possa aprender a verdade, falar a

verdade e crescer em paz com todos os tipos de vida. Por favor, aceite o meu amo
e a minha gratidão pelos seus ensinamentos.''

Como escrever para os anjos de outras pessoas

Tenha em mente que você também pode escrever para os anjos das outra:
pessoas, o que não significa tentar controlá-las. Você às vezes pode se ver en
situações difíceis ou embaraçosas em relação a pessoas com as quais você não pod
falar ou tem medo de magoar se disser as coisas que gostaria de dizer. Pode se
também que você tenha coisas a dizer para pessoas que saíram da sua vida ou
morreram. Quando isso acontece, pode ser útil escrever para o anjo dessa pessoa
Diga a verdade. Ponha para fora o que você tem dentro do peito. Isto não significa
culpar alguém mas, sim, manifestar o que você sente a respeito daquilo que o est;
incomodando e dizer como você gostaria que fosse a situação.

Quando você escreve para o anjo da guarda de alguém, a mensagem é entregu
no nível angelical. Freqüentemente o ato de escrever vai preceder ou coincidir con
uma inesperada abertura na comunicação com a outra pessoa. Mesmo se nã
houver melhoria no relacionamento, o simples ato de escrever a carta pode ajudá-l
a eliminar a raiva, o medo ou uma necessidade de obter da pessoa alguma cois;
que ela não pode dar.

Os anjos respondem

Num bom relacionamento, a comunicação flui nos dois sentidos. Alguma:
cartas que você envia ao seu anjo não precisam ser respondidas. Elas sã
mensagens abertas. Todavia, uma das vantagens de se ter um anjo é que você
não precisa fazer ponto em sua caixa de correspondência, esperando pel;
resposta. Se você ouvir seu companheiro imediatamente, tudo o que você
precisa fazer, depois de ter escrito a carta para o seu anjo, é pegar outro pedaço
de papel e deixar que ele escreva a resposta. Desta vez, comece sua cart;
escrevendo ''Querido _____'', e preencha o espaço com c
seu nome. Depois, relaxe e deixe as palavras de seu anjo virem até você na form;
de uma carta.

Toby e seu anjo, Zeke, estão se correspondendo há três anos. Toby conserv;
todas as cartas num arquivo, na ordem em que foram escritas e respondidas. De
tempos em tempos, ele vai até o arquivo e relê as cartas. Ele nos disse que ela:
funcionam como uma espécie de diário. Ao relê-las, ele consegue percebe:
claramente o que estava se passando em sua vida exterior e interior. Margaret é
outra que mantém uma troca regular de correspondência com Blue, o seu anjo. Ac
contrário de Toby, no entanto, Margaret queima todas as cartas que escreve a Blue

e todas as respostas enviadas por ele. "Algumas são muito bonitas", disse ela. "Todavia, queimá-las está me ajudando a aprender a me soltar." Todo mundo tem a sua maneira própria de trocar cartas. Confie em seus sentidos interiores para orientá-lo quando à maneira mais apropriada para você.

Sonhando com anjos

Os sonhos são uma porta para o inconsciente e também para os domínios sutis. Eles assemelham-se a longas cartas enviadas pelo seu inconsciente, muitas vezes escritas numa linguagem estranha e misteriosa. Os sonhos são também uma outra porta através da qual você pode conhecer os seus anjos e desfrutar sua companhia. Ligar-se aos anjos dessa maneira é uma coisa fácil e natural; isso acontece, tenhamos ou não consciência disso!

O estado de sonho é uma via de acesso particularmente vantajosa para os nossos companheiros celestiais porque, enquanto dormimos, a mente inconsciente permanece completamente aberta. Desaparecem as resistências e bloqueios da mente consciente – o ego – erigidos para manter os anjos a distância. O caráter espontâneo e fluido dos sonhos assemelha-se mais ao modo de atuar dos anjos do que o estado altamente organizado e sistematizado em que os humanos atuam durante as horas de vigília.

Aquilo era um anjo?

Embora nossos anjos muitas vezes venham até nós em sonhos, nem sempre nós nos lembramos deles ou, se o fazemos, nem sempre os reconhecemos. Nos sonhos eles podem parecer nossos amigos íntimos e, no entanto, quando acordamos, descobrimos que nunca os víramos antes. Pode ser ainda que eles se apresentem como pessoas sábias, poderosas e importantes, não necessariamente dotadas de asas ou de quaisquer sinais estereotipados de sua identidade, tais como harpas ou halos.

Durante anos, Linda teve um sonho no qual estava sentada numa sala de aula ouvindo um professor falar. Ela nunca se lembrava do que esse professor estava dizendo e sabia que nunca o tinha visto em sua vida. Várias semanas depois de Linda encontrar o seu anjo, ele identificou-se como o professor que aparecia em seus sonhos. Não ocorrera a Linda fazer essa conexão.

Ken mora em Boston mas freqüentemente sonha que está se encontrando com amigos em Los Angeles. Quando perguntou ao seu anjo sobre isso, este lembrou-lhe que Los Angeles significa Cidade dos Anjos e que toda vez que sonha com ela seus anjos têm alguma informação para lhe transmitir.

Ginny, uma advogada que gosta de ordem, de vez em quando tem sonhos nos quais tudo está em caos, suas colegas se recusam a ajudá-la e ela tem de se virar. Esses sonhos são uma maneira através da qual o seu anjo aparece para lhe dizer que ela precisa soltar-se e relaxar.

Às vezes os anjos se manifestam na forma de animais. O anjo de Richard disse-lhe que os sonhos com falcões, que ele tinha desde a infância, eram uma das maneiras através das quais seus amigos alados estavam chegando até ele.

Alguns anjos não assumem nenhuma forma definida. Sempre que o sonho de Barbara é inundado por uma luz brilhante, branca ou dourada, ela sabe que isso significa a presença de um guardião celestial.

Outras vezes acordamos com uma sensação de bem-estar, um sentimento de que tudo está bem e de que a vida é uma bênção divina. Embora talvez nem nos lembremos de termos sonhado, o bom humor permeia a nossa rotina normal da manhã, como a luz do Sol ao iluminar subitamente um triste céu acinzentado. Quando isso acontece, existe uma boa chance de que um de nossos anjos tenha nos feito uma visita enquanto dormíamos. Pergunte ao seu anjo como reconhecer a presença dele em seus sonhos.

Todos crescemos acreditando que havia uma separação entre seres humanos e anjos, se é que crescemos acreditando em anjos. Todavia, essa separação é apenas um estado mental – na nossa mente não há anjos! Em nossos sonhos temos a possibilidade de modificar nossa mente e superar as barreiras mentais por nós erigidas. Assim, podemos estar com os nossos anjos de forma muito natural.

Lembre-se de que não são apenas os nossos anjos companheiros que vêm até nós em sonhos. O arcanjo Miguel é o guardião dos sonhos e, portanto, você pode invocar sua vigilante presença. Além disso, existe toda uma categoria de anjos que atuam durante os sonhos e cuja missão é fornecer-nos informações enquanto dormimos. Você leu a respeito deles no Capítulo 8. Esses anjos raramente se manifestam diretamente em nossos sonhos, como fazem os nossos anjos companheiros. Eles são basicamente mensageiros e podem ser reconhecidos apenas através das dádivas que nos proporcionam durante os sonhos.

Relembrando os sonhos

Relembrar os seus sonhos é o primeiro passo e representa um desafio. Os sonhos são esquivos e uma atitude mental positiva é muito importante. Tudo que você precisa para começar é acreditar em seus sonhos. Damos valor às coisas nas quais acreditamos, trazemos energia para aquilo que valorizamos e fazemos crescer as coisas para as quais trazemos energia.

Se você passou a maior parte da sua vida achando que não vale a pena lembrar os sonhos, não espere acordar amanhã com um em seu travesseiro. A incorporação de uma nova crença leva tempo. Todavia, você pode reprogramar a sua mente consciente para permitir que a lembrança dos sonhos venha à tona. O melhor é pensar nisso todas as noites antes de ir dormir! Os sonhos podem se realizar e, quando o fazem, constituem manifestações do mais profundo desejo do nosso coração. Eles nos ligam à nossa paixão.

Motivação ajuda

Um desejo ardente de entrar em contato com os seus anjos é a motivação que irá capacitá-lo a encontrar-se com eles nos seus sonhos. Em seguida vem a diligência. Você precisa estar disposto a perseverar no processo e a superar resistências profundamente arraigadas. Se você acordar no meio da noite, acabando de sair de um sonho, relembre-o deitado na cama, sem se mover. Reconstitua o sonho – você pode começar com qualquer trecho do qual consiga se lembrar e procurar expandi-lo. Depois, descreva o sonho por escrito e coloque a data antes de voltar a dormir.

Se acordar no meio de um sonho, siga o mesmo procedimento. Mudar a posição do corpo pode dificultar a sua reconstituição; portanto, fique quieto e relembre tudo o que puder sobre o sonho. Registre por escrito todos os detalhes de que se lembrar e coloque data nessas anotações. Você pode até mesmo dar a cada sonho um título que sirva como uma espécie de resumo. Isto vai ajudá-lo a lembrar-se dele ou a localizá-lo posteriormente. Existe contra isso uma profunda resistência que precisa ser conscientemente superada. A resistência também se manifesta através da rejeição de certos sonhos porque não fazem sentido ou porque não conseguimos lembrar todos os detalhes. À medida que você começar a valorizar os seus sonhos, porém, essas resistências vão desaparecer.

Eis aqui algumas maneiras para ajudá-lo a usar o estado do sono e a estimular a lembrança dos sonhos.

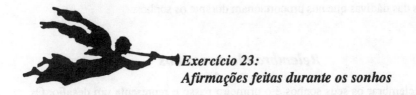

Exercício 23:
Afirmações feitas durante os sonhos

As afirmações estabelecem um estado mental positivo. Quando repetidas vezes e vezes seguidas – especialmente se feitas com muita convicção – as afirmações fluem para a mente inconsciente, alinhando-a com a mente consciente.

As afirmações tendem a ter mais energia quando acompanhadas de visualizações. Assim, você talvez queira imaginar a experiência da sua afirmação quando a estiver expressando.

Se você geralmente não se lembra de seus sonhos, tente esta:

Afirmação nº 1:
Vou sonhar.
Vou lembrar o meu sonho.
Vou acordar e registrar o meu sonho.

Ao pronunciar essas palavras, imagine-se dormindo e tendo um sonho. Depois, veja-se levantando, pegando seu caderno de anotações ou seu diário angelical, registrando aquilo que sonhou.

Se estiver conseguindo lembrar-se bem dos sonhos, você pode pular a primeira afirmação e passar para a

Afirmação nº 2:
Estou aberto para você, meu anjo.
Eu o convido para encontrar-se comigo em meus sonhos.

Ao criar as suas afirmações, sempre é melhor invocar o seu anjo pelo nome, se você o souber. Escolha as suas próprias palavras, usando os dois exemplos acima como fonte de orientação. Outra vez, quanto mais você estiver ligado aos seus sentimentos, mais poder você confere às suas afirmações. Enquanto estiver fazendo as afirmações pode ser útil visualizar um feixe de luz rósea ou dourada partindo do seu coração e ligando-o ao coração do seu anjo. Repita sua afirmação tal como você imagina a cena.

Depois que tiver estabelecido contato com o seu anjo nos sonhos, você pode começar a trabalhar em problemas específicos, fazendo perguntas enquanto se deixa arrastar para o sono. Isso funciona da mesma maneira que escrever para o seu anjo; de fato, você talvez queira anotar as perguntas num pedaço de papel e colocá-lo sob o travesseiro. Mesmo se fizer isso, é uma boa idéia vocalizar a afirmação:

Afirmação nº 3:
Caro anjo, no meu sonho desta noite, eu gostaria de receber alguns esclarecimentos sobre..., ou
Por favor, dê-me algumas informações sobre..., ou
Por favor, ajude-me a compreender...

Lance a semente

Use a sua intenção como um ponto focal para lançar a semente de uma situação no sonho. Quando estiver mergulhando no sono, imagine-se tendo um sonho em que o seu anjo aparece para você. Simplesmente imagine um sonho exatamente do jeito que você gostaria de ter. O sonho do qual você vai se lembrar na manhã seguinte conterá algum elemento dessa semente. Afirme que isso vai acontecer dessa forma, ainda que você talvez tenha de bancar o detetive para descobrir os elementos que você semeou.

Timothy teve uma série de pesadelos sobre o fim do mundo. Ele sonhava com todo tipo de catástrofe que você possa imaginar. Perturbado, ele pediu ao seu anjo que o ajudasse a compreender o que estava acontecendo. Naquela noite ele sonhou que um avião havia se chocado com a sua casa. Ele correu para fora e viu o piloto sair do *cockpit*, completamente envolto pelas chamas. Quando Timothy estendeu as mãos e abraçou o homem em chamas, ele foi consumido pelo êxtase. Timothy acordou com uma sensação de paz e uma profunda compreensão de que a situação atual do nosso mundo não tende para a destruição, de maneira alguma, e sim para a purificação. Obviamente, o piloto em chamas era o seu anjo.

A chave para identificá-los em nossos sonhos, dizem os nossos anjos, é o tom sentimental dos sonhos. As emoções ou os sentimentos inspirados pela atmosfera do sonho, um atributo ou acontecimento incomum, exótico ou estranho podem significar a presença dos anjos.

Paciência e fé

Descobrimos que, mesmo depois de termos estabelecido contato com os anjos, pode ser necessário repetir a mesma pergunta durante alguns dias, ou mesmo semanas, antes de recebermos ou de compreendermos completamente a resposta. E mesmo assim os anjos talvez não se manifestem de forma direta. O próprio sonho talvez seja a resposta do seu anjo. Ou, então, é possível que a resposta venha na forma de uma única palavra, imagem ou canção da qual você se recorda ao acordar.

A resposta pode ser também a dádiva de um sonho no qual você se vê voando sem asas e sem esforço. E às vezes a resposta vem não como um sonho mas na forma de um acontecimento ou momento de súbita inspiração. Ela também pode vir até você na forma de um telefonema casual de um amigo, de uma frase que você lê no jornal da manhã ou de um trecho de conversa ouvido por acaso na rua. O principal é você estar atento e receptivo.

A paciência fará com que você persevere, mesmo que você não obtenha resultados imediatos. Ela também vai ajudá-lo a ter fé em seus anjos e a confiar que, com o tempo, eles também se manifestarão dessa maneira. Os milagres não precisam transformar a Terra. Eles podem ser pequenos acontecimentos que o fazem sentir-se bem, rir ou mesmo chorar de felicidade.

Como fazer as anotações no seu diário

Você pode registrar os seus sonhos em seu caderno de anotações ou, quem sabe, descrevê-los num diário de sonhos. Qualquer que seja a sua escolha, coloque os objetos necessários ao lado da cama quando você for dormir. Alternativamente, se você é do tipo que simplesmente não consegue acordar e começar a escrever antes de tomar uma xícara de café, antes de escovar os dentes ou de deixar o gato entrar, talvez seja uma boa idéia ter um gravador à mão. Um gravador ativado pela voz é especialmente apropriado, para que você não precise mover-se para ligá-lo.

Os sonhos são efêmeros e, por isso, o melhor é escrever ou gravar todas as lembranças logo que você acordar. Qualquer atividade, como mudar o corpo de posição ou sair da cama, pode varrer uma noite cheia de sonhos para a obscuridade do inconsciente.

Ao escrever ou gravar o que ocorreu em seu sonho é recomendável utilizar os verbos no tempo presente: "Estou caminhando pela floresta. Um mocho pia perto de mim..." Esse mocho, um ser sábio e alado, poderia muito bem ser o seu anjo disfarçado.

Os fragmentos dos sonhos às vezes vêm à superfície durante o dia. Pode ser uma cena, um sentimento, uma sensação, o rosto de uma pessoa. É importante anotar qualquer fragmento de sonho que seja lembrado, mesmo se não fizer sentido ou você achar que não é nada importante. Cada fragmento merece a nossa atenção; quanto mais atenção você der aos sonhos, mais o seu mundo lhe será revelado.

Manter um diário não apenas preserva imagens e informações que você normalmente iria esquecer como também o ajuda a melhorar sua capacidade de se lembrar de seus sonhos. Ao entregar-se ao ato de registrar suas lembranças, você reforça sua intenção no nível físico. (É importante lembrar que sua intenção nasce no nível mental.) O reforço de sua intenção atua sobre a mente inconsciente e consciente.

Outra vantagem de manter um diário é poder relê-lo de vez em quando. Isto lhe dá uma idéia a respeito de onde você esteve e para onde está indo. Ele pode revelar pontos fracos e ajudá-lo a decifrar o significado de sonhos misteriosos que só começam a fazer sentido ao longo do tempo. Um diário de sonhos é uma importante ferramenta para promover o crescimento interior.

Rever os títulos de seus sonhos pode ajudá-lo a detectar temas recorrentes em seus sonhos ou bloqueios dos quais você não tinha consciência. A mulher de Brad continuava lhe perguntando se estava tudo bem no trabalho. Sendo ele um contador que trabalhava por conta própria e possuía uma casa e um carro novos, sua vida parecia maravilhosa vista de fora. Ao rever os títulos de seus sonhos, porém, ele percebeu como estava se sentindo infeliz. "Preso num trem", "Perdido num aeroporto estranho durante a noite" e "Minha valise desaparece" eram alguns dos títulos. Lendo-os todos de uma vez ele foi capaz de perceber a diferença entre o que sua vida lhe parecia e o que ele sentia a respeito dela.

A arte de dialogar

Você pode usar o seu diário de sonhos para desenvolver diálogos com pessoas, objetos e elementos que aparecem durante os sonhos. Esta é uma das melhores maneiras de decifrar a complexa simbologia que caracteriza os sonhos. Ao dialogar, você fala para aspectos de si mesmo que são inconscientes e que têm sido disfarçados como outras pessoas ou objetos. Os sonhos são cheios de troca-dilhos e pilhérias – uma outra indicação da presença dos anjos. Dê livre curso à sua imaginação e escreva sem nenhum tipo de censura. Ao escrever livremente, você pode descobrir seus sentimentos ocultos, seus temores e desejos, bem como compreender as coisas que acontecem na sua vida.

Como um exemplo, eis um pequeno trecho do diário de sonhos de Cathy. Em seu sonho, ela está num supermercado e esbarra numa prateleira de lâmpadas. Ela começa o seu diálogo com as lâmpadas:

CATHY: Por que vocês caíram?
LÂMPADAS: Você nos empurrou.
CATHY: Nem cheguei a ver vocês.
LÂMPADAS: Esta é a questão. Você é desajeitada.
CATHY: Por que vocês dizem isto?
LÂMPADAS: Você não viu onde nós estávamos.

Continuando o diálogo, Cathy começou a associar os acontecimentos do sonho com alguma coisa que tinha acontecido em sua vida. Ela percebeu que tinha ferido os sentimentos de um amigo por não ter percebido que iria tocar num ponto sensível. Depois que isto ficou claro, ela se perguntou a respeito do significado das lâmpadas. E então, fez-se a luz. Como elas derramaram luz sobre o seu comportamento, Cathy percebeu que elas eram uma representação luminosa do seu anjo.

Exercício 24:
O elevador de Jacó

Na Bíblia, Jacó sonhou com uma escada que ia até os céus e que os anjos usavam para subir e descer. Como os tempos mudaram, porém, quando estiver caindo no sono você talvez queira visualizar um elevador dourado no qual você e seus anjos subam para o mundo dos sonhos. Isto vai ajudá-lo a se lembrar dos seus sonhos, a fazer suas afirmações e semear os seus sonhos.

Caso prefira gravar este exercício, coloque o gravador do lado direito da cama, para que possa desligá-lo com os olhos fechados no final do exercício.

1. Feche os olhos e sinta que está sendo arrastado para o sono. Sua respiração é lenta e moderada.
2. Relaxe os músculos do pescoço. Deixe os ombros bem relaxados. Sinta todo o seu corpo relaxando. Da cabeça até o pescoço, sinta todo o seu corpo eliminando a tensão.
3. Agora, visualize um longo corredor na sua mente. As paredes e o piso são feitos de uma luz brilhante. Veja a luz e veja você mesmo caminhando lentamente por esse corredor luminoso, tendo o seu anjo do lado.
4. No final do corredor você vê um portal de luz difusa. É a porta do elevador angelical. Quando você e seu anjo se aproximam, a porta se abre lentamente.
5. De mãos dadas, com uma das asas envolvendo suas costas, você e seu anjo entram nesse elevador. Ao fazê-lo, seu corpo é banhado pela luz mais pura e generosa que você puder imaginar. Ela cura seu corpo e penetra profundamente em todas as células.
6. Você observa enquanto o seu anjo estende a ponta da asa para apertar um dos botões brilhantes do painel da porta.
7. A porta do elevador fecha-se lentamente. Banhados de luz, você e seu anjo estão subindo lentamente para os seus sonhos.
8. Se estiver trabalhando com uma afirmação, repita-a agora, lentamente, diversas vezes.

9. Se quiser fazer uma pergunta específica ao seu anjo, ou semear um determinado sonho, esta é a hora de fazê-lo.
10. Observe novamente sua respiração. Sinta-se caindo no sono. Junto com seu anjo, você está subindo, subindo, subindo e penetrando no mundo dos sonhos.

Kate é professora do jardim da infância. Desde que começou a tomar o elevador angelical, pela primeira vez em sua vida ela está conseguindo lembrar os seus sonhos. "É como sair de uma amnésia", disse-nos ela. Seu caderno de anotações está cheio de aventuras, nas quais ela se inspira para contar histórias a sua classe.

Ricardo trabalha no pronto-socorro de um hospital municipal. Seu emprego é extenuante e, por mais cansado que esteja ao chegar em casa, ele tem dificuldade para pegar no sono. Desde que começou a fazer esta visualização, porém, ele nos diz que tem adormecido rapidamente. Embora raramente se lembre de seus sonhos, Ricardo acorda descansado e energizado.

Escrever cartas para os seus anjos e sonhar com eles são apenas duas maneiras diferentes através das quais você pode aprofundar e afinar a sintonia de sua ligação com os anjos. No próximo capítulo, você vai aprender a se concentrar nas metas da sua vida e a trabalhar com os seus anjos para transformar os seus sonhos em realidade.

11
O trabalho com os anjos para alcançar suas metas

Quer os chamemos ou não, os anjos estão conosco na nossa vida cotidiana. Eles estão preparados, dispostos e adoram nos ajudar. Não importa o que estivermos fazendo – meditação, compras, dirigindo, velejando –, nenhuma tarefa é demasiado pequena e nenhuma meta grandiosa demais para merecer sua afetuosa atenção.

Neste capítulo, apresentamos exemplos de como os nossos amigos celestes nos acompanham e dão vida às nossas atividades cotidianas, e mostramos como você pode utilizar a ajuda deles para atingir suas metas. Exercícios avançados demonstram outras maneiras de se fazer a Libertação e o Alinhamento.

Alguns livros contemporâneos a respeito dos anjos concentram-se em intervenções miraculosas, em incidentes nos quais vidas foram salvas e calamidades evitadas. Embora sejam inegavelmente emocionantes, esses acontecimentos são extremamente raros. As histórias e exercícios seguintes demonstram que os anjos estão presentes e disponíveis para todos nós, todos os dias, e não apenas em ocasiões especiais.

Não se trata de algo sensacional. É uma coisa tão normal quanto ir ao correio, pagar o aluguel ou entregar a declaração de imposto de renda. Além disso, este capítulo também lhe mostra como os anjos podem ajudá-lo a transformar os seus sonhos em realidade.

Não existe nenhuma varinha mágica

Por mais que estejam dispostos a nos ajudar, os anjos não são fadas que irão agitar sua varinha mágica e atender a todos os nossos desejos. Embora os anjos possam ajudá-lo a realizar o desejo do seu coração, eles não podem criar o seu destino. Somente você e Deus podem fazer isso. O que os anjos fazem é servir ao Criador através de cada um de nós. De fato, já foi sugerido em diversas ocasiões, por mais de um de nossos amigos invisíveis, que os humanos são as mãos dos anjos e as vozes para suas inspiradas mensagens. Com efeito, os três autores deste livro já viveram momentos nos quais se sentiram como se fossem secretárias tomando um ditado!

Parceria com os anjos

Depois que tiver aprendido a conversar com os seus anjos, você começa a trabalhar em parceria com eles. Um parceiro é alguém com quem você dança, alguém que compartilha o seu prazer, que vai em seu auxílio e lhe dá apoio na hora do aperto. Tudo que você precisa para desenvolver esta parceria é lembrar-se de pedir ajuda aos seus anjos. Muitas vezes, quando precisar realmente de seus anjos, eles irão intervir mesmo que você tenha se esquecido de invocá-los.

Peça aos seus anjos para permanecerem ao seu lado em sua vida diária. Peça-lhes que acalmem ou guiem suas mãos quando você estiver fazendo alguma coisa que requeira habilidade ou precisão. Quando estiver numa cidade estranha, peça-lhes para que o guiem para um hotel confortável ou para um bom restaurante. Peça-lhes para garantir um deslocamento seguro e facilitar as comunicações quando você ou as pessoas que você ama estiverem viajando. Sempre que quiser expandir seus conhecimentos, capacidade ou habilidade, lembre-se de invocar os seus anjos.

Acentue os aspectos positivos

Uma das vantagens de se invocar os anjos é que o ato de pedir vai tornar mais eficiente o modo como você aborda os diversos problemas da vida. Ao adotar uma postura mais positiva, você aumenta suas chances de obter sucesso em tudo aquilo que tenta fazer. Ao visualizar o melhor resultado possível, você encoraja e magnetiza as energias positivas para fluírem na sua direção.

Desde a antiguidade, as pessoas têm trabalhado com as energias positivas para criar no nível físico aquilo que é objeto do seu desejo. Conseqüentemente, as culturas e civilizações se desenvolveram. Ao longo dos séculos, certas maneiras de lidar com a energia mostraram-se consistentemente eficazes para o propósito da manifestação. Diferentes sistemas e escolhas atribuem-lhes diferentes nomes, e alguns rearranjam a ordem em que elas surgiram. As leis ou passos, porém, permanecem os mesmos. Eles são na verdade muito simples e, com a ajuda do seu anjo, você poderá usá-los para alcançar suas metas.

Cinco passos para uma manifestação bem-sucedida

Conquanto tenhamos encontrado numerosas variações e aditamentos ao processo de manifestação, existem apenas cinco princípios que são universalmente aplicados. Com a ajuda dos anjos você pode aumentar enormemente o poder dessas leis porque a natureza dos anjos contém um elemento fundamental para a manifestação: a terna aceitação. Como os anjos existem no nível do pensamento superior, próximos do domínio da Fonte Criadora, eles podem ajudá-lo a semear sua meta numa dimensão onde o pensamento *É* criação.

O Primeiro Passo na Manifestação é a Intenção – Você faz uma escolha consciente de ter aquilo que deseja. Se não tiver realmente certeza de querer alguma coisa, passe alguns minutos imaginando que a possui. Se não puder imaginá-la ou sentir como ela é, talvez você não a queira realmente. Pode ser, ainda, que você não acredite que possa vir a tê-la. Às vezes paramos de querer alguma coisa quando achamos que não podemos tê-la, embora, obviamente, não deixemos realmente de querê-la; nós simplesmente negamos esse desejo. Freqüentemente, o medo do desapontamento debilita a intenção. Temos medo de não conseguir as coisas que queremos. Esse medo é criado por um sentimento de desvalorização.

O Segundo Passo para Atingir Sua Meta é Comprometer-se com Ela – é estar disposto a ter todas as coisas que ela vai lhe trazer. Você precisa ter certeza da sua meta. Não há lugar para expressões de ansiedade do tipo "se..." ou de hesitação do tipo "talvez". Não pode haver nenhuma ambivalência. Este passo exige que você se concentre na sua intenção e experimente a convicção de que pode ter aquilo que deseja. Você alguma vez já conseguiu alguma coisa que desejava desesperadamente e descobriu que, afinal de contas, não a queria ou não sabia o que fazer com ela? Isso acontece por causa da falta de compromisso com as suas metas.

210

O Passo Três Requer Afirmação – Usar a visualização para pedir aquilo que você quer, fazer afirmações em voz alta e descrever por escrito ou desenhar o objeto do seu desejo. Embora você possa fazer qualquer uma dessas coisas, quanto mais métodos você usar melhores serão os resultados, pois cada um deles ativa sua intenção e começa a demonstrá-la no plano físico. Para visualizar a consecução da sua meta, sinta-a tão plenamente quanto puder e através do maior número possível de sentidos – vendo-a, sentindo-a, tocando-a e, até mesmo, se possível, sentindo-lhe o gosto.

Afirme o que você deseja dizendo em voz alta: "Anjo, decidi ter _____." Lembre-se das palavras da Bíblia: "No princípio era o Verbo." O som de sua voz cria uma forma de onda e o poder da sua intenção e a clareza da sua visualização dão força e resistência a essa onda.

Algumas pessoas fazem um "mapa do tesouro" daquilo que desejam, recortando imagens que ilustram suas metas e colocando-as num pedaço de papel ou cartolina.

Cada um desses atos vai reforçar sua convicção interior e começar a transformar em realidade aquilo que você deseja. Com a ajuda de seus queridos anjos, você está co-participando da Criação. Seu papel consiste em conceber o quadro todo e o modo como você gostaria que ele se desenrolasse.

O Quarto Passo é a Gratidão – Agradecer pela manifestação como se ela já tivesse acontecido. Este passo tem uma outra dimensão, com a qual os nossos amigos alados estão familiarizados. Seja generoso em seus agradecimentos e louve a Fonte de Tudo o que Existe.

O Quinto Passo é o Mais Difícil: Soltar-se – Você precisa entregar suas metas ao Universo, para que ele possa assumir o controle e dar-lhe aquilo que você pediu. Sete palavras irão ajudá-lo a lembrar-se disso: "Relaxe e deixe Deus cuidar de Tudo."

A definição das metas

Antes de poder usar essas técnicas para obter sucesso, é preciso que você defina o que quer. Você quer mesmo um Alfa Romeo conversível ou simplesmente a sensação associada à posse de um carro assim? Em outras palavras, você o quer para si mesmo ou para causar impressão aos outros? Se a sua meta é ser rico, para que você quer o dinheiro? Para lhe proporcionar bem-estar no nível físico, mental e emocional, ou para provar a si mesmo e aos outros que você está bem de vida? De que outra maneira essas necessidades poderiam ser atendidas? A definição daquilo que você realmente quer vai facilitar a sua obtenção.

211

Você pode dialogar com o seu anjo para discutir os seus motivos e para trazer à luz qualquer relutância da sua parte em receber aquilo que você diz querer. Às vezes um sentimento oculto – como um senso de desvalorização, por exemplo, ou o medo da inveja – é mantido na sua mente sem que você tenha consciência disso. Este fato vai bloquear a realização da sua meta.

Carol submeteu-se a uma prova de voz para um papel de destaque num musical da Broadway. Embora tivesse sido chamada para um segundo teste, ela não obteve o papel. Carol ficou terrivelmente desapontada, especialmente depois de perceber que jamais tinha dançado ou cantado melhor. Ela conversou com o seu anjo, Freedom, para saber por que havia sido eliminada. Através da conversa, Carol descobriu que, embora quisesse realmente o papel, ela secretamente tinha medo do sucesso. Sentindo-se já distanciada dos amigos que deixara no Kentucky, Carol achava que, muito embora pudesse vir a ser admirada, caso se tornasse uma estrela da Broadway, ela seria tão diferente de seus amigos que não seria mais amada.

Surpresa, porém consideravelmente esclarecida, Carol viu que tinha um motivo oculto: sua verdadeira meta era ser amada e não conseguir o papel. E, sentindo que não podia ter sucesso e ser amada ao mesmo tempo, ela fracassou ao tentar conseguir o papel. Com Freedom ao seu lado, um guia sábio e amoroso, ela começou a repensar suas metas.

Faça uma lista de suas aspirações

Uma boa idéia para ajudar a definir suas metas é fazer uma "lista de suas aspirações". Isto significa colocar no papel tudo o que você deseja, não importando o quanto isto lhe pareça extravagante. Examine a lista e elimine as possíveis duplicações. Em seguida, acrescente detalhes às coisas que você deseja. Você poderá descobrir que elas caem em determinadas categorias, tais como dinheiro saúde e imagem pessoal, relacionamentos, etc. Qual categoria é mais importante para você? Relacione-as por ordem de preferência. Isto lhe será de grande ajuda para definir suas prioridades e repensar suas intenções.

Quando Frank fez sua lista de aspirações, começou com cinco itens:

1. Um novo lugar para viver.
2. Melhorar meu relacionamento com Janet.
3. Tirar dois períodos de férias por ano.
4. Ter um novo saco de dormir e uma nova barraca.
5. Desenvolver o meu corpo.

Quando pensou sobre o que escrevera, Frank percebeu que não queria apenas um novo lugar para viver. O que ele na verdade desejava era um apartamento bonito, num bom bairro, com uma vista agradável e um aluguel que pudesse pagar sem muito esforço. Frank acrescentou isto à sua lista. Depois, refletiu sobre o seu relacionamento com Janet. Eles estavam juntos havia quatro anos, com muitas brigas e reconciliações, e pareciam não concordar a respeito da maioria das coisas. Ele gostava de jogar boliche; ela detestava. Ela apreciava pratos requintados e gostava de prepará-los; ele satisfazia-se com uma pizza requentada. Ambos desejavam casar, mas Frank queria filhos e Janet não. Para ela, a carreira vinha em primeiro lugar. Frank achava que um emprego era apenas uma forma de ganhar dinheiro e que isso exigia a sua atenção somente durante o horário de trabalho.

Depois de refletir um pouco sobre tudo isso, Frank chegou à conclusão de que desejava na verdade uma nova namorada. O tempo que passara pensando em seu relacionamento com Janet tinha valido a pena porque, nesse momento, ele estava começando a reconhecer as qualidades que desejava numa mulher. Frank começou a fazer uma nova lista.

A mulher com quem eu quero me casar

1. Tem um bom senso de humor.
2. É atraente e bem cuidada.
3. Não é exigente para comer.
4. Quer ter filhos.
5. Gosta de boliche.
6. Gosta de acampar.
7. Tem bom coração.

Frank continuou a examinar mais atentamente os outros itens de sua lista. Durante algum tempo, ele tinha desejado desenvolver o seu corpo, chegando até mesmo a ir algumas vezes a uma academia de ginástica das vizinhanças. Entretanto, sua fantasia era ter o equipamento em sua própria casa, onde pudesse exercitar-se sempre que quisesse. Quando soube dos preços dos equipamentos que queria, descobriu que custavam 1.400 dólares. Como isto parecia estar fora do seu alcance, ele desistiu da idéia. Agora, porém, ao rever sua lista, começou a se perguntar se não iria preferir os equipamentos de ginástica a um segundo período de férias. Ele percebeu que podia fazer escolhas e que, embora tivesse optado por aquilo que tinha no momento, poderia fazer novas escolhas que refletissem os seus verdadeiros desejos numa determinada fase da sua vida.

Quando tiver certeza do que quer, escolha um item que não esteja nem no topo nem no fim da sua lista. Este deve ser alguma coisa que você gostaria muito de possuir ou algo que o faria feliz se acontecesse, mas que não o deixaria arrasado e não viesse a se realizar. O item escolhido também deve estar relacionado com uma meta cuja realização não dependa de outras pessoas. Quando tiver escolhido um, você pode usar o exercício seguinte para manifestá-lo.

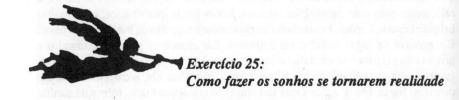

Exercício 25:
Como fazer os sonhos se tornarem realidade

Neste exercício, você vai usar as técnicas de Ligação com a Terra, de Libertação e Alinhamento já conhecidas e também com uma nova visualização. Certifique-se de que não vai ser perturbado, vá para o seu espaço sagrado e convide o seu anjo para ficar com você. Outros anjos específicos poderão ser invocados. Por exemplo: se o lugar onde você mora estiver relacionado com o seu sonho, seja porque você precisa de um novo lugar para viver ou deseja redecorá-lo, você também deveria convidar um anjo ambiental. Esteja atento para os anjos que poderiam facilitar a realização do objetivo que você tem em vista e dê-lhes também as boas-vindas.

1. Feche os olhos. Fique ligado à Terra, centrado e alinhado com o(s) seu(s) anjos.
2. Livre-se de quaisquer empecilhos, conhecidos ou desconhecidos, que possam impedi-lo de alcançar suas metas. Peça ao seu anjo para ajudá-lo a se livrar desses problemas, eliminando-os através de suas raízes e passando-os para a Terra.
3. Imagine sua meta e sinta como seria alcançá-la. Imagine isso acontecendo e observe como você se sente, o que está vestindo e as reações de quaisquer outras pessoas que possam estar presentes. Ao utilizar pelo menos quatro dos seus sentidos, você torna mais viva a sua visualização e codifica a mensagem em seu corpo físico.
4. Ponha essa imagem no seu coração. Peça e receba as bênçãos do seu anjo para ela. Sinta a excitação e o prazer de ter alcançado aquilo que queria.
5. Agradeça por ter recebido essa dádiva.
6. Projete a imagem contida no seu coração para os braços do seu anjo e visualize o seu guardião envolvendo-a com uma bolha de luz violeta.
7. Veja a bolha subir cada vez mais e perder-se no Universo.
8. Quando não puder mais ver a bolha, abra os olhos.

Espreguice-se e ande um pouco. Tire esse pensamento da sua mente mas esteja aberto para receber sinais de que o seu desejo está começando a se materializar.

Abundância

Todos queremos determinadas coisas e desejamos usufruir os prazeres da vida, ainda que cada um de nós tenha uma idéia diferente a respeito do significado disso. Para alguns, a idéia de "abundância" está associada a imagens de férias no Havaí, de grandes limusines, de opulência e riqueza. Esta visão está relacionada com valores materiais.

Para outros, isto significa uma vida equilibrada e em harmonia com os propósitos do indivíduo, rica em boas amizades e de relacionamentos cheios de amor, e com muito entusiasmo, alegria e saúde. Essa visão está relacionada com valores espirituais. Num nível espiritual, a abundância vem de dentro e de cima. A abundância num nível material vem de fora e de baixo. Todavia, não existe nenhuma razão pela qual você não possa ter as duas coisas.

Iniciar uma parceria com os nossos anjos cria as condições que nos permitem ter sucesso, prosperar, crescer e realizar os nossos potenciais mais elevados. Essas condições são a receptividade, a generosidade e a gratidão. O contato diário com os nossos anjos expande o alcance da nossa visão do "eu" para o "nós", das preocupações pessoais para o interesse pelos outros e pelo bem-estar do nosso planeta.

À medida que nos voltamos para os nossos anjos desenvolvemos nossa abundância espiritual e nos tornamos gratos por aquilo que temos. Ao agir assim, criamos uma estrutura básica que nos permite começar a receber a influência dos anjos também no plano material. Quando você sabe que Deus o ama e que os seus anjos estão ansiosos para ajudá-lo a realizar os desejos do seu coração, você se abre para a abundância do universo e para as maneiras pelas quais ele pode se manifestar no plano físico. Você compreende e sabe que tem valor.

Quando Andrew pede ou reza para ter abundância, Sargolais, o seu anjo, lembra-o de que deve pedir ou rezar para que todos a tenham. Uma maneira de fazer isso, seja nas orações ou ao pronunciar as afirmações, é acrescentar a frase "para o máximo bem de todos". O anjo de Alma, LNO, diz a ela que "tudo o que você recebe é uma dádiva, se você tiver a perspicácia e a sabedoria de perceber isso. Embora você às vezes possa não gostar das coisas que recebe, tudo o que vai até você tem em vista o seu máximo bem e lhe proporciona oportunidades para o seu crescimento e desenvolvimento".

Quando pedir ajuda aos seus anjos, deixe que eles decidam como ela vai se materializar. Peça que o objeto do seu desejo – ou algo melhor – aconteça, para o máximo bem de todos.

A lucidez é uma das muitas dádivas que os anjos nos proporcionam e uma das maneiras de obtê-la é nos livrando de pensamentos e sentimentos que podem nos impedir de alcançar as nossas metas. Embora o "Exercício Básico de Libertação" (pp. 118-119) seja uma ferramenta importante e deva ser usada, haverá ocasiões em que você não vai ter tempo de executar todo o processo. Tendo praticado a técnica básica, você agora estará apto a utilizar uma versão mais curta, apresentada a seguir.

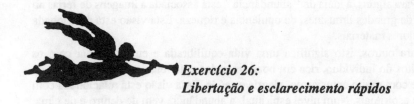

Exercício 26:
Libertação e esclarecimento rápidos

Este exercício é conveniente quando você tem pouco tempo ou precisa livrar-se de apenas um problema. Ainda que numa emergência você possa fazê-lo de pé, o melhor é sentar-se e apoiar firmemente os pés no chão. Descobrimos que este exercício é particularmente eficaz para eliminar resistências, obstáculos, fadiga e vibrações de outras pessoas. Antes de começar, peça a ajuda do seu anjo:

1. Com os pés bem apoiados no chão, inspire profundamente. Na primeira expiração, envie suas raízes para dentro da Terra.
2. Ao inalar novamente, sinta aquilo que você quer eliminar do seu corpo. Ao expirar, visualize e sinta esse problema descendo por suas raízes e penetrando na Terra. Continue a expirar o mais que puder, até que todo o ar tenha sido eliminado de seus pulmões.
3. Ao inspirar, no ciclo respiratório seguinte, vire os olhos para cima como se estivesse olhando para o topo de sua cabeça. Inspire tão profundamente quanto puder.

4. Ao expirar, envie em direção aos Céus os filamentos que nascem no topo da sua cabeça.
5. Ao inspirar, visualize a luz solar sendo emitida pelos Céus e incidindo sobre o topo da sua cabeça. Deixe-a descer através do seu corpo e, através da quarta expiração, chegar até suas raízes, no centro da Terra.
6. Repita mais duas vezes os ciclos respiratórios, pedindo a ajuda de seus anjos. Quando tiver terminado, agradeça aos anjos e à Terra.

Becky é enfermeira num hospital de Connecticut. Seu supervisor está sempre "pegando no seu pé" e encontrando defeitos no seu trabalho. Para não levar sentimentos desagradáveis para os seus pacientes, Becky entra no banheiro depois de se encontrar com seu supervisor, fecha a porta e faz o exercício de "Libertação e Esclarecimento Rápidos". As outras enfermeiras perguntam-se como ela consegue permanecer alegre em circunstâncias tão difíceis.

Os anjos e a auditoria fiscal

Às vezes nossas metas dizem respeito a questões muito práticas e, até mesmo, comuns. Quando nós três começamos a trabalhar neste livro, Alma foi notificada de que seria submetida a uma auditoria fiscal. Em suas palavras, eis como os anjos foram em seu socorro.

"Embora no início eu relutasse em invocar os anjos, a não ser que o teor da comunicação fosse claramente 'espiritual', fui informada em algumas transmissões de que os anjos gostavam de fazer contato e tinham prazer em colaborar. Ao saber da auditoria, minha reação inicial foi de indignação. Eu já havia sido submetida a uma auditoria antes e achei que o Departamento de Rendas Internas estava me perseguindo. Isso não era justo.

"Apelei imediatamente para LNO, a qual lembrou-me que a auditoria anterior tinha sido uma oportunidade para eu examinar minha honestidade e veracidade. Essa auditoria, assegurou-me ela, tinha sido uma oportunidade não apenas de demonstrar a minha integridade como também de aperfeiçoar a organização de meus registros contábeis.

"Obviamente, fiquei um pouco irritada. Então, jurando que ao término da auditoria o fisco deveria dinheiro a *mim*, iniciei a tarefa de reunir todas as informações relevantes para o exame. Em virtude de diversos adiamentos, passaram-se cinco meses antes que eu pudesse realmente falar com o auditor. Na noite anterior, eu justificara penosamente cada uma das minhas diversas fontes de receita.

"O trabalho correu bem e, quando eu não conseguia encontrar comprovantes e extratos bancários essenciais, simplesmente dizia: 'Está bem, anjos, agora é com vocês', e passava a procurar outra coisa. Duas vezes os documentos perdidos apareceram em minhas mãos. Sempre que esqueço onde deixei alguma coisa, simplesmente peço aos anjos que me ajudem a rematerializá-la. Muitas vezes os resultados são instantâneos; quando isto não acontece, posso concluir que existem outras coisas que ainda não consegui entender e que preciso captar a mensagem antes de encontrar o objeto perdido. Como não tenho nenhuma prevenção contra a auditoria fiscal, não havia motivo para que eu ocultasse informações de mim mesmo – tudo aquilo de que precisei foi encontrado. Isso foi uma intervenção dos anjos ou apenas um sinal de que Alma tornara-se mais organizada?

"Conversando com os anjos, pedi ajuda a eles para fazer com que a auditoria fosse realizada com rapidez e correção. Observe que eu não especifiquei como isso deveria acontecer. Quando reuni meus documentos fiscais, eu o fiz com a intenção de ter à mão tudo o que precisava para encerrar a auditoria numa única visita. Era difícil prever quais informações me seriam solicitadas.

"Quando fui conversar com o fiscal de rendas, ficou claro que a auditoria fora determinada por causa de um erro no computador. Uma hora depois, tinham me pedido desculpas e o caso estava encerrado. Ao me despedir do fiscal, fui levada a perguntar o seu nome. 'Rafael', foi a resposta.

"Consegui manter o rosto impassível e agradeci a ele e aos meus anjos. Chegando em casa, humildemente apresentei meus cumprimentos ao arcanjo.

"Talvez você esteja pensando que eu me preparei de forma tão completa para a auditoria que não precisei da intervenção dos anjos. Nesse instante, senti a presença e a ajuda dos anjos de duas maneiras: eu não estava ansiosa nem preocupada, como estivera na primeira ocasião, e, ao contrário da primeira vez, quando meses antes da data eu já estava obcecada pelo acontecimento, dessa vez eu não tinha dado a essa auditoria um momento sequer de reflexão. Todavia, quando me lancei à considerável tarefa de reunir as informações necessárias, as partes se encaixaram rapidamente.

"Invocar os anjos é uma maneira de declarar a minha intenção – a minha meta. Isto me ajuda a concentrar minha atenção e minhas energias, num determinado momento, no resultado que desejo criar. Então eu o libero – este é o grande segredo da manifestação – e deixo o universo fazer o resto. Perguntar aos anjos é a minha maneira de me certificar de que o meu propósito está sintonizado com o Desejo Superior. Sei que os anjos sempre irão servir à Luz. Convidá-los a participar da minha vida é convidar essa luz para brilhar sobre tudo o que faço."

Para derramar luz sobre a sua vida, é útil limpar primeiro as gavetas. O processo que se segue vai purificar a sua casa ou escritório e tornar a atmosfera muito mais acolhedora para os anjos. Você também pode adaptar este exercício para ser realizado dentro do seu carro.

218

Exercício 27:
Libertação do ar

Este processo "limpa o ar". Ventilar uma sala antes de abrir-se para os anjos é uma medida útil para ambas as dimensões. No nível físico, a ventilação de uma sala aumenta o nível de oxigênio, tornando mais claro o pensamento e estimulando a circulação sangüínea. No nível dos anjos, é de grande ajuda dispersar qualquer negatividade que possa prejudicar os contatos com os seres humanos.

1. Abra todas as janelas do cômodo ou da casa. Convoque os anjos do ar para entrarem e limparem o ambiente. Quando isso acontece, às vezes sopra um vento mais forte.
2. Se houver portas que possam ser abertas para outros cômodos, para criar uma corrente de ar, isto também deve ser feito. Como os anjos do ar também estão envolvidos com as condições atmosféricas, não se esqueça de observar como está o tempo antes e depois de efetuar o processo de purificação.
3. Adote uma atitude receptiva e fique atento para as mudanças que estejam ocorrendo na atmosfera – você vai saber quando o cômodo estiver purificado. Agradeça aos anjos do ar pela sua ajuda.

Descobrimos que este procedimento é útil quando estamos executando tarefas como limpar gavetas, arquivar papéis ou pagar contas. Certifique-se de ter prendido todos os papéis antes de fazer o exercício, para que eles não saiam voando pela janela!

Os anjos fazem isso a seu modo

Anne é uma agente de publicidade *free-lancer* e trabalha fora de casa. Embora não possa pagar ajudantes, pois está começando agora, tem uma equipe de anjos trabalhando com ela. Um dia Anne precisava colocar uma proposta no correio até as três da tarde para que esta fosse entregue no dia seguinte. Ela pediu aos anjos que eliminassem as filas do correio para que não tivesse de esperar muito. Quando Anne chegou para despachar a correspondência, o correio estava vazio.

Animada, Anne convocou os seus anjos novamente, da próxima vez que precisou comprar selos. Chegando lá, porém, havia uma longa fila. Por que o pedido tinha funcionado da primeira vez e não funcionava agora? Ela pensou nisso durante vários dias. Então, precisou ir novamente ao correio para determinar a quantidade correta de selos para um envelope. Ela não precisava de selos mas apenas saber a tarifa correta. Anne também tinha uma porção de outras coisas para fazer e um compromisso com um de seus clientes. Então decidiu tentar uma outra abordagem e, simplesmente, pediu que os anjos facilitassem as coisas, que a ajudassem a fazer o que precisava ser feito da maneira mais eficiente. Isto significava dar liberdade de ação – não especificar o que deveria ser feito.

Quando Anne chegou ao correio, viu que ele estava novamente lotado. "Anjos, dêem um jeito nisso!", disse ela, e saiu para cuidar de outros afazeres. Então, enquanto estava fazendo compras numa papelaria, ela viu uma balança de pesar papel. Anne pôs o envelope sobre ele, calculou a tarifa em função do peso, e, ao chegar em casa, pôde colocar a quantidade correta de selos no envelope.

Marcas deixadas pelos anjos

Foi uma simples coincidência? Essas coincidências são o que a nossa amiga Sara chama de "marcas deixadas pelos anjos". Os sinais dos anjos são sincronicidades e coincidências que têm um significado e nos trazem a sensação de que alguém tem os nossos melhores interesses dentro do seu coração. Sara vive numa remota área do Colorado, longe da cidade mais próxima. No começo deste livro você tomou conhecimento do modo como os anjos salvaram a sua vida. Foi ela que cunhou a expressão acima, ao nos escrever esta carta:

"Algumas marcas deixadas pelos anjos são tão sutis que passam quase despercebidas, a não ser que tenhamos o hábito de ficar atentos para elas. Um dia, por exemplo, eu estava esperando para pegar uma carona até a cidade com uma senhora que não se mostrara muito confiável no passado. No primeiro dia, ela faltou ao compromisso. Apesar disso, não fiquei zangada com ela, por alguma razão de que não me lembro agora. No segundo dia, ela apareceu demasiado tarde para que eu pudesse chegar a tempo aonde precisava ir. Mais uma vez, marcamos uma nova data para ir à cidade, dessa vez para a manhã seguinte. Nessa mesma noite, meu marido, que estava trabalhando fora, telefonou para me pedir que lhe mandasse imediatamente uma determinada ferramenta. Pude enviá-la no dia seguinte! Sinais deixados pelos anjos!

"Além disso, enquanto eu esperava pela carona, que estava novamente atrasada, chegaram pelo correio da manhã alguns livros que, conforme minha irmã me dissera, precisavam ser enviados a ela o mais rápido possível. Marcas dos anjos! Se tivéssemos saído mais cedo teria sido realmente um problema levar os livros e a ferramenta para despachá-los pelo correio. Todas aquelas "demoras" tinham um propósito. Aprendi a não me aborrecer quando os planos não dão certo. Eu apenas fico observando e esperando para conhecer a razão disso – e ela logo se torna evidente.

"Quando você tem vontade de ligar para alguém e a pessoa diz 'Eu estava mesmo precisando falar com você. Como foi que você adivinhou?', isto é uma marca deixada pelos anjos, embora você também possa chamar isto de percepção extra-sensorial. São a mesma coisa. Quando o livro 'certo' cai em suas mãos na hora 'certa', isso também são marcas deixadas pelos anjos!"

Se reservarmos alguns momentos para refletir sobre os inúmeros momentos de graça que já vivemos, será possível começarmos a enxergar um padrão de benevolente intervenção. Aquilo que tem sido chamado de segunda visão, de sexto sentido ou intuição poderia muito bem ser a voz de um anjo, mostrando-nos o caminho e nos ensinando a usar a sabedoria de que fomos dotados pelo Criador.

Invocar a atenção e a companhia de seus companheiros celestes cria oportunidades para a criação de mais "marcas dos anjos". Esses felizes momentos trazem-nos surpresas agradáveis e uma sensação de que as coisas estão correndo bem e existe harmonia na nossa vida. Para certificar-se de que os anjos estão ao seu lado, use o exercício abaixo.

Exercício 28:
O guarda-chuva angelical

Quando quiser o seu anjo particularmente próximo de você durante todo o dia, abra o seu "Guarda-chuva Angelical". Esta visualização pode ser usada quando você tem em mente uma determinada meta, como por exemplo uma prova ou uma entrevista importante, e quer permanecer calmo e concentrado. Ele também pode ser usado quando você quer simplesmente usufruir o prazer de ter por perto a companhia de um amigo querido.

1. Voltando-se para o Leste, abra os braços e diga: "Anjo, fique comigo." Feche os olhos por um momento e imagine o seu anjo de pé, bem atrás de você, com as asas começando a dobrar em torno do seu corpo. Repita esta invocação voltando-se para o Sul, para o Oeste e para o Norte. Observe se ao fazer isso você detecta alguma sensação no seu corpo ou na atmosfera a sua volta.

2. Quando tiver completado a invocação em todas as direções, sente-se e levante os braços, com as palmas das mãos voltadas para cima. Imagine o seu anjo sentado atrás de você, segurando um grande guarda-chuva com raios feitos de ouro. Embora não haja nenhum tecido cobrindo a estrutura do guarda-chuva, existem fileiras de gotas de luz dourada entre os raios, de modo que você se vê sentado sob o que parece ser uma gigantesca teia de aranha dourada, salpicada do orvalho celeste.

3. Através desta treliça de luz cai uma chuva de gotas de luz branca e dourada, envolvendo o seu corpo. Movimente os braços para sentir mais intensamente os efeitos desse guarda-chuva. Ao fazê-lo, diga: "Meu anjo está comigo." Repita isso tantas vezes quantas quiser.

4. Ao levantar-se, sinta o campo de energia criado por esse guarda-chuva especial. Imagine-o pairando sobre você durante o resto do dia.

Em qualquer momento do dia você pode dizer: "Anjo, fique comigo" e visualizar novamente o "Guarda-chuva Angelical". Ao contrário dos guarda-chuvas comuns, este não pode ser esquecido num ônibus ou cinema.

Susan usou o "Guarda-chuva Angelical" num determinado dia, quando precisava de 70 dólares para completar a quantia necessária para o pagamento do aluguel. O exercício diminuiu sua preocupação e ajudou-a a lembrar-se de que, em toda a sua vida, não importando o que acontecesse, ela sempre tinha conseguido se arranjar. Susan estava se sentindo mais tranqüila quando o telefone tocou. Era uma vizinha, perguntando se ela poderia cuidar do bebê durante o fim de semana. Susan estava disponível e concordou em fazer o serviço. Quando a mulher lhe deu o pagamento, Susan tinha os 70 dólares que faltavam.

Reciclando energia

Neste capítulo, estivemos discorrendo sobre o uso da energia positiva. Existe também a energia negativa? Sim e não. Se você visualizar a energia como algo que ocorre em cilindros compridos, semelhantes a salsichas, a energia positiva seria um cilindro reto, girando livremente, e a negativa poderia ser comparada ao que acontece quando as salsichas perdem a forma e ficam curvadas ou torcidas. A constituição básica de toda energia é a mesma, apenas a sua forma é diferente. Na verdade não existem dois tipos diferentes de energia, mas duas maneiras através das quais a energia pode se deslocar e fluir para criar a realidade. Se você tiver em vista a realidade da criação, a manifestação daquilo que você quer na vida, você vai querer se certificar de que sua energia é reta, concentrada e claramente dirigida.

222

Uma das lições que aprendemos no plano físico é que não podemos jogar o nosso lixo em qualquer lugar, que não podemos produzir objetos que não sejam recicláveis. Com a energia acontece o mesmo. Não podemos jogá-la fora negligentemente. Se o fizermos, poderemos estar poluindo o plano da realidade de outra pessoa, a qual, no momento, é invisível para nós. Você pode "endireitar" sua energia usando a técnica descrita abaixo. Assim como os produtos biodegradáveis são devolvidos ao solo na forma de adubos compostos, ao fazer este exercício a energia também pode passar por um processo de compostagem.

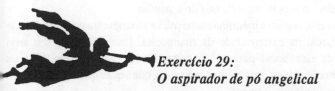

Exercício 29:
O aspirador de pó angelical

Esta visualização foi criada para ser feita com o seu anjo, com o propósito de remover de seu corpo físico e sutil as assim chamadas energias negativas ou torcidas. A intenção é eliminar as energias torcidas ou endireitá-las novamente, processo semelhante a uma reciclagem. Ao ser libertada, ela irá fluir suavemente através do universo e ser atraída para planos harmoniosamente ressonantes, sem causar problemas ao longo do caminho. Depois que isso acontece, ela pode ser utilizada na materialização de nossos objetivos pessoais.

Comece fazendo a "Meditação Básica de Ligação com a Terra" (pp. 104-107) ou a "Meditação de Centralização" (pp. 129-130). Depois, execute os seguintes passos.

1. Concentre-se no problema que você quer transformar. Ele pode ser uma parte de seu corpo que precisa de cura; um pensamento, sentimento, recordação, ou um desequilíbrio físico ou mental.

2. Feche os olhos e penetre realmente dentro do problema ou elemento que você quer eliminar. Não tenha medo de penetrar fundo no seu medo ou sofrimento. Quanto mais real isto lhe parecer, mais completamente será eliminado. Saiba também que parte daquilo que você pode eliminar é qualquer idéia que possa ter contra si mesmo no sentido de haver alguma coisa de errado com você, se *houver* alguma coisa de errado com você.

3. Em seguida, visualize o seu anjo flutuando acima de você. Deixe que essa imagem se torne mais forte. Sinta o seu anjo e o amor e o carinho que ele tem por você.

4. Observe que o seu anjo está segurando um curioso aparelho. Trata-se de um aspirador de pó projetado para remover essa energia torcida, em vez da poeira ou da sujeira. Ele pode ter a aparência de qualquer aspirador de pó que você conheça, ou ser diferente. Sinta-se livre para criá-lo em qualquer cor ou forma que lhe pareçam apropriadas. Ele pode ter uma aparência diferente cada vez que você for usá-lo. Ele tem um corpo e uma mangueira, como qualquer aspirador de pó comum. Todavia, além de um dispositivo de sucção, ele também contém um poderoso conjunto de ímãs. Eles endireitam as partículas de energia torcidas sugadas para dentro da máquina e, em seguida, expelem-nas pela parte de trás do aparelho.

5. O seu anjo segura a máquina numa mão e a mangueira na outra. Existe um bocal na extremidade da mangueira. Lentamente, o seu anjo aponta esse bocal para o seu corpo físico, para sua mente, seus sentimentos e/ou para o seu corpo sutil, quaisquer que sejam as suas necessidades de limpeza.

6. Quando o seu anjo passar o bocal sobre o lugar que você quer curar, ou nos pensamentos ou sentimentos que você quer eliminar, sinta e visualize feixes de partículas de energia torcida sendo capturados e sugados para dentro do tubo e do próprio corpo do aparelho. Dentro do aparelho, as partículas torcidas, que estavam provocando bloqueios dentro de você, estão sendo transmutadas e, depois, expelidas pela parte de trás da máquina, num feixe de luz brilhante, puro e reto.

7. Sinta como diminuiu qualquer dor, pesar ou confusão que você possa ter sofrido. Respire mais profundamente agora. Deixe-se ficar mais leve e liberte-se.

8. Caso tenha estado abrigando energia torcida durante um período muito longo, talvez demore algum tempo para que toda ela seja sugada. Pode ser que você precise repetir este processo.

9. Quando tiver terminado, agradeça ao seu anjo.

Como você está se sentindo agora? Levante-se, ande um pouco e verifique se está mais leve de corpo e de espírito. Reconheça o seu próprio valor por ter se interessado pela ecologia cósmica o suficiente para participar de uma reciclagem num nível multidimensional, pois o seu corpo não está separado do universo nem se trata da sua cura. Ao curar-se a si mesmo, essa cura vem em benefício de todos. No caso de se sentir um pouco confuso ou estranho depois de fazer este exercício, lembre-se de ligar-se à Terra e, talvez, de invocar um Anjo Renovador para ajudá-lo a passar para um espaço mais positivo. Limpar o seu corpo, trabalhar com as afirmações e manter uma atitude positiva vai ajudá-lo a conservar-se limpo por dentro.

Jennie é uma assistente social cujo trabalho exige que ela visite as casas das pessoas assistidas. Desde que aprendeu a técnica do "Aspirador de Pó Angelical", Jennie a tem ensinado nas casas de todas as pessoas que visita. "É espantosa a diferença que isso faz", contou-nos ela. "As pessoas estão visivelmente mais alegres quando as deixo."

E não fica nenhuma poeira debaixo do sofá!

Ao definir suas metas e analisar o que deseja em sua vida, você tem oportunidades para curar-se das crenças que limitam a realização do seu potencial. No próximo capítulo você vai aprender outras maneiras de curar com a ajuda dos anjos.

12

O trabalho com os anjos na recuperação e na cura

Quando convidamos os anjos para participar da nossa vida, começamos a compreender que todos os caminhos podem nos levar a Deus. A doença é um caminho que nos conduz ao despertar espiritual; a dependência de drogas também. Como se fossem alarmes, essas situações fazem tocar sinos de aviso para nos alertar de que estamos atolados ou fora do curso, e que só poderemos avançar no nosso caminho espiritual depois que acordarmos. Para progredir no nosso desenvolvimento, precisamos descobrir o bloqueio e eliminar a causa. Precisamos curar num nível profundo.

Criação da realidade

Um sinal de que estamos no caminho da Consciência Superior é o reconhecimento de que criamos a nossa própria realidade. Tudo o que trazemos para nos vida – e isto inclui situações que nunca sonhamos desejar! – é uma oportunidade, às vezes muito desafiadora, de adotar uma ação correta. Esta compreensão não implica nenhum sentimento de culpa. E, no entanto, quantas vezes fomos levados a nos sentir culpados por termos tido uma doença ou sido dependentes de drogas!

Os anjos nos dizem que tudo o que acontece na nossa vida é um ensinamento, uma lição. O câncer já é suficientemente mau sem que nos culpemos por ter desenvolvido a doença. Todavia, nós equiparamos doença a imperfeição. Quanto mais doentes, pior estamos. É aqui que a presença terapêutica dos anjos é tão importante, pois os anjos nos trazem uma amorosa aceitação, sem nenhuma crítica. Eles estão aqui para nos ajudar a encontrar uma solução para as doenças e problemas que trouxemos para a nossa vida e a recuperar o nosso equilíbrio. Com a ajuda de nossos anjos, aprendemos a abençoar a lição, em vez de amaldiçoar a nossa situação. E aquilo que abençoamos melhora.

Nenhuma culpa

A sintonia com os nossos anjos nos permite eliminar a vergonha e a culpa pela nossa condição e dar prosseguimento à cura. Em vez de tentar negar a doença, ou nos sentirmos mal em relação a ela, tomamos uma atitude responsável que irá nos libertar e curar. Quando trazemos os anjos para ficar ao nosso lado, nós nos tornamos receptivos para a maneira angelical de resolver uma determinada situação, sem nenhum sentimento de culpa ou vergonha. Não importa o que tenhamos feito, os anjos nos fazem saber que ainda somos merecedores de aprovação. Eles não nos criticam e, assim, quando nos juntamos a eles, aprendemos a não nos criticarmos. Isto libera uma energia que, então, pode ser usada na recuperação e na cura. Isto é verdadeiro quer estejamos lidando com câncer, Aids, dependência de drogas ou com qualquer uso abusivo de alguma coisa, seja no nível físico, mental, emocional ou sexual.

A perspectiva espiritual

Os anjos não nos curam. Eles nos ajudam a nos curarmos. A presença deles permite que qualquer um de nós, independentemente de qual seja a sua doença ou dependência específica, possa curar os seus sentimentos de solidão e distanciamento. Não estamos sozinhos. Depois de ligar-se ao seu anjo, você nunca mais se sentirá sozinho. E você também não precisará fazer a cura sozinho. Os anjos estão com você e fazem parte da sua equipe pessoal de cura, a qual pode incluir médicos, terapeutas e outros especialistas, além de membros de um grupo de recuperação. Assim como cada um desses auxiliares lhe dará uma determinada opinião ou irá sugerir uma determinada abordagem para a efetivação da sua cura, os anjos irão

227

ligá-lo a uma perspectiva espiritual, para que você possa compreender a importância e o significado da condição que você manifestou.

A origem das dependências

As dependências são causadas por sentimentos de desvalorização e todos os tipos de abuso provêm da falta de responsabilidade e respeito. Elas são sinais de falta de amor. O uso ou a prática abusiva de drogas, de cafeína, de nicotina, de sexo, de relacionamentos, de compras, de jogos e de comida é uma tentativa de preencher o vazio interior.

As dependências são técnicas de sobrevivência criadas para se lidar com as deficiências do amor. Quando uma criança não recebe o carinho de que necessita, ela cresce com um déficit de amor. Isto prejudica sua auto-estima e retarda o desenvolvimento de um amor sadio por si mesmo. Quanto menos você amar a si mesmo, maior a sua propensão para compensar de alguma maneira a falta de um sentimento de bem-estar. Isso assume a forma de comportamentos compulsivos ou de dependências, os quais estão em desequilíbrio com as dosagens corretas com que as coisas devem ser feitas. Quando não temos quantidade suficiente daquilo que necessitamos, nossa ação compensatória também será desequilibrada.

Caminhos para Deus

As dependências são o caminho escolhido por muitas pessoas para encontrar Deus. É o Eu Superior em ação, orientando a pessoa a agir da maneira que melhor atenda às necessidades da Alma. Considerando a existência da Aids, dos abusos sexuais e de outras passagens difíceis da vida, você poderia achar que esta é uma maneira muito cruel de se conseguir isso. Os nossos anjos nos dizem que a dureza ou severidade é proporcional ao nível de obstinação da alma – e, em última análise, da sua força. Pode-se tirar um pedregulho do solo com os dedos ou com uma colher de pedreiro. Para retirar um matacão, o melhor é usar dinamite.

Para quebrar o ciclo de dependência, a "dinamite" às vezes se manifesta na forma de um acontecimento dramático, como um acidente, uma doença ou uma catástrofe. Isso acontece com tanta freqüência que as pessoas costumam acreditar que a pessoa precisa chegar ao fundo do poço antes de poder começar a se recuperar. Embora este não seja necessariamente o caso, quando a "dinamite" explode é porque não existe nenhuma outra maneira de chamar a atenção da pessoa. O acontecimento funciona como um aviso de advertência.

O fim e o começo

Um desses avisos foi dado a Bill Wilson no inverno de 1934. Ele estava internado num hospital para alcoólatras, em Nova York. O médico havia lhe dito que, se não parasse de beber, sofreria danos permanentes no cérebro e sua morte seria iminente. Sozinho em seu quarto de hospital, mergulhado num profundo desespero e tendo lutado durante muitos anos para parar de beber, ele clamou pela ajuda de Deus. Subitamente, uma forte luz branca encheu o quarto. Para Bill Wilson, a luz era a Presença, um ser que o encheu de alegria e, tirando-o do desespero, levou-o para a esperança e a transformação. Ele nunca mais voltou a beber.

Muitas pessoas conhecem a história de Bill W., um corretor de valores, e do dr. Bob Smith, um cirurgião de Akron, Ohio, dois dos fundadores dos Alcoólatras Anônimos. Entretanto, quantas pessoas sabem da existência de um terceiro fundador, esse Ser de Luz? O que é um anjo? Bill W. não disse o que pensou que fosse. Quando ele pediu a ajuda de Deus, porém, surgiram um mensageiro, uma luz orientadora, que ele chamaria de anjo da guarda do AA e todos os programas de recuperação de doze passos nele inspirados. Talvez o Ser de Luz fosse Rafael, o arcanjo cuja especialidade é a cura. Caso esteja participando de um programa de recuperação, você pode pôr-se sob os cuidados de Rafael e de seus próprios guardiães.

Assim como o ser de luz apareceu para Bill W., o seu anjo da guarda também está aí para atuar como uma fonte terapêutica. Nesses momentos de medo e isolamento, quando você não sabe como encontrar uma saída, abra-se para o seu anjo e deixe esse amor, esse interesse e esse carinho penetrarem no seu corpo. Se você se livrou da sua dependência e tem medo de voltar para ela, convoque o seu anjo para preenchê-lo, sustentá-lo, apoiá-lo e dar-lhe a força de que você precisa. Você merece esse amor.

Se você der um escorregão, não se puna, não se entregue à autocrítica e ao sentimento de culpa, e tampouco se permita continuar a entregar-se ao seu vício. Peça para o seu anjo que o envolva em suas asas grandes e macias. Respire seu amor incondicional e tenha compaixão por si mesmo e pela sua condição. Compaixão significa aceitação amorosa, não das suas ações, mas de você mesmo. Você é amado pelo seu anjo do jeito que você é. O seu anjo não o julga nem o critica.

O programa angélico de doze passos

Caso esteja participando de um programa de doze passos, você pode ter os anjos ao seu lado durante cada etapa do processo. Você talvez queira voltar para o Capítulo 8 "Divertindo-se (O Oráculo dos Anjos)", e ler as descrições das diferentes espécies de anjos. Lembre-se também de pedir uma ajuda especial a

Rafael. Se estiver pronto para combater a sua dependência, considere a possibilidade de se juntar a um programa de doze passos na sua região. Existem grupos em todos as partes dos Estados Unidos, incluindo os Alcoólatras Anônimos, os Glutões Anônimos e os Jogadores Anônimos.

No *Passo Um* de um programa de doze passos você passa a perceber que é impotente contra a sua dependência, qualquer que seja ela, e que a sua vida tornou-se ingovernável. Este pode ser o passo mais difícil. Peça ao seu anjo para ficar ao seu lado e dar-lhe uma ajuda. Sinta o seu amor e você poderá vencer essa etapa e seguir em frente. Além de fazer isso, invoque também um anjo de cura para ajudá-lo.

O *Passo Dois* convida-o a acreditar que um Poder maior do que você pode restaurar a sua saúde. Você pode conceber esse poder como Deus ou como o seu *Eu Superior*. Qualquer que seja o seu sistema de crenças, o seu anjo é uma ponte para esse plano superior. Invoque-o para fortalecer a sua conexão. Invoque também um anjo da graça para interceder em sua vida e introduzir um pouco do amor de Deus no seu coração.

No *Passo Três* você decide voltar sua vida para Deus. Tendo conhecido o amor do seu anjo por você, agora você pode permitir-se cruzar a ponte da sua existência e obter um amor ainda maior. Além disso, um anjo modelador pode ajudá-lo a abrir-se para o plano universal maior.

O *Passo Quatro* requer que você faça um inventário moral da sua vida. Enquanto faz isso, invoque um anjo da informação para apoiá-lo, para ajudá-lo a rememorar sua vida e para lembrá-lo de coisas que possam ter sido bloqueadas ou esquecidas.

Em seguida, no *Passo Cinco*, você admite a natureza de seus erros para Deus, para si mesmo e para uma outra pessoa. Aqui, os anjos do equilíbrio irão ajudá-lo nesta difícil tarefa de recuperar a harmonia, eliminar os pensamentos negativos e os sentimentos que você vem abrigando, talvez há muitos anos.

No *Passo Seis*, você pede a Deus para remover os defeitos do seu inventário pessoal. Invoque um anjo reorganizador para ajudá-lo a fazer isto. Continue tendo em mente que você não precisa fazer todas essas coisas sozinhos. Este é o propósito de um grupo – incluindo um grupo do qual faz parte um anjo.

No *Passo Sete*, você está pedindo a Deus que o ajude a eliminar suas deficiências. Invoque um anjo da transformação para ajudá-lo nesta importante revisão. O trabalho não é fácil mas, depois de tudo, você conseguiu ir até o fim – você pode fazer isso.

No *Passo Oito*, você faz uma lista de todas as pessoas a quem prejudicou e dispõe-se a reparar o mal que lhes causou. Para este passo, você talvez queira invocar os anjos da renovação para lhe darem energia e, assim, permitir que você modifique seus velhos padrões de comportamento.

230

O *Passo Nove* consiste em compensar todas as pessoas da sua lista, a não ser que isso vá magoar a elas ou a outras pessoas. Aqui você pode invocar os anjos da ligação que tem compartilhado com todas aquelas pessoas, para que eles o ajudem a expressar-se da forma mais amorosa.

No *Passo Dez* você continua a fazer um inventário pessoal e a aprender a reconhecer prontamente seus erros, quando este for o caso. Neste esforço, você pode invocar um anjo da paz para ajudá-lo a perdoar a si mesmo e a desenvolver a serenidade.

O *Passo Onze* o convida a melhorar seu relacionamento com Deus, como quer que você o entenda. Invoque um dos anjos de sintonização para ficar ao seu lado durante a oração e a meditação e para ajudá-lo a tornar-se receptivo e a descobrir que cada momento de cada dia é um instante sagrado.

O *Passo Doze* o leva a compartilhar a mensagem do seu despertar com as outras pessoas e a praticar os doze passos em todos os aspectos da sua vida. Saiba que os anjos ambientais irão ajudá-lo nessa etapa. À medida que você for aprendendo a transformar num espaço sagrado todo lugar em que estiver, este passo vai se tornar cada vez mais fácil.

Roger (este não é o seu verdadeiro nome) trabalha numa locadora de fitas de vídeo. Em seus primeiros meses de temperança, ele estava indo aos encontros todos os dias e telefonando para o seu mentor todas as noites. Isso ainda não era suficiente para lhe dar o apoio de que necessitava. Se houvesse uma reunião ininterrupta dos AA, 24 horas por dia, ele estaria lá. Seu mentor o levou para uma de nossas reuniões e ele achou muito útil a Ligação com a Terra e a Libertação. Todavia, às vezes Roger parecia uma criança pequena atravessando uma rua perigosa. Ele queria segurar na mão de alguém.

A dependência de Roger estava chegando aos níveis de uma loucura. Se não estivesse numa reunião, estava pendurado no telefone falando com alguém. Ele simplesmente não queria ficar sozinho e já estava tendo dificuldades para encontrar amigos nos quais pudesse confiar. Numa reunião para os participantes de um de

nossos seminários sobre os anjos ele nos disse como estava se sentindo carente. Nós lhe dissemos que ele poderia ter os anjos ao seu lado em cada um dos doze passos, e isso deu-lhe o impulso de que necessitava para desenvolver o senso de segurança e camaradagem pelo qual tanto ansiava.

Recuperação através do Processo da GRAÇA

O Processo da GRAÇA pode ser muito útil na recuperação. Quanto mais ligado à Terra você estiver, mais você estará apoiado na realidade. Você talvez queira fazer a "Meditação Básica de Ligação com a Terra" (pp. 104-107) todas as manhãs ao acordar, quer você esteja ou não planejando conversar com o seu anjo. Greta faz isto todas as manhãs antes de seu *jogging*.

Use o "Exercício Básico de Libertação" (pp. 118-119) e peça ao seu anjo para ajudá-lo a se libertar de seus padrões de dependência. Como você já conhece o seu anjo, sua primeira pergunta a ele pode ser expressa em palavras como: "Anjo, ajude-me, por favor, a identificar o que está me impedindo de superar a minha dependência, para que eu possa livrar-me dela." Depois, faça a sua "Lista da Lavanderia Espiritual" e trabalhe com a libertação, concentrando-se na sua dependência.

Sempre que tiver medo, que se sentir inseguro ou duvidar da sua capacidade de modificar a sua vida, use os exercícios de Alinhamento do Capítulo 6 para passar para uma vibração superior. O amor e o medo não podem existir no mesmo espaço ao mesmo tempo – e quando você estiver com os anjos, não haverá lugar para o medo.

Conversar com os anjos pode lhe proporcionar revelações súbitas sobre a natureza da sua dependência e recuperação, iluminando seu comportamento de forma tão suave e amorosa que se torna muito mais fácil para você fazer as mudanças necessárias na sua vida. Todas as manhãs, antes de ir para o trabalho, Roger passa alguns minutos conversando com seu anjo e anotando o que tinha a dizer. Ele também acha muito útil reler esses registros de conversas espirituais, especialmente quando está desanimado.

Cinco meses depois de parar de beber, Roger enfrentou um desafio. Seu melhor amigo, Todd, ia se casar, e Roger ficou encarregado de preparar a despedida de solteiro. Christy, sua mentora, advertiu-o de que essa era uma situação perigosa – seus amigos gostavam de beber. Roger, porém, achou que poderia se controlar. Apesar de suas boas intenções, ele tomou um gole – e cedeu. Na manhã seguinte, estava envergonhado e sentindo-se culpado. Seu sentimento de desvalorização fez com que ele se isolasse do grupo de apoio que ele tanto se esforçara por desenvolver, incluindo o seu anjo.

Passaram-se dias antes que ele pudesse reunir coragem para falar com Christy, mas, quando o fez, ela lhe disse: "Não se recrimine. Simplesmente vá a uma reunião todos os dias." Ela lembrou-lhe a necessidade de pedir ajuda aos anjos e sugeriu que ele praticasse os exercícios de Ligação com a Terra e de Libertação, que ele havia aprendido no seminário. A Ligação com a Terra fez com que Roger se acalmasse. A Libertação ajudou-o a se livrar de boa parte de seus sentimentos de culpa. Depois de ficar sem beber durante uma semana, sentiu-se suficientemente digno para voltar a sintonizar o seu anjo. Suas conversas diárias ajudaram Roger a fazer "noventa em noventa" – comparecer a uma reunião dos AA todos os dias durante três meses. Ele ainda está usando o Processo da GRAÇA e, no momento em que estamos escrevendo este livro, falta pouco para completar um ano de abstinência.

Alimento angelical

Assim como o alcoolismo e a dependência de drogas, a ingestão excessiva de alimento é um vício que estimula um comportamento autodestrutivo. A comida é usada para recompensar e punir ao mesmo tempo. Se você come demais, é possível que acabe se sentindo mais culpado, desgostoso e envergonhado do que alguém que é viciado em álcool ou drogas. Embora não estejamos recomendando essas substâncias, o álcool e as drogas nos proporcionam um alívio temporário do importuno autocriticismo que motivou originalmente o seu uso. As pessoas ficam "alteradas" para se sentirem melhor a respeito de si mesmas, e o fazem temporariamente. Todavia, a maioria dos "viciados em comida" estão penosamente conscientes de sua voz negativa antes, durante e depois da comilança. Trata-se de um círculo vicioso: o ato de comer em excesso, deflagrado pelo desejo de reduzir o sofrimento, provoca mais sofrimento. Isto prossegue numa orgia de masoquismo e de desejos excitados e insatisfeitos. O coroamento de tudo: sentimentos de culpa.

Se você come demais, pode vir a ter um outro problema: excesso de peso. O seu vício torna-se evidente. Ele é uma fonte de embaraço e de humilhação e, no entanto, o problema original estimula o vício. Parece que não há nenhuma saída. Todavia, existe uma saída simples, embora não seja fácil. Amar a si mesmo. Fazer apenas dieta não vai resolver isso. Para voltar a se amar e a se aceitar, você precisa investigar a causa do excesso de alimentação e expor sentimentos de medo, raiva, mágoa, vergonha e auto-recriminação. Sempre que possível, esse trabalho deve ser feito com a ajuda de um profissional qualificado – um psicoterapeuta ou uma pessoa treinada para lidar com problemas de alimentação. É difícil fazer isso sozinho porque os comportamentos dos quais você se envergonha estão cercados de juízos críticos e de negações. É aqui que os anjos podem ajudar.

Uma das razões pelas quais os anjos gostam de participar da nossa vida é que eles não têm um corpo físico. O filme de Wim Wenders, *Wings of Desire*, contou a história de um anjo que se tornou humano para poder experimentar os prazeres da carne. Muitos de nós não se importariam de trocar o nosso corpo por outro mais "leve", principalmente quando subimos numa balança.

Vigilantes do peso alados

Embora os anjos não possam fazê-lo perder peso, você pode invocá-los para que eles o ajudem a se tornar mais receptivo e amoroso em relação a si mesmo, o que constitui a base de qualquer programa de recuperação bem-sucedido. Peça a seus anjos para ajudá-lo a tornar-se mais consciente a respeito da sua dieta e convide-os a acompanhá-lo quando você se sentar para comer, examinar o cardápio ou for comprar alimentos. Pense no que um anjo colocaria no seu corpo se quisesse mantê-lo leve e saudável. Com que rapidez um anjo mastigaria? Ele engoliria sofregamente os alimentos ou procuraria comer devagar, sentindo bem o sabor? Quando estiver correndo ou fazendo exercícios físicos, desenrole suas asas para se erguer. Um anjo se queixaria de ter de correr e fazer exercícios ou enviaria luz para os seus músculos, energizando-os e tonificando-os?

Além de invocar o seu próprio anjo companheiro, pode ser que você queira chamar também os anjos da cura. Você os conheceu no Capítulo 8 e talvez queira voltar para reler essa passagem. Eles irão encorajá-lo a ver que todos os seus atos podem ser um passo à frente no sentido de recuperar o seu corpo e restituir-lhe a saúde. Peça aos anjos para continuarem a lembrá-lo de que você decidiu melhorar a sua condição física.

Desejos? Chame o seu amigo angelical

Se uma forte desejo de ir para uma lanchonete ameaçar dominá-lo ou se uma perturbação emocional lhe der muita fome, lembre-se de se voltar para o seu companheiro celestial. Fique sentado calmamente durante alguns minutos e sinta a presença do seu anjo. Peça-lhe para entrar em seu corpo, para acalmá-lo e enchê-lo de uma sensação de paz. Ouça as palavras de consolo que ele possa lhe dizer. Deixe que ele o encha de amor e respeito por si mesmo. Peça-lhe para ajudá-lo a encontrar, para seus desejos relacionados com alimentos, um substituto

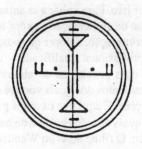

aceitável que irá realmente nutri-lo e satisfazer suas necessidades. O próximo exercício vai ajudá-lo a manter os anjos no foco de sua atenção.

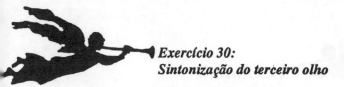

Exercício 30:
Sintonização do terceiro olho

A mandala é um desenho circular que simboliza o universo, a totalidade ou a integridade. Ela nasceu nas religiões orientais e é usada na centralização e na meditação. A imagem acima veio até nós por intermédio dos anjos. Ela foi criada para:

- ajudá-lo a equilibrar os dois hemisférios do seu cérebro (indicado pela barra transversal do centro);
- ajudá-lo a ligar-se à Terra (os dois triângulos representam o influxo de energia da Terra e do Céu); e
- ligá-lo à sua visão interior (representada pelos dois pontos) e com o seu corpo físico (representado pelo eixo central).

Esta mandala é uma maneira de você se alinhar visualmente com os seus anjos. Se quiser, pode copiá-la num outro pedaço de papel antes de começar o exercício.

1. Segure o desenho da mandala à sua frente, na altura do Terceiro Olho, bem no meio da testa, mas longe o suficiente para que você possa vê-la.
2. Continue a olhar para o desenho até que você o tenha memorizado.
3. Sinta-o estampado sobre o seu Terceiro Olho, na superfície da pele.
4. Feche os olhos e imagine que a imagem está pulsando na sua testa e penetrando na sua pele. Imagine-a como se estivesse tatuada em seu crânio, sob a pele. Visualize-a nas cores que você preferir.
5. Sinta essa imagem sendo irradiada a partir do seu Terceiro Olho, como um padrão de teste de televisão, emitindo para os seus anjos sinais que lhes dizem que você está preparado para entrar em sintonia com eles.

Você pode colar uma cópia desse desenho na porta da geladeira, no espelho do banheiro, no painel do carro ou dentro de uma gaveta de seu escritório, para lembrá-lo durante todo o dia da necessidade de se sintonizar, não apenas com o seu anjo, mas também com o seu objetivo.

Betty perdeu 25 quilos e precisa perder mais 15. Isto não é fácil e, quando se sente triste e solitária, ela muitas vezes pensa em ir até a esquina comprar um tijolo de sorvete. A mandala a está ajudando a lembrar-se de ter em mente as suas metas

– e a lembrá-la de pedir ajuda e amor aos seus anjos. Ela está indo a uma academia de ginástica três vezes por semana e também está fazendo seus exercícios espirituais, usando o Processo da GRAÇA.

Exercício 31:
Uma estufa angelical

Caso esteja se sentindo apegado a velhos hábitos, preso a seu corpo e esmagado por emoções negativas, você está na verdade pronto para crescer. A visualização seguinte vai ajudá-lo a reorientar a sua vida de uma maneira positiva.

Você pode fazer esta visualização sentado ou deitado, como preferir. Não se esqueça de tirar o telefone do gancho, para que não haja interrupções. Feito o exercício, dê a si mesmo tempo suficiente para que possa integrar plenamente os sentimentos de paz e cura.

1. Feche os olhos e respire profundamente. Relaxe e comece a eliminar qualquer tensão que possa existir no seu corpo. Sinta os seus músculos e ossos, sinta os seus órgãos internos. Fique em silêncio com o seu corpo, para que possa senti-lo pulsando de vida.
2. Imagine-se sentado no meio de uma grande estrutura cristalina semelhante a uma estufa. Você está rodeado de lindas plantas, de árvores e flores. Há um cardume de peixes de cores brilhantes e uma fonte iluminada com luzes nas cores do arco-íris.
3. Agora, expanda os seus sentidos. Você pode ouvir o barulho da fonte? Ouça os sons feitos pelos pássaros e a melodia dos ventos. Você pode sentir uma suave brisa afagando-lhe a testa? Sinta o cheiro adocicado do ar e a fragrância de lírios, cravos e rosas.
4. Sinta o seu anjo movendo-se em direção a você, emitindo uma brilhante luz verde-dourada. Suavemente, ele põe uma mão sobre o seu ombro e acaricia-lhe as costas e o seu rosto. Ao fazê-lo, sinta a sua luz curativa verde-dourada começando a encher também o seu corpo.
5. Experimente uma sensação de leveza em seu corpo, sentindo-se mais tranqüilo e fluido enquanto a luz verde-dourada penetra no seu corpo. Você está se tornando tão fundamental e lindo como todos os outros seres vivos que crescem na estufa angelical.
6. Agora o seu coração está cheio de luz verde-dourada. Ela penetra no seu sistema circulatório e entra em todas as células do seu corpo, do topo da cabeça até a sola dos pés.

7. Se houver algum lugar de seu corpo que necessite de atenção extra, peça ao seu anjo para colocar as mãos e as extremidades das asas aí, e abra-se para receber os amorosos toques e carícias e sentir os lugares doentes e doloridos se encherem de luz. Puxe para dentro de si força e consolo, cura e equilíbrio.

8. Quando se sentir inteiro e curado, agradeça ao seu anjo pela amorosa atenção dada ao seu corpo, à sua mente e espírito, e observe-o enquanto desaparece através da luxuriante ramaria.

9. Suavemente, readquira consciência de sua respiração e sinta-se em seu corpo e no lugar em que você estiver sentado. No seu próprio ritmo, volte para o estado normal da consciência.

Abra os olhos e olhe ao redor. Como as coisas lhe parecem e como você se sente? Levante-se, estique-se, flexione o corpo e volte a se movimentar. Ao fazê-lo, sinta-se resplandecendo com a luz curativa verde-dourada que combina o verde das pastagens e das árvores com o ouro da freqüência angelical.

Betty estava tendo dificuldade para livrar-se dos últimos 15 quilos. Como carregara tanto excesso de peso durante um tempo tão longo, ela realmente não tinha percepção do seu corpo. Ao fazer o exercício da "Estufa Angelical", ela sentiu um incrível fluxo de energia através do corpo, descendo e subindo pelos braços e pelas pernas. Ele era quente, causava uma sensação de formigamento e fez com que ela se sentisse mais feliz e animada. Ele a colocou pela primeira vez em contato com o seu corpo. A luz verde-dourada que circulava dentro dele a estava energizando. Esse era o impulso extra de que Betty necessitava para atingir sua meta.

Sempre que estiver precisando de consolo e harmonia você pode voltar para a sua cristalina estufa angelical.

As dimensões espirituais da cura

Trabalhar com os anjos não elimina, de forma alguma, a necessidade de se recorrer a profissionais da saúde. Todavia, isto pode facilitar o processo de cura no corpo sutil, o que representa uma importante ajuda para o tratamento que você estiver fazendo no mundo físico. Convidamos a doença para nossa vida quando não temos consciência da negatividade que abrigamos em nosso corpo e quando não sabemos como eliminá-la.

Pergunte aos seus anjos quais são as causas espirituais subjacentes ao desequilíbrio que você está sofrendo e o que pode ser feito para facilitar a sua eliminação. O problema pode desaparecer ou curar-se mais rapidamente se você compreender as suas causas. Ao pedir informações ao seu anjo a respeito de uma doença, faça a pergunta de forma a lhe dar ampla liberdade de resposta. Por exemplo: "O que há dentro de mim que precisa ser curado?", ou, "Quais as lições que esta doença está me ensinando?" Não pergunte "Devo fazer quimioterapia ou iniciar uma dieta de líquidos?" Perguntas cujas respostas podem ser sim ou não – perguntas envolvendo escolhas críticas – em geral são respondidas pela sua mente. E quando estiver doente ou viciado em alguma coisa, sua mente estará tomada pelo medo.

Eis o que o anjo de Leonard lhe disse, por exemplo, quando este lhe perguntou o que precisava saber a respeito de seus cálculos biliares: "Qualquer raiva mantida no corpo vai endurecer e bloquear o fluxo natural do organismo. Chegou o momento de você se livrar da sua raiva. Chegou a hora de você eliminá-la através do amor por você mesmo e pelas pessoas de quem você tem raiva. Você sabe quem elas são. Não há necessidade de dizer-lhes isto diretamente. Escreva-lhes cartas e não as envie. Confie em seus anjos para entregar essas mensagens. E confie no seu médico para fazer o resto. Além disso, você poderia tentar comer mais vegetais verdes."

A cura com os anjos

Quando mais palpavelmente você sentir a presença do seu anjo, mais fácil se torna para ele compartilhar sua energia com você. Quando estiver triste, cansado, mal-humorado ou sentir que precisa de cura, sinta o seu anjo envolvendo-o com as suas asas. O abraço do anjo pode ser ele próprio uma cura. E você pode trabalhar com o seu anjo de outras maneiras. Eis como faz Andrew: "Quando vou ao médico, peço para o meu anjo vir comigo. Sinto a sua presença no consultório médico e também a presença do anjo do meu médico. Ter consciência da presença deles harmoniza a situação e faz com que ela se eleve para uma freqüência superior. Isso facilita qualquer tipo de diagnóstico e tratamento.

"Durante minhas sessões de acupuntura, eu vejo e sinto os meus anjos pairando acima de mim, irradiando uma luz dourada através das agulhas. A sensação é maravilhosa e aprofunda a libertação e a cura."

Toda a ajuda que você puder obter

Quando estiver tomando uma decisão relativa a um problema de saúde, use todos os subsídios que estiverem à sua disposição, incluindo a opinião do seu médico, as experiências dos amigos e as informações fornecidas por organizações ou sociedades que trabalham com essa doença.

Recorra a seus companheiros celestiais para ajudá-lo a superar o medo, de modo que você possa escolher a cura que lhe seja apropriada em todos os níveis – físico, mental, emocional e espiritual. O início da doença e a aceitação e o reconhecimento do seu vício são o primeiro passo para a cura. Tendo o seu anjo ao seu lado, você pode aprender a acolher toda e qualquer manifestação como parte da cura. A invocação do seu guardião particular também vai inspirar-lhe uma atitude correta

238

um misto de compaixão e de compreensão, neutralidade e aceitação. Ao invocar os seus anjos, você se abre para o amor e esse sentimento promove a cura.

Se uma determinada parte do seu corpo estiver precisando de cura, invoque a presença do seu anjo companheiro. Veja-o e sinta-o irradiando uma luz dourada de cura partindo da ponta das asas e indo para a região afetada. Invoque também os anjos da cura e veja-os em torno da sua cama, trazendo-lhe amor e apoio. Você também pode pedir conselhos aos seus anjos a respeito de como lidar com esta situação no nível da energia. Precisamos dizer, uma vez mais, que isto não substitui a ajuda de um profissional de saúde humana. Em vez disso, a eficácia do tratamento é aumentada abordando-se o processo de cura a partir de uma perspectiva espiritual.

Se você estiver sendo submetido a qualquer tipo de tratamento médico, assegure-se de que a sala esteja cheia de anjos – os seus, os de todos os presentes e também uma legião de anjos de cura. Todas as vezes que precisar de cura, abra-se para o terapeuta que existe dentro de você. Tenha a consciência de que você não é uma vítima que necessite ser curada, mas um estudante. Ao entrar na sala de aula com os seus anjos, você energiza a oportunidade de aprender e ampliar a sabedoria que está chegando a você.

Na noite anterior a um tratamento de canal, Valerie sentou-se em silêncio e visualizou seu anjo enviando energia para o seu dente. Depois ela tomou duas aspirinas e foi para a cama. Durante sua visita anterior, o dentista havia tirado uma radiografia do dente em questão e lhe dissera que o tratamento seria longo e complicado. No dia seguinte, porém, depois de abrir o dente, o grave problema detectado pelos raios-X simplesmente não existia. O dentista pôde completar o tratamento em 20 minutos. O dr. Nathan ficou perplexo. Valerie estava grata. Ao chegar em casa, acendeu uma pequena vela, sentou-se novamente em silêncio e agradeceu aos anjos.

Anjos e medicamentos

Qualquer tipo de medicamento, vitamina, preparado mineral ou à base de ervas que você esteja tomando pode ser carregado e sintonizado com o seu corpo pelo seu anjo. Segure em suas mãos aquilo que estiver tomando. Invoque seu anjo e veja-o ou imagine-o tocando o frasco ou a embalagem com as suas asas. Veja a sua luz penetrando no conteúdo, energizando-o e sintonizando-o com o seu corpo para que não haja efeitos colaterais e o medicamento combine harmoniosamente com o seu organismo.

O Raio-X do amor

Se você conhece alguém que esteja doente, visualize essa pessoa rodeada de anjos que trazem a cura, numa aura de suave luz verde-dourada. Curar não é só

239

debelar uma doença, é mais do que isso. Curar significa "tornar-se inteiro" a cada passo do caminho que vai desde o nascimento até à morte. Às vezes, é através da doença e em meio a ela que nos tornamos inteiros. Voltar a ser inteiro pode acontecer de várias maneiras. E não se esqueça dos anjos da renovação. Você já os encontrou no Capítulo 8 e talvez queira voltar atrás e ler sobre eles mais uma vez. Por vezes, o que se afigura como uma doença constitui um diagnóstico errado de um caso de renovação.

O serviço de visita dos anjos

Quando visitar alguém doente, convide os anjos da cura para acompanhá-lo. Veja e sinta-os enchendo o quarto e deixe-os quando sair. Lembre-se de que eles só vêm quando são convidados. Se a pessoa com quem você estiver se mostrar disposta a ouvi-lo discorrer sobre os anjos da cura, compartilhe com ela aquilo que você sabe e conte-lhe como eles o ajudaram. Caso contrário, o melhor é não impor a sua experiência, embora você sempre possa abrir suas asas e encher o quarto com a energia dos anjos. Isto vai beneficiar todos os que entrarem no quarto, sejam médicos, enfermeiras, familiares ou amigos.

Uma terapeuta que trabalha com os anjos

A falecida dra. Cecelia Musso, de Nova York, era uma terapeuta inspirada, com excelentes credenciais. Ela era uma quiroprática especializada numa forma de tratamento chamada terapia sacro-craniana. Mas Cecelia fazia mais do que quebrar ossos. Ela trabalhava com os anjos.

Conversamos com Cecelia antes de seu falecimento e pedimos que nos contasse suas experiências, para que fossem incluídas neste livro. Seu primeiro encontro não foi com um anjo, disse ela, mas com um arcanjo – Miguel. Ele apareceu um dia, quando ela estava tratando de um cliente, e apresentou-se de maneira um tanto informal, dizendo estar ali para emprestar-lhe energia com o propósito de orientá-la, protegê-la e contribuir para o trabalho de cura que ela estava realizando.

O tratamento sacro-craniano envolve a aura e os corpos sutis e requer que o terapeuta seja muito sensível às freqüências superiores de energia. Como Cecelia via a si mesma como um canal para as necessidades do corpo de seus clientes, ela estava aberta para o domínio angelical. Ela fez uma clara distinção entre anjos e guias, sendo os últimos entidades que, contou ela, "ajudam as pessoas a passar pela vida". Uma das diferenças, observou ela, é que "a voz de um anjo é como a música mais doce". Algum tempo depois do encontro inicial com Miguel, ela começou a ver anjos flutuando pela sala durante suas consultas. Segundo Cecelia, eles apareciam de acordo com a necessidade do paciente. Se alguém precisava de um pouco de alegria em sua vida, apareceriam pequenos querubins, semelhantes àqueles que você vê no dia dos namorados, espalhando alegria por toda parte. O arcanjo Gabriel apareceu um dia, anunciando que estava ali para ajudar aquela paciente em particular. Ele projetou um raio de luz violeta que foi emitido pela região do seu plexo solar e incidiu sobre a mulher. Depois, ele instruiu Cecelia a dizer à sua paciente – que não podia ouvi-lo – que ela poderia usar a energia da cor violeta para curar a si mesma, coisa que a mulher continuou a fazer com grande satisfação pessoal.

Cecelia disse que os anjos "se pareciam muito com os seres humanos. Aqueles que vi eram geralmente masculinos, embora suas energias fossem claramente andróginas. Eles passavam da condição masculina para a feminina e retornavam novamente à primeira, mas eram muito fortes. Tinham uma força tranqüila e serena". Gabriel apareceu a ela como um jovem loiro; Miguel era escuro. Eles eram muito altos e usavam o que pareciam ser túnicas translúcidas.

E quanto às asas?, perguntamos. "Eles têm asas", respondeu ela, "mas não são asas de verdade. As asas dão a impressão de serem partes de seus braços e aparecem e desaparecem quando os braços são movimentados."

Cecelia relatou o caso de um jovem HIV positivo. Quando entrou em seu consultório, ele estava acompanhado por um alegre coro de anjos, que lhe disseram que estavam ali para terem, juntos, "uma grande aventura". Ela descobriu uma maneira de dizer ao seu paciente, que não parecia propenso a lidar com coisas de anjos, que no decorrer da terapia iriam passar, juntos, por "uma grande aventura". "Sim!", concordou ele, entusiasticamente, sem saber bem por que estava se sentindo tão bem. Pouco tempo depois ele se encontrou com o seu próprio anjo e agora está trabalhando ao lado dele para levar a luz do Espírito a outras pessoas que têm essa mesma doença.

Cecelia contou-nos que nem todos os seus pacientes estavam acompanhados pelos seus anjos. Nós lhe perguntamos se havia algum fator comum entre aqueles que estavam acompanhados.

"A bondade", disse ele, sem hesitação. "Quase todos estavam de alguma maneira servindo à humanidade."

A dra. Cecelia Musso ainda está trabalhando com os anjos.

A cura do coração

O coração é um órgão essencial para o nosso bem-estar físico, emocional e espiritual. Ele nos liga aos nossos anjos. Quando nos abrimos para eles, expandimos a nossa capacidade de amar e de ter compaixão. Todo mundo tem 'problemas" nessa área de vez em quando, tais como sentimentos de solidão,

mágoa, rejeição e culpa. Trabalhando com os anjos, podemos curar esses sentimentos e desenvolver a nossa auto-estima e uma maior aceitação de nós mesmos e dos outros. O exercício que se segue foi criado para ajudá-lo a curar o seu coração.

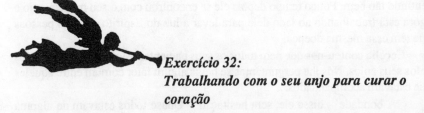

Exercício 32:
Trabalhando com o seu anjo para curar o coração

Para esta visualização, você vai precisar de duas cadeiras, uma de frente para a outra, e de um pouco de tranqüilidade para ficar sozinho com seu anjo. Não se esqueça de fazer a "Meditação Básica de Ligação com a Terra" antes de começar (pp. 104-107). Além disso, é melhor gravar as instruções numa fita para que você possa manter os olhos fechados durante todo o processo.

1. Sente-se confortavelmente numa das cadeiras. Feche os olhos. Comece a respirar de forma lenta e profunda. Relaxe os ombros e a testa. Abra as asas usando a técnica que aprendeu nas páginas 137-138.

2. Sinta a presença do seu anjo. Sinta-o sentado na cadeira diante de você. Sinta o seu anjo respirando com você e abrindo as asas para você.

3. Concentre sua atenção no seu coração e sinta-o batendo no centro do seu peito. Coloque as mãos sobre ele e sinta-o pulsando durante alguns minutos. Continue a respirar junto com o seu anjo, lenta e profundamente.

4. Sintonize-se com os sentimentos que deseja curar no seu coração. Sinta plenamente esses sentimentos.

5. Sinta o coração do seu anjo imediatamente ao lado do seu. Sinta-o e veja-o pulsando com uma luz cálida e alegre.

6. Partindo dessa luz pulsante que é o coração do seu anjo, um raio de luz começa a brilhar e incide diretamente sobre o seu coração. É uma luz terna e maravilhosa. Observe a sua cor. Sinta essa luz entrando no seu coração, aquecendo-o e preenchendo-o.

7. Seu coração se enche dessa luz. As paredes do seu coração e cada uma das suas quatro câmaras estão brilhando. A luz passa por todas as partes machucadas do seu coração, derretendo sua carapaça protetora e curando todas as suas antigas feridas.

8. Se houver alguma pessoa que você precise perdoar, irradie essa luz para ela. Imagine a pessoa recebendo essa luz de cura.

9. Deixe a luz interior derreter os sentimentos específicos que você vem abrigando e levá-lo para um lugar onde você possa perdoar-se por qualquer mal que tenha causado aos outros.

10. Deixe essa luz derramar-se a partir do seu coração e encher todo o seu corpo. Essa é a luz do amor angelical, e você agora está impregnado por ela. Ela transborda e se derrama a partir do seu corpo, rodeando-o com um radiante casulo de luz.

11. Agradeça ao seu anjo por essa dádiva de amor curativo. Tome consciência da sua respiração e de si mesmo sentado na cadeira. Quando estiver pronto, abra os olhos devagar.

Você pode repetir este exercício sempre que o seu coração lhe parecer pesado. Se houver um ferimento muito antigo ou profundo, poderá ser útil continuar repetindo o exercício durante alguns dias. Você também pode usar este exercício para tornar-se mais amoroso em relação a si mesmo.

Sandy leciona numa turbulenta escola municipal. A maioria dos seus alunos, quando aparecia, causava problemas com a disciplina. Sandy os chama de "revolta ambulante". Aos quinze anos de idade, eles parecem inadaptados à vida. Frustrada e desesperada, Sandy resolveu ensinar este exercício a uma de suas classes. Embora os alunos rissem o tempo todo, ela estava acostumada com isso e repetiu o exercício na semana seguinte.

Sem que isto lhe causasse muita surpresa, pois ela própria havia tido algum contato com os anjos, Sandy começou a observar mudanças em sua classe. Junto com o exercício, ela lhes passou uma tarefa: escrever a respeito daquilo que queriam curar na sua vida. O sofrimento relatado por eles deixou-a ao mesmo tempo chocada e comovida. Ela não havia pensado que eles confiassem nela o suficiente para serem honestos. Sandy continuou a repetir o exercício ao longo de todo o ano e até mesmo o diretor chegou a notar a mudança ocorrida na classe. Neste ano ela está ensinando todos os seus alunos a curar o coração.

Os anjos do nascimento e da morte

O nascimento e a morte nos proporcionam oportunidades para trabalhar com os anjos de maneiras profundamente curativas. Esses acontecimentos representam portas através das quais a alma entra e sai do corpo físico. De fato, elas são tão importantes para o universo que merecem um tipo especial de anjos, vindos de uma categoria superior. Flower A. Newhouse, que escreveu amplamente sobre os anjos no começo do século, sugere que os anjos do nascimento e da morte provêm das fileiras dos seres celestiais conhecidos como potestades. Esses anjos pertencem a uma faixa de freqüência que está acima do nível dos arcanjos e, até mesmo, acima dos principados.

Nas obras de arte da antiguidade, os anjos do nascimento e da morte freqüentemente eram representados por um raio. Newhouse nos diz que isso acontece porque as potestades usam uma carga elétrica para ligar a alma ao corpo, por ocasião do nascimento, e para libertar essa alma por ocasião da morte. As enfermeiras, que freqüentemente testemunham a morte, às vezes relatam ter visto uma centelha de luz no momento em que a pessoa deixa esta vida. Esses anjos do nascimento e da morte são extremamente bonitos e se apresentam rodeados por uma intensa aura de luz. Flower Newhouse afirma que eles são os últimos seres que vemos antes de nascer e o primeiro a nos dar as boas-vindas depois que morremos. Eles confortam e dão um sentimento de segurança à pessoa que está passando pela transição.

Na chegada

Muitos anjos acompanham o nascimento de um bebê. Além das potestades, do anjo companheiro da criança e dos anjos companheiros de todos os presentes, também estão ali os anjos de cura e conexão. Igor Charkovsky, o grande especialista russo em obstetrícia e pioneiro do parto subaquático, di que sente as mãos dos anjos assumindo o controle das suas toda vez que faz um parto.

Se uma pessoa estiver envolvida com um nascimento, quer testemunhando-o ou tendo um bebê, ela pode acentuar a participação dos anjos convidando-os para entrar no seu coração. Isso contribui para fortalecer o desejo e a intenção de que o nascimento seja tranqüilo para todos os participantes. Quando a pessoa abriga dentro do coração o melhor resultado possível, ela faz o papel de um músico em relação a uma orquestra – as "notas" que ela toca ressonam com os anjos para criar uma música harmoniosa.

Durante toda a gravidez e especialmente à noite, antes de irem dormir, Donna e seu marido Sal visualizaram os anjos derramando luz e amor para a criança ainda por nascer. Enquanto Donna estava em trabalho de parto, eles colocaram para tocar uma gravação da música favorita dos dois; no dia anterior, Donna colocara na valise uma imagem de um anjo. Sal colou-a na parede da sala de parto. Algumas horas depois do nascimento de Kirby, a enfermeira do turno da noite levou-o até Donna. "Eis o seu anjinho", disse ela. Donna pegou o bebê e sorriu. "Como você sabia?", perguntou.

Na partida

Assim como o nascimento representa o alegre ingresso numa vida cheia de lições que contribuem para o desenvolvimento da alma, a morte pode ser uma gloriosa passagem para a síntese e a compreensão, um avanço na evolução. Para muitos, a morte é a cura que a vida não proporcionou. Ela permite que uma alma que esteja estagnada ou que cumpriu sua missão possa passar para um nível mais elevado de desenvolvimento.

Nossa cultura perpetua a noção de que a vida é curta e de que a morte é eterna e deve ser temida. Esse não é o ponto de vista dos anjos. Eles nos dizem que somos almas imortais e que continuamos a nos desenvolver mesmo depois da morte.

Se você estiver próximo de alguém que está prestes a deixar o plano físico, você pode trabalhar com o seu anjo e com o anjo da guarda do seu amigo ou parente para ajudar essa pessoa a encarar a morte com mais tranqüilidade, sabendo que este é o próximo passo em sua jornada evolutiva. Peça aos anjos que o ajudem a compreender as necessidades do seu amigo no nível da empatia. Você saberá se convém ou não divulgar as palavras ou informações que vier a obter. Em alguns casos, aquilo que você recebe ao se comunicar com os anjos destina-se a elevar suas vibrações pessoais, de modo que você se transforme num instrumento mais sensível para o Poder Supremo.

245

Peça ao seu anjo para enchê-lo de luz quando você estiver com uma pessoa moribunda, de maneira que a sua presença possa ser tranqüilizadora – calma, franca e amorosa. Não se esqueça de usar as técnicas de Ligação com a Terra e de Libertação (pp. 104-107, 118-119) antes de entrar no quarto. Lembre-se de que embora você esteja lá para celebrar um passamento – e que é um privilégio testemunhar um – é também natural um sentimento de pesar. Peça ao seu anjo para ajudá-lo a expressar seus sentimentos de uma maneira que dê total apoio à pessoa que está prestes a fazer a transição. Enquanto estiver lá, torne-se mais receptivo para perceber mais plenamente os anjos e seres de luz ali presentes. Seu amigo talvez ache confortador saber que eles estão ali, se lhe parecer apropriado mencioná-los. Todavia, este pode ser simplesmente o momento de estimular seu amigo a falar sobre a sua vida.

Caso você esteja enfrentando a sua própria morte, pergunte ao seu anjo se existe alguma coisa que seja necessário terminar nesta vida e como você pode fazer isso. Sinta o seu anjo junto de você durante todo o tempo e relaxe na segurança do seu abraço. Cada vez que você se ligar à Terra, sinta os filamentos brotando do topo de sua cabeça e subindo cada vez mais em direção aos Céus. Se o medo se manifestar, faça a Libertação. Você verá que é ainda mais fácil sintonizar com o seu anjo porque agora você está mais perto dele do que jamais esteve desde que nasceu. Você pode conversar com o seu anjo durante todo o tempo enquanto se prepara para entrar no reino não-físico. Com alegria, o seu anjo irá levá-lo até a outra dimensão.

Trazendo a luz

Quando vamos chegando ao fim de nossa vida física freqüentemente nos tornamos mais receptivos às questões espirituais. Algumas pessoas têm experiências místicas que as deixam completamente serenas ou com uma luz interior que brilha a partir de seus olhos. Fred, o amigo de Andrew que tinha Aids, era uma dessas pessoas.

Quando chegou ao hospital, Fred não parecia estar doente. Ele era um cozinheiro-chefe, um herborista e um praticante de *shiatzu* que durante muitos anos tinha feito uso das técnicas holísticas de saúde. Pouco depois de ser internado no hospital, ele recebeu uma visita de um Ser de Luz. Ele lhe disse que um novo corpo tinha sido preparado para ele e estava pronto. Fred contou isto a Andrew pelo telefone, com um misto de admiração e realismo. Ele poderia ter superado a pneumonia e voltado para casa. Todavia, as palavras do seu visitante angelical eram claras e fortes. Fred sabia que não havia razão para insistir em continuar vivo. Ele não precisava submeter seu amante e seus amigos ao sofrimento de vê-lo desaparecer lentamente. Dois dias depois, Fred havia partido e voltado para a Luz.

Indo embora

Quando, por uma razão ou outra, o processo natural de morte não flui de forma tão suave quanto se esperava, os anjos da guarda às vezes intervêm para ajudar. Timothy recorda-se de um incidente incomum que aconteceu quando estava prestando as últimas homenagens a uma conhecida que acabara de morrer. Em suas palavras: "Foi uma morte extremamente inesperada. Jean ficara ligeiramente adoentada durante apenas alguns dias. Ela havia sido hospitalizada 'por precaução' e morrera algumas horas depois. Embora não a conhecesse bem, compareci ao velório um dia depois, numa elegante funerária da Avenida Madison, movido por um profundo sentimento interior de que a minha presença ali era necessária.

"Quando entrei na sala, pude ver o caixão logo na frente, com a tampa aberta para que a metade superior do corpo de Jean pudesse ser vista. Como estava sozinho, sentei-me no fundo durante alguns minutos, acostumando-me com o ambiente e chamando os meus anjos para que me mostrassem o que precisava fazer. Quando os meus olhos se acostumaram com a iluminação do ambiente, tomei consciência de um estranho fenômeno que parecia estar acontecendo acima e imediatamente em torno do caixão. No início parecia um vago bruxuleio, como se a própria realidade estivesse ondulando.

"Então, enquanto observava, pude ver um corpo transparente pairando no ar, cerca de 60 centímetros acima do caixão. Tive uma forte sensação de que Jean, a essência de Jean, ainda estava de alguma maneira presa ao corpo que tinha sido dela. Nesse momento, o meu anjo me disse o que fazer.

"Enquanto eu subia lentamente até a balaustrada, a luz bruxuleante ficou ligeiramente mais baixa e, como se estivesse tomando um ditado, falei as palavras que meu anjo, Alegria, me transmitiu. Pediram-me que me dirigisse a Jean com calma e segurança, esclarecendo-lhe o que havia acontecido e contando-lhe que ela morrera num período de grande confusão pessoal. Ela era uma mulher eminentemente prática, que não refletira muito sobre a vida após a morte – um conceito que ela provavelmente consideraria o cúmulo do absurdo. Ela não fazia nenhuma idéia do que estava se passando ou, na verdade, se estava dormindo, acordada, anestesiada ou sonhando.

"De alguma maneira, Jean deve ter confiado na minha voz, porque o bruxuleio passou a indicar menos medo. Continuei a falar com ela, acalmando-a e encorajando-a a buscar a Luz. Depois de alguns minutos, aquilo que me parecera um bruxuleio cessou completamente e, dentro de mim mesmo, tive a certeza de que a sua verdadeira essência havia partido e retornado à Luz. Quando voltei-me para sair, senti o mais doce sopro de gratidão encher-me de ternura."

Quando trabalhamos com os anjos no nascimento e na morte, nós nos abrimos para o amor e transmutamos o medo.

Caminhos para o coração

O domínio dos anjos nos abre novos caminhos para o coração e novas compreensões da Voz Interior, enquanto trabalhamos para alcançar o estado de Unidade com o Todo. Nossa percepção dos anjos nos torna mais indulgentes e amáveis, e revigora a nossa esperança e fé. Com base nos milagres cotidianos e nas alegres manifestações que ocorrem ao redor de todos nós, sabemos que os próprios anjos adoram ser conhecidos e gozar da nossa confiança. Eles gostam de ajudar, talvez porque sua ajuda contribua para nos proporcionar fé e confiança de que somos realmente amados pelo nosso Criador e de que Deus tem prazer quando prosperamos na vida.

13

O trabalho com os anjos em todos os nossos relacionamentos

Até aqui nós nos concentramos no seu relacionamento com os anjos. Agora que começou a se comunicar com eles você também pode aplicar as coisas que aprendeu aos seus outros relacionamentos. Quando dois ou mais parceiros trazem os seus anjos para fazer parte do relacionamento, a capacidade de transformação aumenta – conforme nós três podemos atestar!

Todavia, mesmo que nossos parceiros, amigos ou colaboradores não estejam em contato com os anjos, você sempre pode trabalhar com seus intermediários celestiais para melhorar a sua comunicação.

Assim como todos temos anjos pessoais designados para ficarem juntos de nós – anjos da guarda ou anjos companheiros –, todos os relacionamentos também têm anjos da guarda. Esses auxiliares celestiais pertencem a uma categoria de seres chamados anjos de Conexão ou Coordenação. Eles são descritos de forma mais completa em "Divertindo-se" (O Oráculo dos Anjos), na página 153. Todo casal e toda amizade tem um desses anjos. Uma maneira de imaginar os anjos de conexão é visualizá-los como uma galinha a cuidar de seus pintinhos: sua presença é terna e reconfortante, envolvente e segura. Como o campo de energia deles é maior do que o nosso, eles nos expandem, tornando possível para nós uma melhor comunicação com as outras pessoas. Seu enorme campo de energia contém a nós (e aos nossos anjos da guarda), o que torna seguro para nós uma certa dose de ousadia no campo dos relacionamentos sociais, sem nos deixarmos limitar pela hesitação ou pela timidez que possamos sentir em relação às pessoas.

Bons tempos e tempos de crescimento

Em todos os relacionamentos existem os bons tempos e as épocas em que os conflitos e problemas assomam à superfície. Embora essas ocasiões possam ser preocupantes, elas na verdade podem nos ajudar a crescer e a curar problemas que vêm nos acompanhando ao longo de toda a nossa vida.

Todo relacionamento em que nos envolvemos é baseado, em certo grau, nos primeiros relacionamentos que tivemos, aqueles com a nossa mãe e com o nosso pai. Aprendemos maneiras boas e ruins de nos relacionarmos com os nossos pais. Se examinamos o que não está funcionando num determinado relacionamento, com o objetivo consciente de identificar nossos padrões negativos, em vez de tentar provar que a outra pessoa está errada, temos a oportunidade não apenas de aprimorar o relacionamento como também de curar a nós mesmos. Quando trabalhamos com os anjos de conexão, expandimos a nossa capacidade inata para a felicidade e a comunicação. Se houver tensões ou mal-entendidos, a invocação dos anjos de conexão apara as arestas e prepara o caminho para a reconciliação.

O exercício seguinte apresenta você aos anjos de conexão, para que você possa falar com eles sempre que desejar um pouco mais de luz num relacionamento.

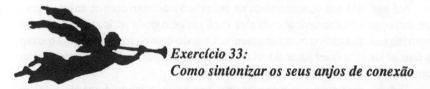

Exercício 33:
Como sintonizar os seus anjos de conexão

Se o seu parceiro, amante, amigo, colega de trabalho ou companheiro de classe também estiver em contato com os anjos, vocês podem fazer este exercício juntos. Caso contrário, sente-se em silêncio e imagine a outra pessoa ao seu lado. Você talvez queira gravar antecipadamente este exercício. Comece com a "Meditação Básica de Ligação com a Terra" (pp. 104-107) e execute os passos abaixo.

1. Feche os olhos. Sinta a presença do seu anjo da guarda, sentado atrás de você. Tome consciência da sua energia ou vibração específica.
2. Sinta o anjo da guarda da outra pessoa. Visualize-o sentado atrás da outra pessoa, quer ela esteja ou não fisicamente presente.
3. Quando tiver sentido o outro anjo, invoque a presença do anjo de conexão para o relacionamento. Muitas vezes essa energia vai se manifestar na forma de uma grande esfera englobando você, a outra pessoa e os anjos de ambos. Pode ser ainda que você o sinta como um outro ser sentado entre vocês dois, ligando-os um ao outro.

4. Sintonize-se com o anjo de conexão e deixe crescer a percepção da sua presença. Em que a sua energia é diferente daquela de seu anjo da guarda? Em que é semelhante? Ao explorar esta nova presença, saiba que ele está com você por causa do vínculo que existe entre você e a outra pessoa. Ele é o fio condutor da energia do que há de mais terno e harmonioso entre vocês.

5. Assim como você aprendeu a dialogar com o seu anjo pessoal, abra-se agora para o anjo da conexão, receba a sua energia e ouça as suas palavras. Faça qualquer pergunta, manifeste qualquer preocupação ou necessidade que você possa ter. Conserve-se aberto para receber seus conselhos e sabedoria – na forma de palavras, imagens, cores, sentimentos ou por qualquer outro meio através do qual eles possam chegar até você.

6. Se estiver fazendo o exercício com a outra pessoa presente, compartilhem suas experiências relacionadas ao encontro com o anjo de conexão. Isto vai ajudar a fortalecer o vínculo que existe entre vocês.

7. Se estiver fazendo o exercício sozinho, visualize a outra pessoa e saiba que o anjo de conexão vai influenciá-la delicadamente através do anjo da guarda dela.

8. Quando tiver terminado, agradeça ao anjo de ligação, aos dois anjos da guarda e também aos seus amigos. Uma vez mais, tome consciência da sua respiração. Quando estiver pronto, abra os olhos.

Sinta-se livre para entrar em contato com o anjo de conexão quando estiver num local agradável, a fim de expressar seu prazer e gratidão. Se o relacionamento se enfraquecer, lembre-se de fazer a reconexão. Você também pode usar este recurso quando estiver distante de familiares ou de amigos e quiser ligar-se a eles num nível energético. No ambiente de trabalho ou em projetos coletivos, este exercício pode ser muito útil e fazer com que as coisas corram de uma forma mais suave, eficiente e criativa, desde que os outros também tenham aprendido a conversar com os anjos.

Depois que Carol começou a invocar o anjo de conexão para o seu relacionamento com a mãe, o nível de tensão que existia entre elas reduziu-se consideravelmente. Quando desistiu de tentar ser a ''Menina boazinha da Mamãe'' Carol começou a descobrir a mulher extraordinária que é.

No teatro, além de produtores, diretores e artistas, muitas pessoas estão envolvidas numa produção – vestuários, maquiagem, iluminação, contra-regras e cenário. Seja numa audição, na prova do vestuário ou numa apresentação, Carol agora invoca os anjos de conexão para trabalharem com todos os envolvidos. Desde que começou a fazer isto, sua carreira começou a deslanchar.

Carol agora está participando de uma peça na Broadway, num papel de destaque, e acabou de ser indicada para o prêmio Tony. Embora tenhamos modificado o seu nome para proteger-lhe a privacidade, caso a tenha conhecido você saberá quem ela é.

Horas extras

Quando nós três trabalhávamos na revisão deste livro, Timothy estava no Novo México, Alma em Manhattan e Andrew no Brooklyn. Abigrael, o anjo registrador que cuidava da ligação entre nós, teve de fazer horas extras. Alma tem duas linhas telefônicas independentes. Em seis ocasiões, enquanto falava com Timothy ou com Andrew, o outro ligou. Dessa maneira, pudemos fazer uma conversa a três. Somos gratos a Abigrael e aos anjos da tecnologia.

Mesmo no melhor dos relacionamentos as coisas às vezes vão mal. Nem sempre é possível reparar um mal ou um erro de imediato, e pequenos incidentes podem agravar-se e fugir ao controle quando não recebem a necessária atenção. O próximo exercício pode ser útil naquelas ocasiões em que você não consegue se entender com a outra pessoa; ele vai preparar o caminho para a eliminação das diferenças e o restabelecimento da harmonia.

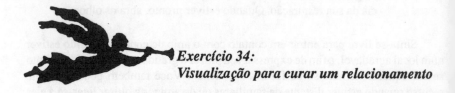

Exercício 34:
Visualização para curar um relacionamento

Para fazer esta visualização você vai precisar de duas velas e de um lugar isolado. Certifique-se de ter uma caneta e seu caderno de anotações à mão para o caso de querer registrar o que receber.

1. Acenda duas velas. Uma vela representa você; a outra, a segunda pessoa do relacionamento que você deseja curar. Ao acender as velas, diga: "Invoco o meu anjo para ajudar nesta cura. Invoco o anjo de (nome da pessoa) para ajudar nesta cura. Invoco a presença do nosso anjo de conexão."
2. Quando as duas velas estiverem acesas, diga: "Seguro este momento, esta cura e este relacionamento na Luz." Inspire e, ao expirar, visualize a cerimônia de cura ocorrendo no seu coração.
3. Visualize a outra pessoa. Veja-a tal como ela realmente é – boa, má, triste, engraçada –, como quer que você saiba que essa pessoa seja.

4. Quando tiver analisado as diversas facetas da outra pessoa, peça uma impressão do anjo dessa pessoa. Feche os olhos e deixe que essa impressão se forme na sua mente.
5. Convide esse anjo para compartilhar com você e com o seu anjo o que precisa ser feito para curar o relacionamento. Ouça e sinta a resposta dos anjos. Você poderá receber luzes, cores ou imagens, bem como ouvir palavras. Permaneça receptivo para as impressões que receber e não rejeite nenhuma por considerá-la tola ou absurda.
6. Quando a impressão desaparecer, agradeça ao anjo da outra pessoa. Depois, abra-se para receber as respostas do seu próprio anjo. Pergunte: "O que precisa ser feito para curar este relacionamento?" Uma vez mais, abra-se para receber o que quer que lhe seja enviado, sem fazer julgamentos.
7. Quando tiver recebido uma mensagem de seu anjo, pergunte ao anjo de conexão se existe alguma coisa que você precise saber.
8. Agradeça aos anjos e imagine um lindo presente que contenha as impressões e sugestões que recebeu. Imagine-se entregando esse presente à outra pessoa. Observe a reação dela.

Como estamos todos ligados, qualquer mudança no seu coração produzirá um efeito sobre o seu amigo, amante, marido, esposa ou colega de trabalho. Depois de fazer esta visualização, você poderá até mesmo descobrir que a outra pessoa toma a iniciativa de procurar melhorar o relacionamento.

Patti é secretária de um brilhante magnata muito conhecido nos círculos empresariais de Nova York. Ele também é muito rude e famoso pelo mau humor. Pouco depois de Patti encontrar o seu anjo, o patrão humilhou-a na frente de um

grande número de executivos, gritando com ela por causa de uma questão menor. Ele estava claramente agindo com arrogância porque Patti é muito competente naquilo que faz e não deixa de perceber nada.

Quando ela voltou para participar de um encontro com os anjos que fizemos algumas semanas depois no nosso seminário "Abrindo-se para os Anjos", notamos que sua costumeira vivacidade desaparecera. Patti nos contou o que tinha acontecido na semana anterior e sugerimos que ela fizesse a visualização da vela, invocando os anjos de conexão. Ela telefonou no dia seguinte. Patti tinha feito a visualização ao chegar em casa naquela noite e, quando entrou em sua sala, na manhã seguinte, havia uma dúzia de rosas de cabo longo sobre sua escrivaninha. O bilhete deixado pelo seu patrão não era exatamente um pedido de desculpas. Ele dizia simplesmente: "Patti, você é ótima."

Como se abrir para os anjos com uma outra pessoa

Uma das maneiras pelas quais você pode aumentar e expandir o prazer auferido com os encontros com os anjos é compartilhar o processo com uma outra pessoa. Trabalhar junto a outra pessoa para abrir-se para os anjos proporciona-lhe a energia extra que torna ainda mais fácil ouvir a voz do seu anjo da guarda. Em anos de experiência trabalhando com grupos, aprendemos que a presença de uma outra pessoa na verdade acentua as vibrações pessoais – e certamente atrai mais anjos!

Você pode compartilhar o Processo da GRAÇA com um amigo, parceiro, parente ou colega que também deseje fazer a conexão com os anjos. As mesmas técnicas que você aprendeu na Parte II foram adaptadas aqui para serem usadas com outra pessoa. Os exercícios de libertação (pp. 112, 114 e 118) podem ser usados tais como estão.

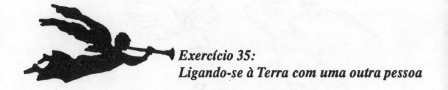

Exercício 35:
Ligando-se à Terra com uma outra pessoa

Crie a mesma atmosfera tranqüila e serena que recomendamos anteriormente, eliminando quaisquer distrações. Você vai precisar dos exercícios "Introdução à Ligação com a Terra" e "Ligação Básica com a Terra" (pp. 97, 104-107), que você gravou em fita. Sentem-se nas cadeiras, um de frente para o outro, deixando uma distância de 15 a 25 centímetros entre os joelhos de cada um.

1. Reserve alguns minutos simplesmente para ficar com a outra pessoa, com os olhos abertos. Conceda a si mesmo tempo suficiente para superar qualquer acanhamento ou juízo crítico que possa surgir.
2. Quando estiver pronto, ponha para tocar a fita "Introdução à Ligação com a Terra" e feche os olhos. Façam isso juntos.
3. Em seguida, façam a "Meditação Básica de Ligação com a Terra".
4. Quando tiverem terminado, contem um para o outro que tipo de rocha, planta ou animal vocês foram e o que sentiram nos outros chakras.

O compartilhamento de suas impressões e do que ambos receberam acentua o prazer. Isto dá mais vigor e torna mais real aquilo que aconteceu. Às vezes você poderá descobrir que ambos receberam as mesmas imagens ou imagens relacionadas com aquelas recebidas pelo outro. Isto é outra indicação de que estamos todos ligados e fazemos parte de Tudo o que Existe.

Quando Robert e Ellis compararam suas anotações depois do exercício, viram que Robert tinha sido uma grande rocha no meio de uma campina, rodeada de flores silvestres. Ellis tinha sido uma grande formação rochosa litorânea, batida pelas ondas. Eles descobriram que ambos receberam imagens de aves para seus animais. Robert viu-se como uma gaivota, pousada numa rocha rodeada de água, e Ellis era um falcão, voando sobre uma campina. Enquanto conversavam, Ellis lembrou-se de ter visto uma rocha grande e flores silvestres.

Depois que vocês dois tiverem feito a Ligação com a Terra e compartilhado suas experiências, façam a "Lista da Lavanderia Espiritual" e o "Exercício Básico de Libertação" (pp. 112-113, 118-119). Embora você e seu parceiro ou parceira possam ter diferentes coisas das quais queiram se livrar, este exercício é mais eficaz se ambos se libertarem dos mesmos problemas ao mesmo tempo, em voz alta, usando a respiração de forma tão vigorosa quanto possível. Com base em nossas experiências pessoais, podemos afirmar que nunca encontramos um problema com o qual não estivéssemos relacionados de alguma maneira.

Depois da Libertação vocês talvez queiram fazer uma pequena pausa. Levantem-se e andem um pouco, girem os ombros, balancem os braços e pernas, relaxem. Abram a janela e respirem um pouco de ar fresco. Vocês talvez queiram ouvir música ou dançar um pouco. Quando estiverem prontos para prosseguir, sentem-se novamente – a uma distância não maior do que 25 centímetros um do outro. O exercício seguinte vai ajudá-los a sintonizar suas energias antes de vocês passarem para o exercício "Abrindo-se para o Seu Anjo" (p. 142). Tal como nos outros casos, recomendamos que você o grave, fazendo uma pausa para seguir as instruções.

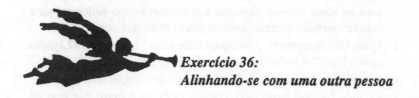

Exercício 36:
Alinhando-se com uma outra pessoa

Este alinhamento vai permitir que você e seu amigo liguem os seus chakras, criando um poderoso campo de energia para a comunicação com os anjos. Tenham à mão canetas e seus respectivos cadernos de anotações para registrar as experiências do processo de abertura que deverá ocorrer logo depois do exercício.

1. Fechem os olhos. Enviem raízes para a Terra e filamentos para os Céus.
2. Puxem a energia da Terra para cima, para o chakra Raiz, e a energia celestial para baixo, para o chakra da Coroa.
3. Quando sentirem claramente a energia em seus chakras Raiz e da Coroa, visualizem um feixe de luz emanando desses chakras e produzindo uma fina linha de ligação com os chakras do parceiro ou parceira. Sintam a luz fazendo a ligação entre cada um de vocês e os chakras Raiz e da Coroa do parceiro ou parceira.
4. Abram-se para receber o feixe de luz do parceiro ou parceira e sintam-no ligando-se aos seus chakras Raiz e da Coroa.
5. Depois que houver uma sólida ligação entre vocês, movam a energia da Terra para cima, para o chakra do Sexo, e a energia dos Céus para baixo, para o Terceiro Olho. Uma vez mais, visualizem um feixe de luz sendo emitido por esses chakras e fazendo a ligação com os mesmos chakras do parceiro ou parceira.
6. Recebam os feixes do parceiro ou parceira em seus próprios chakras.
7. Depois que tiver sido estabelecida a ligação entre os chakras Sexual e do Terceiro Olho dos dois participantes, desloquem uma vez mais a energia, desta vez para os chakras do Plexo Solar e da Garganta. Visualizem os feixes de luz fluindo a partir deles e ligando-se aos chakras do seu parceiro ou parceira.
8. Recebam esses feixes de luz em seus próprios chakras.
9. Enquanto as energias estiverem fazendo a ligação entre os chakras da Garganta, afinem-se um com o outro, produzindo o som *om*. Continuem fazendo a afinação até que ambos sintam o som ressoando em seus corpos.

10. Desloquem agora as energias da Terra e do Céu para os chakras do Coração e do Timo. Enviem um feixe de luz desse par de chakras para o mesmo par no corpo do parceiro ou parceira.
11. Recebam em seus chakras do Coração e do Timo os feixes de luz emitidos pelos chakras do parceiro ou parceira. Observe qual a sensação que você tem. Sinta-a tão profundamente quanto lhe for possível. Tenha consciência de que seus anjos já estão presentes e abra-se para sentir sua terna energia.
12. Quando estiverem prontos, abram os olhos.

Esta ligação com o parceiro ou parceira é ao mesmo tempo forte e suave. Fiquem juntos em silêncio durante alguns minutos para poderem sentir plenamente o prazer dessa sintonia. Mostrem-se receptivos para perceber a presença do seu anjo.

Rosie e Angie (que posteriormente reassumiu o seu antigo nome, Angela) conheceram-se num de nossos seminários sobre anjos. Quando decidiram fazer juntas este exercício, Rosie estava ansiosa e entusiasmada mas Angie sentia-se um pouco constrangida no início, visto que mal conhecia Rosie. Quando completaram o alinhamento, as duas jovens estavam tão radiantes que chegaram a se abraçar. Rosie, que é fascinada por astrologia, perguntou a Angie a data de seu aniversário. Era no mesmo dia que o de Rosie.

Quando estiverem prontos para passar para o exercício "Abrindo-se para o seu Anjo", escolham a pergunta que desejam fazer a seus anjos. No início, é recomendável que façam a mesma pergunta juntos; em outras ocasiões vocês talvez queiram fazer perguntas diferentes. Uma pergunta que tem se mostrado proveitosa é: "O que nos faz ficar juntos?"

Siga os passos do "Exercício 13: Abrindo-se para o Seu Anjo". Quando tiverem recebido suas mensagens, agradeçam aos anjos e compartilhem suas transmissões um com o outro. Vocês poderão descobrir que existem semelhanças entre o que cada um recebeu, entre palavras ou imagens idênticas. Pode ser também que elas tenham sido muito diferentes. Deleitem-se com elas e apreciem a mútua aliança que vocês têm com os anjos.

Pat e Felicia são amigos e gostam de freqüentar juntos muitos dos programas e seminários de consciência espiritual, tão populares em nossos dias. Ambos estiveram em contato com os seus próprios anjos durante algum tempo. Eles se encontraram num determinado dia, quando estavam sentindo-se um pouco deprimidos, e resolveram descobrir alguma coisa a respeito do que estava se passando. Eles fizeram a ligação com a Terra, esforçaram-se ao máximo para eliminar essa tristeza e abriram-se para os seus anjos. Eis o que aconteceu:

ANJO DE FELICIA: A tristeza liberta e expande o coração, para que ele possa nutrir e acalentar. Quando chora ou se sente triste você está num

257

espaço de rendição. Você se desloca para um plano superior ao da serenidade. A ternura existe em abundância. Nessa entrega você abre mão da capacidade de controle e se coloca num local mais aberto para receber amor, informação, inspiração criativa e mensagens. Você se permite ouvir as outras pessoas com mais confiança e a compartilhar mais coisas com elas. Seus medos e suas lágrimas o encaminham para a serenidade interior.

ANJO DE PAT: Chore terna e profundamente a sua tristeza e solte-se para conhecer a sua origem. Um copo d'água nutre sua garganta e flui junto com a energia dourada que penetra nas regiões mais profundas de suas emoções. Vá em frente; não pare antes que o suave toque da mudança se faça sentir na sua garganta e você conheça as palavras, o que elas representam, o que aconteceu, o que será do futuro.

Depois disso, ambos tornaram-se capazes de conviver com a tristeza de uma maneira nova e inteiramente diferente.

Invocação dos anjos para receber mensagens dirigidas a outras pessoas

Depois que tiver feito contato com os seus anjos você poderá se abrir para receber mensagens dirigidas a outras pessoas. Você pode fazer isso junto com amigos que também aprenderam a conversar com os seus anjos, ao mesmo tempo que eles, por sua vez, invocam os anjos ligados a você. Você também pode fazer isto sozinho – mas somente *mediante a solicitação da outra pessoa!*

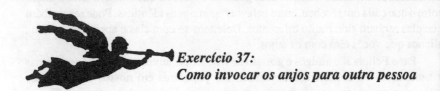

Exercício 37:
Como invocar os anjos para outra pessoa

Para passar por este processo você precisa ter feito os exercícios de Ligação com a Terra, de Libertação e Alinhamento. Tenha à mão uma caneta e o caderno de anotações.

1. Sente-se calmamente, com os olhos fechados, a cerca de 15 a 25 centímetros de distância de seu parceiro ou parceira.

2. Invoque o seu anjo e a presença do anjo do seu amigo. Peça a esses anjos que fiquem ao seu lado enquanto você se abre para receber informações que irão contribuir para o máximo bem possível de todos os envolvidos.

3. Crie uma imagem ou sentimento do seu anjo. Seja o que for que chegue até você, receba-o como uma manifestação da presença do anjo.

4. Agora, deixe manifestar-se uma imagem do anjo do seu amigo.

5. Com os olhos da mente, veja os anjos interagindo. Imagine-os saudando-se mutuamente. Como eles o fazem? Como se apertam as mãos? Eles ruflam suas asas? Dançam? Inclinam-se formalmente?

6. Traga a imagem dos anjos para dentro de seu chakra do Coração. Mantenha-a aí durante alguns instantes até começar a sentir um calor no coração e a presença do anjo.

7. Agora, coloque a imagem dos anjos no seu Terceiro Olho e, também neste caso, conserve-a lá.

8. Quando o Coração e o Terceiro Olho estiverem repletos com a energia dos anjos, abra os olhos e escreva a pergunta. Feche os olhos e repita a pergunta para si mesmo, imaginando que as palavras estão escritas no seu Coração e no Terceiro Olho.

9. Quando começar a ouvir palavras ou a receber impressões, abra os olhos e registre por escrito o que estiver recebendo.

10. Quando o fluxo de palavras cessar, lembre-se de agradecer a ambos os anjos.

Reserve alguns momentos para apreciar a energia que estiver à sua volta. Depois, leia o que escreveu. Se você concluir que o tom da transmissão é amoroso e compreensivo, se ela não der conselhos específicos mas bondosas orientações, e se achar que iria sentir-se confortado se você mesmo recebesse essa mensagem, compartilhe-a com o seu amigo. Se ela contiver censuras, ameaças ou recomendar com insistência ações específicas, existe uma boa chance de que a sua mente tenha interferido. Ponha isso de lado e peça outra mensagem. Os anjos não dão ordens; eles nos estimulam a fazer uso dos atributos de nossa mente, do nosso coração e do nosso espírito e a tomar decisões por nós mesmos.

Maria estava tendo muitos problemas com o namorado, José. Ele sempre a estava desapontando de alguma maneira – e ela volta e meia o apanhava dizendo mentiras. Ela confiou seus problemas a Josephine e pediu-lhe que perguntasse ao seu anjo, o anjo de Maria, o que deveria fazer. Josephine não tinha dificuldade em falar com o seu anjo mas não estava certa de poder fazer contato com o de Maria. Não obstante, estava disposta a tentar.

Josephine pediu a Maria para sentar-se com ela e executou todos os passos, ouvindo o exercício numa fita. Ela recebeu uma imagem nítida do anjo de Maria, que lhe pareceu muito diferente do seu. Depois, ela ouviu estas palavras:

ANJO DE MARIA: Maria gosta de ilusões. Ela prefere as ilusões à realidade. Isso acontece porque o seu relacionamento com o pai era tão doloroso que a fez retirar-se para suas fantasias, imaginando o mundo – e os homens – da maneira como ela gostaria que fosse. Maria nunca aceitou as coisas e pessoas tal como elas eram e sempre apegou-se às suas ilusões. É por isso que, sempre que José se mostra como realmente é, suas ilusões são desfeitas. Ela fica desapontada, começa a criticá-lo e sente pena de si mesma.

Embora estivesse surpresa, Josephine continuou a escrever, perguntando o que Maria precisava fazer.

ANJO DE MARIA: Maria precisa acabar com essa dança de desapontamentos, tanto com o pai como com os homens em geral, de modo que possa ficar com eles tal como realmente são, com seus defeitos e virtudes. Maria precisa saber que José não foi posto na Terra para fazê-la feliz e tampouco é responsável pela infelicidade dela. Quando Maria aceitar a si mesma de forma mais plena e parar de depender dos outros para ser feliz, irá descobrir o espírito brilhante e feliz que é.

Josephine leu a mensagem algumas vezes antes de resolver que poderia compartilhá-la com a amiga. Quando o fez, Maria começou a chorar. Era tudo verdade, disse ela, e a verdade a levara às lágrimas. Subseqüentemente, Maria fez as pazes com José e Josephine ensinou-a a entrar em contato com o seu anjo da guarda e a ligar-se aos anjos por si mesma. Embora o relacionamento entre os dois ainda tenha os seus altos e baixos, Maria passou a encará-lo de forma mais filosófica. Com a ajuda dos anjos, aprendeu a amar José exatamente como ele é.

Às vezes você pode ser tentado a invocar os anjos por alguém que não lhe deu permissão para tanto. Eis o que aconteceu com alguém que tentou.

Ira estava preocupado com seu sócio, Ralph, que parecia estar se afundando cada vez mais. Ralph bebia demais e agia de forma tão inapropriada que o negócio deles estava ameaçado. Ira resolveu invocar o anjo de Ralph. "O que posso fazer para ajudar Ralph a sair dessa?"

Ira não conseguiu receber uma imagem do anjo de seu sócio. Tudo o que viu foi uma densa nuvem cinzenta. Depois disso, ele se lembrou de que não tinha perguntado a Ralph se poderia fazê-lo. Se tivesse feito isso, Ralph teria rido na cara dele. Como Ira ainda queria receber alguma orientação, em vez de procurar contato com o anjo de Ralph, abriu-se para o anjo de conexão que velava pela sociedade

260

que existia entre eles. De repente, Ira percebeu uma presença terna e amorosa e, de forma bastante inesperada, sentiu-se muito relaxado. Depois de alguns instantes, ele "viu" o fim da sociedade e percebeu que poderia continuar sozinho. Embora nunca tivesse comentado isso com Ralph, ficou preparado e, quando a sociedade foi desfeita, alguns meses depois, pôde continuar com o negócio e cuidar dos detalhes legais sem sofrer nenhum prejuízo.

Você também pode fazer este exercício quando um amigo não estiver presente – todavia, como vimos no caso de Ira, somente se esse amigo tiver pedido para fazê-lo! Comece simplesmente com o passo 2, depois de ter feito a Ligação com a Terra, a Libertação e o Alinhamento. Quando começam a conversar com os anjos, muitas pessoas descobrem que é ainda mais fácil obter informações para outras pessoas. Isto acontece porque você não tem um interesse pessoal na resposta e a neutralidade sempre favorece a clareza.

Se quiser informações sobre seu relacionamento com uma outra pessoa e não tiver a anuência dela, consulte o seu anjo da guarda pessoal e o anjo de conexão desse relacionamento.

No capítulo seguinte você vai aprender a compartilhar os anjos com um maior número de pessoas – familiares, amigos e grupos de pessoas.

14

O trabalho com os anjos em grupos

Duas ou mais pessoas, trabalhando juntas, aumentam a quantidade de energia que pode ser concentrada num determinado problema ou situação. Acrescente a isso os anjos e você terá obtido uma combinação suficientemente forte para produzir milagres. Neste capítulo, oferecemos exercícios e exemplos de como as alianças com os anjos podem contribuir para a transformação e a cura de nós mesmos e de nosso mundo.

Os anjos nos dizem que determinadas radiações, emanações de resíduos nucleares e diversos dos principais poluentes do planeta são particularmente suscetíveis de transformação por meio de várias formas de alquimia espiritual. A visualização orientada é uma dessas técnicas espirituais e seu poder pode ser muito aumentado invocando-se os anjos para fortalecê-la com suas consideráveis energias.

Fusão de núcleo de reator atômico: como os anjos ajudaram

Um verdadeiro exemplo de um desses aparentes milagres foi testemunhado por Timothy em 1984, pouco depois de ele ter começado a trabalhar extensivamente com os anjos em projetos globais. Em suas próprias palavras: "Eu estava na Grã-Bretanha no inverno de 1983, passando algum tempo em Glastonbury, conhecida nas imediações por ser o chakra cardíaco da Inglaterra. Trata-se de um lugar muito poderoso e sagrado, com uma vigorosa comunidade espiritual.

"Rumores estranhos e apavorantes começaram a circular por volta de meados de dezembro. Aparentemente, a mãe recém-falecida (a morte ocorrera algumas semanas antes, creio eu) de um homem que morava na França, um francês que era um inveterado ateu, tinha aparecido a ele em sonhos, informando-lhe insistentemente que o núcleo do reator atômico da usina de Cape de la Hague iria se fundir. Ela deu as datas exatas: entre 16 e 18 de janeiro de 1984. As visitas noturnas tornaram-se tão inquietantes para o pobre homem que ele contou a algumas pessoas o que estava acontecendo. Obviamente, suas advertências foram recebidas com desdém, principalmente pelas pessoas que eram responsáveis e talvez pudessem ter feito alguma coisa a respeito – a comunidade científica.

"Felizmente, porém, entre os que ficaram sabendo da mensagem havia uma mulher que tinha contato com algumas pessoas que iriam encarar com muita seriedade essa situação – gente que acreditava em sonhos. Assim, as palavras chegaram até a comunidade espiritual de Glastonbury, Inglaterra. Logo descobrimos por que isso tinha acontecido. Assim como o corpo humano tem linhas de energia chamadas meridianos que fluem através dele, o mesmo acontece com o nosso planeta. Os grandes meridianos de energia terrestre, que se entrecruzam pela superfície do nosso planeta, são chamadas de 'linhas *ley*'. Glastonbury fica justamente sobre uma dessas linhas, que atravessa toda a França, cruza o Canal da Mancha e segue para o norte através da Inglaterra. Acontece que a usina nuclear de Cape de la Hague estava situada exatamente sobre essa linha *ley*. Embora ninguém soubesse exatamente o que isso significava, este fato certamente parecia encerrar algum presságio.

"Seguiram-se conferências e meditações. Foi invocada a ajuda de anjos e guias e desenvolvido um plano de ação. Foram enviadas pessoas para enterrar cristais de quartzo em pontos estratégicos ao longo da linha *ley* onde estava situado o reator.

"Chegado o dia previsto, pequenos grupos sentaram em profunda meditação, concentrando os desejos de seus corações na tentativa de orientar as energias atômicas e transformá-las, com a ajuda de nossos anjos, em emanações positivas.

"O resultado? Um tremendo impulso de energia regenerativa e harmonizadora aplicado em lugares importantes do ponto de vista do poder espiritual. Um sentimento, entre os participantes, de terem finalmente sido capazes de fazer algo de prático para restituir o equilíbrio e a harmonia do nosso planeta, e o relato de um menino de oito anos que diz ter visto, pairando sobre a famosa Glastonbury Tor, uma colina próxima da Catedral de Glastonbury, um pequeno grupo de resplandecentes discos voadores exatamente no momento da máxima transferência de energia.

"Isto funcionou? Não foi tudo apenas produto da nossa imaginação? As autoridades francesas têm alguma coisa a dizer?

"Bem, o núcleo do reator não fundiu em janeiro de 1984. Que aqueles que têm ouvidos possam ouvir."

Os anjos e o surgimento da consciência de grupo

Quando examinamos detidamente a que estado levamos o nosso planeta, tendemos a nos sentir esmagados pela incrível complexidade e interdependência de todos os fatores que precisam ser considerados na transformação global. Não admira que isto pareça tão impossível de conceber – ou de conseguir.

Tudo parece estar irrevogavelmente ligado a tudo o mais. Os golfinhos morrem no golfo do México por causa dos efluentes despejados por indústrias norte-americanas. Os buracos na camada de ozônio aumentam e diminuem de acordo com a marca de desodorante que usamos. Incêndios florestais ocorridos no Brasil afetam a qualidade do ar de Boston. A procura por afrodisíacos no Extremo Oriente está produzindo a extinção dos últimos rinocerontes da África. A lista é infinita e cresce a cada dia. Tudo isto parece demasiado complexo para comportar soluções simples.

Ou será que não? Será possível que exista uma solução simples bem diante de nosso nariz e que, no entanto, não conseguimos enxergar?

Os cuidados com o planeta começam em casa

A solução *é* simples. Ela está na capacidade de os seres humanos se interessarem e se preocuparem pelo que acontece aos outros. Como acontece em muitos outros casos, a responsabilidade começa em casa – com nós mesmos. Se não nos preocuparmos com nós mesmos, como poderemos nos preocupar com os outros?

Se nos preocuparmos, cada um de nós, em saber quem somos e qual o nosso verdadeiro propósito, e se nos preocuparmos um com o outro e com a vida em todas as suas formas – com as águas, o ar, as grandes florestas e com os animais – então todo o resto ocorrerá de forma muito natural.

Todos sabemos o que significa ser objeto da atenção e dos cuidados de alguém. Sabemos disso porque gostamos da sensação que isso provoca. Todavia, nós nos permitimos ser hipnotizados e esquecer de nos preocupar com os outros.

Somos entorpecidos e insensibilizados pelo medo. E é o medo que nos impede de nos preocuparmos com os outros.

Todavia, cada um de nós pode reverter por si mesmo essa tendência. Em qualquer momento, qualquer que seja a nossa disposição de ânimo, podemos começar a ter interesse e a nos preocupar com o que acontece à nossa volta, debaixo do nosso nariz. Se cada um de nós fizer e continuar a fazer isso, este simples ato vai produzir uma onda de interesse e preocupação que todos nós, no fundo do nosso coração, desejamos ver. Quando cada um de nós se lembrar de fazer com mais cuidado aquilo que temos de fazer e a fazer com mais freqüência as coisas que mais gostamos de fazer, então todos sentiremos imediatamente a grande diferença que isto faz para cada um de nós, individualmente, e para a humanidade como um todo.

Você poderá dizer: "Sim, a solução é simples. Entretanto, como poderemos chegar lá? Como poderemos aprender a nos interessar pelo que acontece aos outros ou ao planeta? Como poderemos nos lembrar de fazê-lo se nunca nos interessamos muito pelos outros ao longo de toda a nossa história?"

A resposta para esta pergunta também é simples. Os anjos vão nos ajudar a fazê-lo. Quando nos tornamos receptivos para os nossos anjos, nós nos abrimos para uma inesgotável fonte de amor. E, afinal de contas, não é o amor que todos estamos procurando?

O trabalho com os anjos em grupos

Existem duas maneiras através das quais os anjos trabalham ao nosso lado para promover a cura e a transformação global. A primeira é através da contribuição direta, compartilhando conosco conhecimentos que nos permitirão dar um passo a mais no desenvolvimento da tecnologia, da cultura e da consciência. Isso acontece sempre que nos abrimos para os nossos anjos e começamos a dialogar com eles. A segunda maneira decorre do fato de que, ao compartilharmos sua energia, nós seres humanos passamos para o estágio da consciência coletiva – tornamo-nos um só coração e uma só mente.

Os anjos são ao mesmo tempo indivíduos e seres coletivos. Durante séculos nós, seres humanos, temos nos esforçado para promover o equilíbrio entre nossa individualidade e nossa natureza coletiva. Embora na maioria das culturas o indivíduo tenha sido subordinado à coletividade, nos últimos séculos temos visto um crescente interesse pelo Eu superior, às vezes em oposição à comunidade e às vezes à custa da comunidade, seja ela uma família, uma cidade ou uma nação.

Quando ficamos com os anjos, sempre que recebemos sua energia nós absorvemos por osmose parte da capacidade que eles têm de serem exatamente quem são, em harmonia com o todo – em harmonia com Tudo o que Existe.

Os participantes de nossas reuniões chegam com diferentes crenças. Ao invocar os anjos, que constituem um traço comum a tantas tradições religiosas, eliminamos todas essas diferenças e criamos um terreno comum, um campo unificado de consciência. A energia deste campo é mais profunda e mais ampla que qualquer outra que um indivíduo seja capaz de produzir. Envolvidas por esse campo, que é mantido pelo anjo de conexão do grupo, torna-se muito fácil para as pessoas encontrarem os seus próprios anjos.

Reunidas neste campo, as contribuições de cada uma criam uma sabedoria e uma visão que nenhuma pessoa poderia criar sozinha. Cada indivíduo conta uma parcela a mais da história da humanidade; cada um encerra uma parte do sonho que todos precisamos ouvir. De vez em quando alguém expressa um pensamento usando exatamente as palavras que outra pessoa estava para dizer. Isto é uma coisa revigorante e tranqüilizadora. A pessoa se sente completamente compreendida. Não importa de quem é a boca de onde saem as palavras; fala-se aquilo que precisa ser dito e você fica sabendo, com um tremendo alívio, que não precisa fazer tudo por si mesmo. Você não está sozinho.

Em nossos seminários descobrimos repetidas vezes que ocorrem coisas extraordinárias quando as pessoas se reúnem na companhia dos anjos. As pessoas riem, sentem pesar, bondade e, algumas vezes, medo – não obstante, tudo isso está contido na alegria proporcionada pelos anjos. O mesmo aconteceu quando estávamos escrevendo este livro. Se algo precisa ser feito, sempre há um de nós pronto para fazê-lo. Quando um de nós não consegue avançar, outro abre caminho. E assim prosseguiu o trabalho, passando acima, abaixo, em torno e através de nossos bloqueios individuais tão logo permitimos novamente a entrada da alegria.

Quantas pessoas sonharam com o acidente nuclear de Chernobyl mas não tiveram ninguém com quem compartilhar seus sonhos? Quanto maior for o número de pessoas que se abrem para os nossos anjos, trabalhando com eles em grupos, vão sendo criadas comunidades tão receptivas como a de Glastonbury, capazes de atuar em harmonia com os anjos para evitar desastres.

Anjos e grupos familiares

Dois amigos que se sentam juntos em companhia de seus anjos conseguem influenciar o mundo. Famílias que se abrem para os anjos conseguem influenciar o mundo.

Os nossos anjos nos dizem que, ao longo da história do nosso planeta, houve culturas que se tornaram conscientes dos reinos celestiais de uma maneira tão sincera e tranqüila que puderam trabalhar com eles durante muitos séculos. Entre outras formas, isso foi alcançado através das famílias.

266

Às vezes, porém, quando uma família toma consciência do seu anjo, quem sabe chegando até mesmo a vê-lo como um deus doméstico, o anjo se retira. Conforme temos visto, os anjos não gostam de ser adorados. Todavia, se for possível conservar um equilíbrio – como aconteceu, segundo nos disseram, na grande cultura minóica, que floresceu na ilha de Creta durante cerca de cinco séculos, sem guerra, por volta do ano 2000 a.C. –, então uma civilização altamente desenvolvida pode surgir.

Seus familiares – aqueles que estiveram abertos para essas questões – gostariam de reunir-se para entrar em sintonia com o anjo da guarda da família? Em tempos de grande tensão e de crises como doenças ou morte, a sintonia com o anjo de conexão da família vai facilitar a cura e a comunicação. Se você estiver se mudando, esperando um bebê ou prestes a celebrar mais um feliz rito de passagem, deixe que o anjo da família junte-se a vocês nessa celebração.

Tina e suas cinco irmãs e irmãos cresceram em São Francisco. Agora eles moram em diversos lugares, que vão desde o Havaí até o Maine. Todavia, todos eles estão abertos aos anjos e todos os domingos, no mesmo horário, onde quer que estejam, sentam-se em silêncio durante 15 minutos e entram em sintonia com o anjo da família. Ao fazer isso, eles ficam tão sintonizados uns com os outros que, quando Tina entrou em trabalho de parto, todos os seus irmãos ligaram para ela no espaço de uma hora.

Se ao ler este livro você descobriu que ter uma ligação com anjos é algo positivo para você, compartilhe essa impressão com seus amigos e familiares. Lembre-se, contudo, de que você pode trabalhar com os anjos em grupos mesmo se ninguém mais tiver lido este livro. Quando vocês se reunirem para tomar as refeições, por exemplo, sinta a presença do anjo da guarda de cada um e a presença do anjo que cuida de toda a família. Você pode invocar esses seres em voz alta ou simplesmente para si mesmo, e agradecer-lhes por cuidar de vocês.

Pouco depois de ter participado do seminário sobre anjos, Allan compartilhou com sua família aquilo que aprendeu. Agora, quando se sentam à mesa de jantar, todos os membros da família se detêm durante alguns instantes para agradecer a presença dos anjos.

Trazendo-os para o mundo

Você pode fazer a mesma coisa na escola e no seu ambiente de trabalho. Logo ao chegar, sinta a presença dos anjos companheiros de todos os seus colegas de trabalho ou estudo e sinta a presença dos anjos que velam pelas lojas, pelas indústrias, pelo escritório ou pela escola. Em conferências e reuniões, invoque os anjos de todos os presentes – e também os anjos de conexão.

Allan ainda não chegou a ponto de compartilhar suas experiências com os homens que emprega em sua loja, mas quando chega no trabalho invoca os anjos. Ele notou que agora o número de erros cometidos parece ser muito menor e que o trabalho está sendo feito dentro do prazo, um acontecimento raro em seus 30 anos de experiência no ramo. Ele nos conta que, através do seu anjo, desenvolveu um instinto para aprender o que precisa ser feito antes que algo dê errado.

Todas as pessoas têm um anjo da guarda e são influenciados por eles de maneiras que não conseguem entender. Você talvez queira colocar a imagem de um anjo na sua escrivaninha ou quadro de avisos. Isto é suficiente para produzir um profundo efeito em todos os que a virem. E você não precisa dizer nada a ninguém sobre isso.

Quando estiver numa fila de banco ou esperando um ônibus, sinta a presença dos anjos e convide-os para se aproximarem. Pense em si mesmo como um elo entre o Céu e a Terra. Onde quer que você esteja, o que quer que esteja fazendo, em qualquer momento do dia ou da noite, ao abrir-se para os anjos você está fazendo a sua parte para transformar o nosso mundo através da bondade e do carinho.

Para aprofundar ainda mais esta transformação, nós lhe oferecemos um processo criado para um grupo. Ele é suficientemente simples para que qualquer um possa fazê-lo, independentemente de terem ou não feito contato direto com os anjos. Embora você possa fazer este exercício com apenas mais uma pessoa, sugerimos que você trabalhe com pelo menos mais duas pessoas para fixar com segurança a energia dos anjos neste mundo. Se os membros do seu grupo souberem alguma coisa a respeito do chakra do Timo, convide-os para sentirem que a teia de energia liga todas as pessoas do círculo, de Timo a Timo.

É de grande ajuda colocar cristais ou pedras que sejam especiais para você, uma vela, uma flor ou outros objetos significativos no centro de um círculo, para criar ao mesmo tempo um altar e uma lente destinada a concentrar a energia do grupo. Uma fotografia da Terra ou um globo também são muito apropriados.

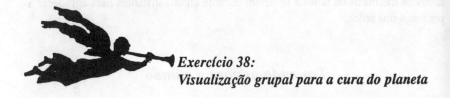

Exercício 38:
Visualização grupal para a cura do planeta

Enquanto o grupo se reúne num círculo, de pé ou sentado, convoque os anjos companheiros de cada pessoa para ficarem atrás dela, com as asas abertas, de modo que haja um círculo de pessoas no centro e um círculo de anjos de fora, envolvendo-as. Grave antecipadamente o exercício ou peça a alguém que o leia.

1. No círculo, dêem-se as mãos com a palma da mão esquerda – a mão que recebe energia – para cima, e a da mão direita – a mão que transmite energia – para baixo. Esteja consciente da presença do seu anjo atrás de você.

2. Use o seu Coração como uma estação para receber energia e fazê-la se deslocar em torno do círculo. Ao sentir a energia chegando através de sua mão esquerda, por intermédio da pessoa que também está à sua esquerda, puxe-a para o seu braço e ombro e deixe que ela penetre no seu Coração. Em seguida, envie a energia para o seu ombro direito e, depois, para o seu braço direito e libera-a, através de sua mão direita, para a mão da outra pessoa.

3. Sinta a energia deslocando-se em torno do círculo ao longo de toda esta visualização e deixe a expiração sair através da sua boca, fazendo um barulho muito suave. Este som pode ser usado para controlar a respiração do grupo, de modo que todos os que estão no círculo respirem de acordo com o mesmo padrão. Esteja consciente da presença dos anjos companheiros das pessoas que estão ao seu lado.

4. Enquanto a energia gira em torno do círculo, imagine os anjos pairando sobre o grupo, com as asas estendidas, criando uma abóbada sobre todos vocês.

5. Mantendo a energia em movimento, visualize uma imagem da Terra no centro do seu círculo. Veja-a suspensa no espaço, linda, viva e sagrada.

6. Concentre sua atenção nas massas de terra, nas árvores e na vegetação. Crie imagens de luxuriantes florestas tropicais e árvores sadias em todo o planeta. Veja o solo, rico e fértil. Com o seu Terceiro Olho, irradie diretamente para o centro do círculo a imagem das florestas e do feliz planeta Terra. A partir do seu Coração, irradie a energia do seu mais profundo amor. Peça ao seu anjo para orientar sua energia para os lugares corretos.

7. Concentre agora sua atenção nas águas dos planetas – os oceanos, rios, lagos, fontes e reservatórios. Imagine-as limpas, transparentes, faiscantes e livres de detritos. Através do seu Terceiro Olho, irradie o desejo mais profundo do seu Coração no sentido de que as águas sejam novamente limpas, puras e energizadas. Irradie amor a partir do seu coração. Peça ao seu anjo para ligar sua energia às energias das águas.

8. Ao enviar a energia de cura para as águas do planeta, imagine as baleias, os golfinhos, os leões marinhos, os peixes e todas as outras espécies aquáticas nadando livres e felizes em águas limpas. Visualize os corais, as algas, as florestas de plantas marinhas e todos os outros seres vivos das profundezas vivendo sadios e bem alimentados.

Irradie essa imagem – através do seu Terceiro Olho – e esse desejo – a partir do seu Coração – para a Terra, no meio do seu círculo. Depois, pense nos animais e aves do nosso planeta. Imagine-os sadios e robustos, com os pêlos e penas brilhando. Peça ao seu anjo para dirigir suas energias para todas as espécies que precisem dela, enquanto você irradia essa visão e envia o seu amor.

9. Agora, imagine o céu azul e o ar limpo e puro. Ao fazê-lo, inspire a imagem e depois a expire, enviando-a para dentro do círculo através do seu Terceiro Olho. Faça contato com o desejo do seu coração por um ar limpo e saudável e envie uma explosão de energia para dentro do círculo, dirigida para a Terra. Peça ao seu anjo para ajudá-lo na limpeza.

10. Por fim, projete um feixe de luz, de amor e gratidão diretamente para a sua imagem da Terra, a partir do seu coração. Veja a Terra começando lentamente a girar, absorvendo a luz. Veja as águas limpas e brilhantes, a terra fértil e as florestas luxuriantes, o ar puro e cristalino, todas as espécies prosperando. Peça ao seu anjo para ajudá-lo a transformar essa imagem em realidade.

11. Para terminar, solte as mãos e coloque-as no nível do coração, com as palmas voltadas para o centro do círculo, para sentir a energia gerada pela sua terna intenção. Colete essa energia em suas mãos e depois envie-a de volta ao seu Coração, colocando suas mãos ali. Ao fazê-lo, sinta o seu anjo envolvendo-o com o seu amor. Agradeça a todos os participantes desse ritual – a vocês mesmos, aos anjos e ao planeta.

Feito o exercício, sente-se com seu grupo e discuta a experiência. Como vocês se sentiram? O que viram? Observe como todas as suas diferentes experiências se entrelaçam formando uma grande peça de tapeçaria. Você talvez tenha recebido informações a respeito de ações específicas a serem adotadas. Numa reunião, diversas pessoas se sentiram convocadas a plantar árvores. Em outro círculo, seus integrantes foram levados a participar de uma organização de reciclagem que existe nas vizinhanças.

Nossa querida amiga LiLi, que leva alegria e encantamento aonde quer que vá, juntou-se a nós para fazer esta visualização curativa num de nossos encontros. LiLi é terapeuta espiritual e ecologista cósmica. Ao ajudar as pessoas a limpar sua mente e suas emoções ela está trabalhando para limpar a Mente Global. Tínhamos pedido a todos que se mostrassem receptivos para quaisquer mensagens que pudessem ser enviadas pelos anjos, considerando a natureza específica do grupo ali reunido. Com sua experiência anterior nos Encontros com Anjos, ela levou caneta e um caderno de notas. Eis o que LiLi recebeu:

270

"Você é parte de um grupo de almas, de um núcleo que irá atrair para si outros que você conhece e que não conhece, alguns que você pode ver e outros que não pode ver. Relaxe dentro deste grupo. Nele não existe tempo, mas apenas acontecimentos e evoluções. Fique em paz, pois estamos com você. Fazemos parte de um mesmo todo. Sorria e ria. Vocês são Ministros da Diversão."

O cartão de visitas de LiLi agora a identifica como Ministra da Diversão da Igreja do Um.

Criando seminários sobre anjos

O Exercício 38 pode ser feito em qualquer grupo. Os participantes não precisam conhecer os seus anjos para se juntarem ao grupo. Você poderia fazê-lo com um grupo de oração, com sua família e amigos. Todavia, existem certos níveis de intercâmbio entre anjos e seres humanos que, para terem eficácia, requerem uma conexão direta. Assim, caso conheça outras pessoas que se abriram para os seus anjos, você talvez queira trabalhar com elas. Pode ser também que você esteja sendo levado a organizar um novo grupo para trabalhar com os anjos.

Todos os exercícios na segunda parte deste livro podem ser adaptados a grupos. Se tiver um sólido relacionamento com o seu anjo companheiro e sentir necessidade de iniciar um novo grupo, peça conselhos e apoio a ele.

Alma e Timothy começaram a promover seminários porque suas comunicações com os anjos revelaram-se muito proveitosas. Eles pediram aos anjos para trazerem qualquer um que pudesse se beneficiar com a experiência. Foram impressos e distribuídos 100 folhetos. No primeiro seminário, promovido em 1985, inscreveram-se 35 pessoas. No início, eles não tinham em mente nenhuma estrutura formal mas, tendo trabalhado com os seus anjos, conheciam efetivamente a importância da Ligação com a Terra e da Libertação. Quando o grupo se reuniu em meditação para iniciar o seminário, eles se abriram para receber orientação de

LNO e de Alegria. Algumas das meditações e processos deste livro tiveram sua origem nesse primeiro encontro.

Andrew já estava ensinando pessoas a trabalhar com os anjos havia alguns anos quando Cathy e Mindy, dois amigos proprietários de uma loja de cristais, pediram-lhe que fizesse ali um seminário sobre anjos. Apesar de ter sentido certa apreensão, ele ficou entusiasmado com a perspectiva. Foram impressos cartazes e apareceram 12 pessoas e muitos anjos. Isto foi em 1988. Desde então, Andrew fez muitos seminários, incluindo uma série voltada para pessoas que estavam enfrentando doenças potencialmente fatais. Uma vez mais, ele descobriu com que facilidade esses homens e mulheres logravam abrir-se para os seus anjos.

Embora as técnicas que utilizávamos fossem diferentes, quando nós três nos reunimos para escrever este livro descobrimos que os princípios que norteavam os nossos trabalhos eram os mesmos. Como poderiam não ser, se tinham a mesma origem?

O seu trabalho vai evoluir de acordo com a sua parceria com os anjos. Invoque-os para pedir orientação e assistência. Você pode compartilhar o que aprendeu neste livro com uma só pessoa ou com um auditório lotado. Com o aconselhamento de seus anjos você pode deixar que sua estrutura surja por si mesma. Você tanto pode gravar os exercícios do Processo da GRAÇA, apresentados no início deste livro, como memorizá-los e conduzir o seu grupo.

Tal como ocorre quando se trata de estabelecer contato com os seus anjos, não existe apenas uma maneira correta de fazer isso: todas as maneiras são corretas. Continue simplesmente a invocar os seus anjos, como nós fizemos.

Esteja consciente de que poderão ocorrer algumas vacilações. Assim como o campo unificado da consciência do grupo leva as pessoas até os anjos de forma mais direta, ela também pode trazer à tona questões pessoais. Às vezes acontece de uma pessoa do grupo magnetizar toda a energia. Se você julgar essa pessoa, será perdida uma oportunidade de libertar todo o grupo. A pessoa que desempenha esse papel (embora involuntariamente) é chamada por nós de "batata quente". Se a negatividade não for reconhecida de maneira compassiva e eliminada por todos, ela passará adiante, como uma batata quente, de uma pessoa para a seguinte.

A negatividade pode surgir em qualquer ponto, na forma de resistência, tédio ou afastamento. Quando ela se manifesta, uma Libertação feita em grupo vai abrir caminho para que o trabalho possa prosseguir.

O trabalho com os arcanjos – e mais além

Já tomamos conhecimentos dos arcanjos no Capítulo 8. Embora existam muitos desses seres superluminosos, nós o apresentamos aos quatro que estão particularmente envolvidos com as questões humanas.

A não ser por um ocasional aparecimento para uma rara pessoa iluminada, os seres angélicos superiores costumam manter-se afastados da experiência humana. Enquanto escrevíamos este livro, Timothy falou com David Spangler, outro fundador da comunidade Findhorn. Spangler trabalhou com os anjos que interagem com o processo evolutivo humano. Isto levou-o a comentar que, embora os anjos encarregados de lidar com pessoas ou com pequenos grupos dêem a impressão de ter atributos humanos e, de fato, assumam a aparência humana de tempos em tempos, os anjos que lidam com grandes grupos poderiam parecer, do nosso ponto de vista, completamente impessoais.

O surgimento no nosso corpo de um novo chakra, o chakra do Timo, nos proporciona pela primeira vez uma ligação energética de pessoa para pessoa. Esta ligação e a gradual evolução da consciência do grupo permite que nos liguemos a esses seres de uma nova maneira. Embora possamos ter sido tão cegos para a presença deles quanto um dia fomos em relação aos vírus e bactérias, quando nos reunimos em grupos geramos energia e consciência suficiente para atrair hostes de arcanjos.

Por que desejamos atraí-los? Estaríamos procurando fugir das nossas responsabilidades? É possível que eles sejam as energias transformadoras pelas quais todos estamos rezando, seres cujos profundos conhecimentos a respeito das transformações planetárias nos permitirão fazer essas mudanças com elegância e graça?

Quando grupos de médicos, por exemplo, se abrem para os arcanjos, eles poderão receber informações sobre cura que irão alterar radicalmente o modo como cuidam da nossa saúde.

Grupos de cientistas que se abrirem para os seus anjos irão receber informações muito mais avançadas do que poderiam esperar obter construindo telescópios ou aceleradores de partículas de 1 bilhão de dólares.

Ambientalistas e ecologistas irão receber novas informações sobre a remoção de resíduos tóxicos e a criação de fontes alternativas de energia.

Políticos que se reunirem em grupos, invocando os anjos, vão receber novas idéias e informações a respeito de como solucionar os principais problemas do nosso tempo.

Quer você esteja lidando com questões familiares ou profissionais, com assuntos da comunidade ou do governo, ao trabalhar com os anjos você passa a operar num nível mais elevado e aprofunda a teia energética que o liga às pessoas com as quais você convive.

As funções dos arcanjos

Embora suas esferas de influência estejam interligadas e se sobreponham, cada arcanjo tem o seu próprio campo de atuação. Embora você os tenha conhecido no Oráculo dos Anjos, aqui nós lhe proporcionamos informações mais detalhadas a respeito de suas funções, de modo que você saberá com quem deve sintonizar-se quando estiver empenhado em diferentes atividades.

Uriel traz à mente energias transformadoras e é a presença superluminosa a ser invocada quando você está lidando com questões científicas, econômicas ou políticas. Isto inclui tópicos como poluição, eliminação de resíduos tóxicos, novas tecnologias, agricultura e produção de alimentos, construção civil, pesquisas médicas, igualdade social, reformas políticas e qualquer coisa que envolva organizações, sistemas, estruturas e todas as questões relacionadas com suas atividades profissionais.

Gabriel é o guardião das emoções, dos relacionamentos e da criatividade. Numa época em que estamos lutando contra abusos de todo tipo, uso de drogas e famílias na qual as minorias sexuais procuram afirmar seu direito de encontrar o amor e de serem amadas, Gabriel é o anjo a ser invocado. Em questões relacionadas com as artes ou com qualquer tipo de criatividade, invoque a terna ajuda de Gabriel.

Rafael é a presença superluminosa no campo da cura. Isso inclui tudo, de cirurgia a herbalismo, da cura pessoal à cura planetária. Se você for um terapeuta, ou precisar de cura, invoque Rafael. O poder dele pode atuar sobre doenças físicas, mentais e emocionais.

Miguel é o guardião da casa dos espíritos e dos sonhos, e é o arcanjo que trabalha em favor da cooperação e da reconciliação. Chegou a hora de aprendermos a viver em paz e harmonia com os outros, de romper as barreiras que separam as nações, os partidos políticos, as seitas religiosas, as famílias e os indivíduos devido a diferenças de opinião, temores e interesses egoístas. Todos nós somos cidadãos da Terra, apesar da nossa diversidade. Miguel é o ser que deve ser invocado quando estivermos envolvidos em qualquer movimento voltado para esse nível de cooperação.

Como encontrar o guardião da nossa unidade expandida

Além dos arcanjos existe um grupo de seres muitas vezes conhecidos como principados ou anjos de integração. Eles são guardiões de sistemas mais amplos, de governos a empresas multinacionais. Eles velam pelos nossos governantes e cuidam para que os governos funcionem harmoniosamente e voltados para o bem do planeta.

Segundo Abigrael, entre os principados que trabalham com o nosso planeta existe um, em particular, que está se aproximando cada vez mais de nós para que possamos trabalhar com ele. Seu nome é Eulária e ele possui o projeto de uma

274

Terra harmoniosa e unificada. À medida que maior número de pessoas se liga a Eulária, estaremos apoiando os direitos de toda a humanidade, a cooperação pacífica entre todos os governos do mundo e o surgimento de ordem mundial sadia e estável, que respeita todo tipo de vida. Por causa disso, uma das funções de Eulária é a de guardião das Nações Unidas, o centro embrionário da cooperação mundial.

Olhando para a situação do mundo atual, você poderia ser levado a pensar que os principados não estão fazendo um bom trabalho. Todavia, você precisa ter em mente que cabe a nós nos abrirmos para os anjos. Somente nós podemos dar a eles acesso ao nosso mundo. Eles não podem trabalhar com os nossos líderes se estes não estiverem ligados a eles. Juntos, porém, em grupos, podemos começar a atrair os anjos para a nossa vida e a criar canais de comunicação para que eles se liguem a nós. De fato, os grupos são especialmente eficazes para promover uma ligação com Eulária, o anjo que preside a nossa emergente unidade global como cidadãos.

O anjo da Terra

É cada vez maior o número de pessoas que estão tomando conhecimento da "Hipótese Gaia", primeiramente formulada por James Lovelock em 1979, em seu livro: *Gaia: A New Look at Life on Earth*. Nesse livro, Lovelock resgata uma idéia na qual os povos indígenas do planeta sempre acreditaram – que o nosso planeta é um ser vivo, uma vasta inteligência auto-reguladora. Tudo o que vive nele e dentro dele é parte do seu ser. Lovelock deu a isso o nome de "Gaia", em homenagem ao nome grego da Deusa Mãe de toda a vida que existe na Terra.

Quanto mais uma pessoa reflete sobre a Hipótese Gaia, mais lógica e óbvia ela parece ser. A Terra é viva. Ela é a mãe de todos nós. E, portanto, assim como temos um anjo da guarda, um anjo companheiro, o mesmo acontece com a Terra.

Como o nosso planeta tem uma miríade de nomes – Terra, Earth e Gaia são apenas alguns deles – o Anjo da Terra também tem muitos nomes, nenhum conhecido mas na iminência de serem descobertos.

Existem muitas ordens de anjos além dos principados. O Anjo da Terra, por exemplo (veja p. 29), é um trono. Todos os planetas têm um guardião dessa ordem porque, em certo sentido, cada mundo é uma "sede" para o Criador, e esses seres angelicais refletem esse fato.

Caso tentasse visualizar o corpo do Anjo da Terra, você poderia descobrir que ele é um enorme cinturão de luzes cobrindo toda a órbita do nosso planeta – uma elipse com 900 milhões de quilômetros de comprimento. A Terra demora um ano para girar em torno do Sol, dentro do corpo desse ser. Quando nos ligamos a esse anjo, sentimos a unidade do tempo e do espaço.

A cura da Terra

Nossa principal tarefa nos dias de hoje é a cura da Terra. Como a Terra certamente sabe como curar a si mesma, precisamos estar aptos a nos sintonizar com a nossa Mãe Gaia e com o Anjo da Terra e descobrir quais ações de cura são apropriadas numa determinada época. Ao fazer isso, você não apenas envia energia de cura para o planeta como também deixa que os anjos e espíritos da natureza saibam que você está pronto para trabalhar em harmonia com todos eles.

Fazer isto também com outros grupos representa um importante passo no sentido da cura do nosso querido planeta. Se você conhece outras pessoas que estão dialogando com os seus anjos, ou se começou você mesmo a organizar grupos para trabalhar com os deles, passe a sentir a energia coletiva do seu grupo aprofundar-se e expandir-se. Quando isso acontecer, você estará pronto para trabalhar com esses avançados seres angelicais.

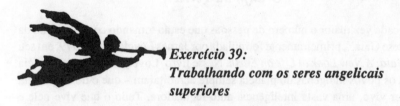

Exercício 39:
Trabalhando com os seres angelicais superiores

Para estabelecer uma clara ligação com esses seres você vai precisar de pelo menos mais duas pessoas para ligar à Terra suas energias individuais, de maneira que você possa comunicar-se mais facilmente com os anjos de hierarquias mais elevadas.

Para fazer este exercício é preciso que os participantes tenham uma clara percepção dos seus chakras e estejam familiarizados com os seus anjos. Você pode fazê-lo de pé ou sentado. Como nas outras vezes, você pode gravar antecipadamente o exercício ou pedir a uma pessoa que o leia.

1. Reúnam-se em seu círculo. Liguem-se à Terra, sintam suas raízes penetrando profundamente nela e os filamentos do topo da cabeça alcançando as estrelas. Sintam todos os seus chakras. Sintam-se entrando num estado receptivo. Agora, abram as asas.
2. Dêem-se as mãos – palma da mão esquerda para cima, palma da mão direita para baixo. Sintam a energia de seus corpos passando de mão em mão e de coração para coração.

3. Respirem juntos, inspirando pelo nariz e expirando pela boca. Um som moderado é produzido cada vez que você expele o ar. Usem esse som para ajudar a sincronizar a respiração do grupo; isto unifica suas energias.

4. Fechem os olhos. Sintam seus anjos companheiros atrás de vocês, com as asas abertas. Saibam que vocês estão seguros e são amados.

5. Soltem as mãos e virem-se para o Leste, invocando a presença do arcanjo Uriel. Sintam a luz de sua presença.

6. Voltando-se para o Sul, invoquem a presença de Gabriel. Sintam o amor da sua presença.

7. Voltando-se para Oeste, invoquem a presença de Rafael. Sintam sua presença curativa.

8. Voltando-se para o Norte, invoquem a presença de Miguel e sintam a sabedoria da sua presença.

9. Agora, dêem-se as mãos novamente e, dentro do círculo, invoquem a presença do principado Eulária, guardião da nova ordem mundial. Sintam todo o círculo sendo envolvido pelo seu abraço suave, dourado e amoroso. Falem com Eulária. Façam-no saber que vocês estão prontos para trabalhar ao lado dele em favor da cura global e da harmonia entre a humanidade e toda a vida da Terra. Agradeçam a Eulária pelo seu amor e por lhe darem a oportunidade de trabalhar com ele.

10. Se vocês sentirem que existem hoje no mundo lugares onde a cura e a luz sejam particularmente necessárias, pensem neles. Gritem seus nomes. Visualizem os anjos da paz trabalhando sob a supervisão de Eulária, cercando esses lugares e levando-lhes compaixão e cura.

11. Agora, chamem pelo Anjo da Terra. Sintam de que maneira o nosso planeta e tudo o que vive sobre ele e dentro dele estão flutuando num enorme corpo elíptico.

12. Deixem-se sentir a harmoniosa fusão de tempo, espaço e ressonância resultante da ligação com o Anjo da Terra. Inspirem tudo isso juntos e juntos expirem essas coisas novamente, produzindo um som suave. Deixem o Anjo da Terra saber que vocês vão continuar em contato com ele.

13. Agradeçam a todos esses anjos por estarem com vocês e, de coração, agradeçam ao Criador por lhes ter dado o milagre da vida, a incrível dádiva de um corpo físico e a chance de viver numa época de grande cura num mundo de enorme beleza.

14. Concentrem-se novamente em sua respiração. Sintam as mãos das pessoas que estão ao lado de vocês. Tornem-se receptivos para sentir as amorosas asas de seus anjos em torno de vocês. Passem para o

centro do círculo para que cada participante possa abraçar cada um dos outros e retenham em seus corpos a energia que vocês trouxeram para si mesmos.

Quanto mais longe vocês forem, maior a necessidade de se ligarem à Terra durante e após o trabalho. Se no seu grupo houver pessoas que se sentem zonzas depois do exercício, faça com que elas fiquem eretas, com as pontas dos pés voltadas para dentro e os joelhos dobrados para fazer a energia descer para os seus corpos, ao mesmo tempo que outros membros do grupo massageiam-lhes os braços, as pernas, as costas e a nuca.

Depois do exercício, compartilhem suas experiências uns com os outros. Os anjos tinham mensagens para alguém do seu grupo? Alguém viu ou sentiu alguma coisa que devia ser comunicada aos outros? A abertura para esses seres permite que façamos um grande trabalho celestial e falarmos sobre aquilo que recebemos ajuda a fixar essa mensagem no mundo.

Agora que você aprendeu a trabalhar com os anjos superiores e em grupos, nós lhe apresentamos o último exercício. Assim como um telescópio perscruta o espaço, você pode usar esta visão do espaço para enxergar adiante no tempo.

Exercício 40:
Uma visão do futuro

Este exercício é uma dádiva de Abigrael, que recomenda que você o grave lentamente, com longas pausas entre um passo e outro. Você pode pôr para tocar essa gravação para o seu grupo de trabalho com os anjos ou para si mesmo, sentado no seu espaço sagrado. É uma boa idéia você e os outros se ligarem à Terra antes do exercício. Mantenham os olhos exteriores fechados e os olhos do coração bem

abertos, para que você possa receber a visão que lhe chega através das palavras de Abigrael.

Sinta essa visão. Toque-a. Tenha a consciência de que você faz parte da criação. Sinta o surgimento potencial de um novo mundo brotando a partir do seu relacionamento com os anjos. Honre o trabalho que você está fazendo para expandir o Plano Divino. Saiba que todos nós somos co-participantes da Criação.

1. Sinta a respiração e os batimentos cardíacos. Ponha as mãos sobre o coração. Sinta a presença do seu anjo bem atrás de você, envolvendo-o com suas asas e enchendo-o de amor divino.

2. Flutue no tempo e no espaço em companhia do seu anjo. Assim como o primeiro homem que pisou na Lua modificou a maneira como vemos o mundo, toda pessoa que se liga aos anjos produz uma mudança ainda maior, para toda a humanidade.

3. Sinta a mudança que você e seus anjos estão provocando. Ouça o som de suas ligações ecoando nos Céus. Tenha a consciência de que vocês dois estão criando um mundo de harmonia e amor.

4. Imagine uma linda maternidade, a sua maternidade. Você está prestes a renascer. As luzes são fracas. O único som que você ouve é a respiração regular de sua mãe e os sussurros de encorajamento de seu pai e dos amigos ali presentes. Enquanto respira, sua mãe sente as asas do seu anjo em torno dela e percebe claramente a sua presença. Nos últimos nove meses ela, seu pai e seus amigos estiveram conhecendo você e seu anjo.

5. Veja-se deslizando para o mundo, para as mãos de um obstetra e para as asas do seu anjo. Sinta esse anjo e também a presença dourada dos anjos do nascimento pairando sobre vocês todos para dar suas bênçãos.

6. O céu está limpo neste dia, o dia do seu nascimento. O ar está puro e, pela primeira vez, a água em que você se lavou também está limpa. Trabalhando com Uriel e com grandes equipes de anjos da tecnologia, a humanidade limpou e curou o planeta.

7. Veja a si mesmo adormecendo no berço pela primeira vez, com a família reunida ao seu redor, num quarto cheio de anjos. Sinta isso e saiba que, ao longo de todo o seu crescimento, eles irão ajudá-lo a aprender coisas sobre o mundo físico, ao mesmo tempo que você mantém o seu relacionamento com os domínios espirituais.

8. Você agora é uma criança, sentada com sua família à mesa do jantar. Em sua casa, cada refeição começa com uma invocação dos anjos e uma prece de agradecimento ao Criador. Neste mundo há muito o que agradecer. Existe abrigo, alimento e trabalho criativo para todos. Não existem guerras. Junto com os anjos, os políticos criaram novas

formas de interação global que respeitam os direitos de todas as pessoas e de todas as partes do planeta. Existe respeito por todas as raças, religiões, idades, opções sexuais e níveis de capacidade física.

9. Observe-se ficando mais velho e mais forte e abrindo-se para a criatividade e para as bênçãos da vida num corpo. Tendo o seu anjo do lado, você se desloca livre e alegremente pelo mundo, com interesse por todo tipo de vida, desde a microscópica até a cósmica.

10. Sabendo que o universo é um lugar seguro, você não tem medo de cometer erros nem de amar. Veja-se tornando-se adulto e explorando sentimentos e relacionamentos com o coração amoroso e desanuviado. Você sabe que o amor é a essência de toda a vida. Os anjos estão presentes em todos os seus relacionamentos.

11. Os seres celestiais estão ao seu lado no trabalho. Você compreende por que nasceu, compreende o que está fazendo aqui e, em harmonia com o planeta, você cuida por cumprir o seu propósito.

12. Existem desafios ao longo de toda a sua vida. Com amor e coragem, porém, você enfrenta cada desafio com entusiasmo e um senso de admiração por todas as coisas. Seus sentidos estão abertos e você os explora com alegria e prazer – na amizade, no amor, no trabalho e na comunidade global.

13. Tendo vivido, amado e cumprido a missão que Deus lhe atribuiu neste mundo, chegou o momento de encerrar a sua vida. Você está cheio de alegria – alegria de haver tocado e provado todas as maravilhas da Terra. Com o seu último fôlego físico, num quarto cheio de amigos, você entra novamente em contato com o seu anjo. Envolto em suas asas, você deixa o seu corpo com o mesmo prazer que sentiu ao nascer.

14. Agora, inspire a alegria que está à sua volta – e expire-a novamente. Deixe que a mente e os sentidos o carreguem para além dos anjos, para além dos arcanjos, dos tronos, para além dos querubins e dos serafins.

15. Conserve essa visão no seu corpo. Você é suficientemente sábio, grande e forte para abarcar tudo isso. Sinta essa visão em todas as células da sua mente e do seu corpo. Sinta-a brilhando em todas as partes do seu ser.

16. Agora, abra novamente os olhos. Veja o mundo através dessa visão e saiba que, ao fazê-lo, você a liga ao seu corpo e a faz real no mundo.

Observe como você se sente ao sair desta meditação. Você se sente sereno? Alegre? Esperançoso? Contente? Esses são os sentimentos que irão nos levar a construir essa nova realidade. Esse futuro pertence a todos nós – aos nossos filhos aos nossos netos e a todas as criaturas vivas do planeta.

Todavia, ainda não chegamos lá. Em meio à agitação da nossa vida cotidiana e às leituras das manchetes dos jornais, é fácil perder de vista essa imagem. Quando isso acontecer, volte e faça novamente a meditação. Depois, conservando-se em silêncio num lugar tranqüilo, abra o caderno de anotações e peça ao seu anjo para mostrar-lhe o que você pode fazer neste exato momento para transformar essa visão em realidade na sua vida.

Continue a pedir regularmente mais sugestões, apoio e informações. Observe como a paz, a confiança e o amor estão se tornando parte do seu dia-a-dia. Em parceria com o seu anjo você está transformando essa visão do futuro em realidade.

Posfácio

A maior parte deste livro foi escrita no gabinete de Alma, vinte e cinco andares acima da cidade de Nova York. Olhando pela janela, podemos ver o Central Park e a silhueta dos prédios de Manhattan, com o Empire State elevando-se acima de todos.

A partir desse ponto elevado, nós observávamos a constante modificação da paisagem da cidade: o tráfego fluindo num padrão notavelmente ordenado; a luz passando do Sol para a Lua; as estações do ano do inverno para a primavera e, depois, do verão para o outono. E enquanto escrevíamos este livro, víamos nós mesmos e nossos relacionamentos também se modificando.

Nós nos perguntávamos de que forma poderíamos resumir as mudanças por que passamos desde que entramos em contato com os nossos guardiães pessoais. Esforçamo-nos durante dias para escrever este Posfácio. Por fim, lembramo-nos de invocar a presença de Abigrael e dos nossos anjos. Você poderia pensar que depois de termos escrito um livro inteiro sobre o assunto, deveríamos ter feito isso antes!

No momento em que nos demos as mãos para invocar nossos anjos, houve uma sensível alteração energética na sala. Embora pudéssemos ter esquecido dos anjos, eles certamente não tinham se esquecido de nós. Sentimos a presença deles como um reordenamento de moléculas no ar, como se estivéssemos vendo um cristal formar-se em torno de nós. Depois de termos ficado alguns minutos sentados em silêncio, a estrutura desta sessão tornou-se clara para nós, como se já tivesse sido escrita e nós simplesmente a estivéssemos lendo.

Anjos e mudanças

Comparando nossas anotações, descobrimos que, embora nós três tivéssemos nos encontrado com os anjos de diferentes maneiras e em circunstâncias diferentes, havia muitos fatores comuns às nossas experiências.

Os Anjos Aparecem em Momentos de Radical Transformação. Cada um de nós conheceu o seu anjo pessoal quando estava sofrendo algum tipo de colapso.

Para Andrew, foi o colapso de sua estrutura de crenças. Embora sua filosofia marxista-budista satisfizesse sua mente, seu coração estava sentindo falta do carinho e da afeição que acompanham os anjos.

Para Timothy, foi um colapso físico – uma Experiência de Quase-Morte – que levou-o a entrar em contato com os domínios angélicos, onde percebeu o quanto valorizava a sua vida.

Para Alma, foi o colapso do seu negócio com o tanque de flutuação que levou-a a abrir-se para os anjos e iniciar uma nova carreira.

Os anjos não produzem transformações radicais na nossa vida. Ao contrário, eles vêm até nós nessas ocasiões para ajudar-nos a nos libertar do medo. Eles vêm para nos ajudar a enxergar enormes e maravilhosas oportunidades.

Os Anjos Aumentam a Nossa Capacidade de Confiar. Antes de conhecer o seu anjo, Andrew trabalhava numa livraria. Ele ficou nesse emprego dois anos a mais do que pretendia porque tinha medo de abrir mão da segurança de receber o seu cheque de pagamento todas as semanas. Vários anos mais tarde, depois de ter conhecido Sargolais, ele resolveu desistir de sua rendosa atividade como massagista para poder escrever em tempo integral. Dessa vez, foram necessários apenas dois dias – e não dois anos – para agir de acordo com a sua decisão. Ele vendeu seu primeiro livro algumas semanas depois disso.

Timothy tinha um persistente desejo de sair de Nova York e morar num ambiente mais simples e natural. Os seus anjos, Alegria e Beleza, encorajaram-no a confiar em seus sentimentos e a seguir o seu coração, muito embora isso significasse renunciar a um tipo de vida que ele levara mais de 12 anos para construir – e separar-se de amigos e pessoas queridas. Agora ele divide o tempo entre os desertos do Novo México e as praias da Austrália, fazendo o que mais gosta: escrever, desenhar e nadar com os golfinhos.

283

Antes de começar a colaborar com seu anjo, houve muitas ocasiões em que Alma recebera intuitivamente informações a respeito de um paciente, mas deixara de compartilhá-las porque se tratava apenas de um "palpite". Desde que começou a trabalhar com LNO, Alma aprendeu não apenas a confiar no seu conhecimento exterior mas também a expressá-lo. Cada vez que fazia isso, o cliente dizia alguma coisa como: "Aha! Então é isso!"

Os Anjos nos Fazem Reviver a Inocência e a Admiração que Sentíamos Quando Éramos Crianças. Quando menino, Timothy era um artista talentoso. Embora depois canalizasse essa habilidade para a arquitetura, sua criatividade acabou tendo de submeter-se às exigências técnicas de sua vocação. Quando encontrou os seus anjos, porém, toda a admiração e prazer que havia conhecido como criança renasceu dentro dele. Os anjos inspiraram-no a voltar a desenhar, e há muitos anos ele está trabalhando numa série de desenhos fantásticos relacionados com lugares sagrados de todo o planeta.

Os Anjos Aprofundam a Nossa Capacidade de Perdoar e de Sentir Compaixão. Uma mulher de que Alma não gostava apareceu num dos seus seminários. Dessa vez, porém, antes que Alma caísse no velho padrão de raiva e ressentimento, ela se viu pensando: "Se J. veio até aqui, deve ser para uma cura." No fim da noite, a mulher foi falar com ela. Alma abraçou-a sem hesitação, sentindo empaticamente o seu profundo desejo de receber a sua aceitação, amor e perdão. Nesse instante, o único sentimento que ela teve por J. foi o do mais puro amor.

Nós três concordamos que a compaixão e a capacidade de perdoar são as maiores dádivas que recebemos de nossos amigos angélicos. Repetidas vezes as barreiras que existem entre nós e os outros se dissolvem e desaparecem quando temos um coração aberto – um estado que os nossos amigos celestiais nos ajudaram a criar.

Viver com os anjos não nos torna uma pessoa diferente. Isso não nos faz melhor nem mais perfeitos; simplesmente permite que sejamos a pessoa que, por dentro, sempre soubemos (ou desejamos) ser. Esse eu interior perdido vive no nosso coração e os anjos nos levam ao próprio âmago do nosso ser.

Algumas pessoas acham que quem vive com os anjos deve ser um tanto excêntrico. Ao contrário, nós três sentimos que passamos a ter uma capacidade de concentração cada vez maior. Antes de conhecer os anjos, nossos atos eram dirigidos por fatores alheios a nós. Éramos governados pelo que as pessoas achavam que devíamos fazer, desde pais e professores até colegas de trabalho e amigos. Agora, sintonizados com os anjos, somos dirigidos a partir de dentro de nosso ser – motivados e inspirados pelas sugestões do nosso Eu superior e atuando em harmonia com todos os tipos de vida.

284

Um manual para a vida

Este livro é uma introdução à arte de conversar com os anjos. O seu próprio caderno de anotações, onde estão os registros de seus diálogos com os anjos, é um texto avançado – um manual para a sua vida. Use-o para acompanhar suas modificações e consolidar os seus avanços. Releia suas anotações e agradeça pelo seu progresso e desenvolvimento.

Observe como você mudou desde a época em que fez a primeira anotação. Como estava sua vida quando você começou? Como ela está agora? Qual era a sua opinião sobre os anjos na época? E agora? Quais são as suas experiências relacionadas com os fatores unificadores discutidos acima? Registre suas observações no caderno de notas.

Ao rever o que você fez ao longo desse período, examinando todas as anotações de uma vez, um quadro mais amplo começa a emergir. Isto permite que você enxergue através dos olhos dos anjos e ver de onde você veio e para onde está indo.

Peça orientação aos seus anjos para a próxima parte da sua jornada, lembrando-se de que os passos do Processo da GRAÇA, além de todos os outros exercícios deste livro, podem ser usados repetidas vezes. Quanto mais você praticar, maior será a sua capacidade de se comunicar com os seus amigos celestes e mais profundas as informações que vai receber. Use na sua vida cotidiana aquilo que você aprendeu e fale sobre isso com as outras pessoas.

O simples fato de você ter um anjo como parceiro não quer dizer que todos os seus problemas vão desaparecer milagrosamente. Isso significa que você vai descobrir opções e alternativas para ajudá-lo a solucionar esses problemas de forma criativa. A ligação com os anjos amplia as nossas capacidades.

Estamos todos criando o futuro

Você abriu este livro para aprender a conversar com os anjos. Ao fazer isso, você também se abriu para uma fonte ilimitada de amor. O poder do amor ilimitado – algumas pessoas chamam a isso de Deus – é o que atualmente está curando o nosso querido planeta.

Nossos anjos nos dizem: o futuro é agora. Cada atitude que tomamos com gratidão e dignidade se insere no padrão que juntos estamos criando para as gerações vindouras. Você e seus anjos são parte de uma crescente força-tarefa espiritual. Você e eles estão trabalhando em conjunto para transformar as mais sublimes visões do futuro em jubilosas manifestações.

Quando conversamos com os nossos anjos e nos ligamos à Divindade que está dentro de nós, nossa consciência pessoal é aumentada e nossa vida e as circunstâncias em que a vivemos tornam-se melhores. Quando conseguimos nos ligar à nossa própria divindade interior, torna-se mais fácil enxergar a divindade que está dentro dos outros. Quando chegar o dia em que pudermos ver Deus uns nos outros, então estaremos no nosso lar.

Quando interagimos com os nossos anjos, a troca de energia cria uma radiação especial dentro de nós. Nas artes, essa energia freqüentemente é representada na forma de um halo. Na nossa vida, ela é uma chama que inflama os nossos sonhos. Ao andar pelo seu mundo, deixe que essa luz interior brilhe intensamente, para que todos a vejam. Afirme a sua radiação. Respeite as suas visões. Saiba que você e todas as pessoas que vê são seres vibrantes e radiantes, ligados uns aos outros por uma luminosa teia de luz que envolve o nosso amado planeta e cujo brilho chega às partes mais remotas do universo.

Leituras adicionais

OS ANJOS E OS DOMÍNIOS ANGELICAIS

Adler, Mortimer J. *The Angels and Us*. Nova York: Macmillan & Co., 1982.

Bittleston, Adam. *Our Spiritual Companions: From Angels and Archangels to Cherubim and Seraphim*. Edimburgo, Escócia: Floris Books, 1980.

Bloom, William. *Devas, Fairies and Angels: A Modern Approach*. Glastonbury, Inglaterra: Gothic Image Publications, 1986.

Burnham, Sophy. *Angel Letters*. Nova York: Ballantine Books, 1991.

_____. *The Book of Angels*. Nova York: Ballantine Books, 1989.

Carey, Ken. *Return of the Bird Tribes*. Kansas City, Missouri: Uni * Sun, 1988. [*O Retorno das Tribos-Pássaro*, Editora Cultrix, São Paulo, 1989.]

Corbin, Henry. *Spiritual Body and Celestial Earth*. Princeton, Nova Jersey: Princeton University Press, 1977.

Davidson, Gustav. *A Dictionary of Angels*. Nova York: Free Press, 1980.

Graham, Billy. *Angels, God's Secret Agents*. Waco, Texas: Word Books, 1986.

Hodson, Geoffrey. *The Brotherhood of Angels and Men*. Wheaton, Illinois: Quest Books, 1927.

Kaplan, Aryeh. *Meditation and Kabbalah*. York Beach, Maine: Samuel Weiser, 1982.

Leadbeater, C. W. *Invisible Helpers*. Wheaton, Illinois: Theosophical Publishing House, 1896.

MacGregor, Geddes. *Angels: Ministers of Grace*. Nova York: Paragon House, 1988.

Maclean, Dorothy. *To Hear the Angels Sing*. Issaquah, Washington: Morningtown Press, 1988.

Mallasz, Gitta. *Talking with Angels*. Einsiedeln, Suíça: Daimon Verlag, 1989.

Moolenburgh, H. C. *A Handbook of Angels*. Essex, Inglaterra: C. D. Daniel Co., 1984.

Newhouse, Flower. *Rediscovering the Angels and Natives of Eternity*. Escondido, Califórnia: The Christward Ministry, 1937. Reimpressão.

Solara. *Invoking Your Celestial Guardians*. Portal, Arizona: Star-Borne Unlimited, 1986.

_____. *The Star-Borne: A Remembrance for the Awakened Ones*. Charlottesville, Virginia: Star-Borne Unlimited, 1989.

Spangler, David. *Revelation: Birth of a New Age*. São Francisco, Califórnia: The Rainbow Bridge, 1976.

_____. *Links with Space*. Marina del Ray, Califórnia: DeVorss & Co., 1978.

Steiner, Rudolf. *The Influence of Spiritual Beings upon Man*. Hudson, Nova York: Anthroposophical Press, 1982.

_____. *The Spiritual Hierarchies*. Hudson, Nova York: Anthroposophical Press, 1983.

Swedenborg, Emanuel. *Divine Love and Wisdom*. Nova York: Swedenborg Foundation, 1982.

_____. *Heaven and Hell*. Nova York: Swedenborg Foundation, 1979.

Taylor, Terry Lynn. *Messengers of Light: The Angel's Guide to Spiritual Growth*. Tiburon, Califórnia: H. J. Kramer, 1990. [*Anjos – Mensageiros da Luz*, Editora Pensamento, São Paulo, 1991.]

Urantia Foundation. *The Urantia Book*. Chicago, Illinois, 1955.

Valentin, Ann & Essene, Virginia. *The Descent of the Dove*. Santa Clara, Califórnia: S.E.E. Publishing Co., 1988.

Ward, Theodora. *Men and Angels*. Nova York: Viking Press, 1969.

Wilson, Peter Lamborn. *Angels*. Nova York: Pantheon Books, 1980.

Wulfing, Sulamith. *Angels Great and Small*. Amsterdã, Holanda: V.O.C., Angel Books, 1981.

Wyllie, Timothy. *Dolphins*Extraterrestrials*Angels: Adventures among Spiritual Intelligences*. Fort Wayne, Indiana: Knoll Publishing, 1984.

AURAS E CHAKRAS

Brennan, Barbara Ann. *Hands of Light, A Guide ot Healing Through the Human Energy Field*. Nova York: Bantam Books, 1988. [*Mãos de Luz – Um Guia para a Cura através do Campo de Energia Humana*, Editora Pensamento, São Paulo, 1990.]

Gregory, Laneta e Treissman, Geoffrey. *Handbook of the Aura*. Norwich, Inglaterra: Pilgrim Book Services, 1985. [*Manual da Aura*, Editora Pensamento, São Paulo, 1993.]

Kunz, Dora van Gelder. *The Personal Aura*. Wheaton, Illinois: Quest Books, 1991. [*A Aura Pessoal*, Editora Pensamento, São Paulo, 1993.]

Leadbeater, C. W. *The Chakras*. Wheaton, Illinois: Quest Books, 1927. [*Os Chakras*, Editora Pensamento, São Paulo.]

Mann, John e Short, Lar. *The Body of Light*. Nova York: Globe Press Books, 1990. [*O Corpo de Luz*, Editora Pensamento, São Paulo, 1992.]

Powell, Arthur E. *The Astral Body*. Wheaton, Illinois: Theosophical Publishing House, 1925. [*O Corpo Astral*, Editora Pensamento, São Paulo, 1983.]

Sharamon, Shalila e Baginski, Bodo J. *The Chakra Handbook*. Wilmont, Wisconsin: Lotus Light Publications, 1991.

SONHOS

Delaney, Gail. *Living Your Dreams: Using Sleep to Solve Problems and Enrich Your Life*. São Francisco, Califórnia: Harper & Row, 1988.

Faraday, Ann. *The Dream Game*. Nova York: Harper Collins, 1976.

Garfield, Patricia. *Creative Dreaming*. Nova York, Ballantine Books, 1985.

Krippner, Stanley, org. *Dreamtime and Dreamwork*. Los Angeles, Califórnia: Jeremy P. Tarcher, 1990. [*Tempo e Estudo dos Sonhos*, Editora Cultrix, São Paulo, 1993.]

Lang, Robert. *Decoding Your Dreams*. Nova York: Ballantine Books, 1988.

Maguire, Jack. *Night and Day: Use the Power of Your Dreams to Transform Your Life*. Nova York: Fireside/Simon & Schuster, 1989.

Reed, Henry. *Getting Help from Your Dreams*. Nova York: Ballantine Books, 1988.

Ullman, Montague e Zimmerman, Nan. *Working with Dreams*. Nova York: Dell Publishing Co., 1980.

RECUPERAÇÃO

_____. *Alcoholics Anonymous*. Nova York: World Services, Inc., 1976.

Black, Claudia. *Double Duty*. Nova York: Ballantine Books, 1990.

_____. *It Will Never Happen to Me*. Nova York: Ballantine Books, 1981.

_____. *Came to Believe (Stories from People in AA)*. Nova York: World Services, Inc., 1973.

Cruse, Sharon Wegscheider. *Another Chance*. Palo Alto, Califórnia: Science & Behavior Books, 1987.

Cunningham, Donna e Ramer, Andrew. *Further Dimensions of Healing Addictions*. San Rafael, Califórnia: Cassandra Press, 1988.

_____. *The Spiritual Dimensions of Healing Addictions*. San Rafael, Califórnia: Cassandra Press, 1988.

Farmer, Steven. *Adult Children of Abusive Parents*. Nova York: Ballantine Books, 1989.

Klass, Joe. *The Twelve Steps to Happiness*. Nova York: Ballantine Books, 1990.

_____. *Living Recovery: Inspirational Moments for 12 Step Living by Men and Women in Recovery*. Nova York: Ballantine Books, 1990.

Schaef, Anne Wilson. *Co-Dependence*. São Francisco, Califórnia: Harper Collins, 1986.

Yoder, Barbara. *The Recovery Resource Book*. Nova York: Fireside, 1990.

Sobre os Autores

Alma Daniel

Alma Daniel faz curas e é psicoterapeuta. Além de dedicar-se a sua clientela particular, ela dá aulas de desenvolvimento espiritual, conduz as reuniões semanais de um grupo de meditação e é a criadora das Viagens Interiores, um programa intensivo de cinco meses para dar maiores poderes às mulheres. Alma é mãe de três filhos já crescidos: Peter, Anthony e Nora. Ela é fundadora e ex-diretora do *Human Potential Counseling Service* e da *Floatation Tank Association*. Terapeuta Reiki no terceiro grau, ela já gravou diversas fitas de meditação e inspiração. Para informações atualizadas sobre suas fitas e seu trabalho, você pode escrever para:

Alma Daniel
c/o Eldorado
300 Central Park West
New York, NY 10024

Andrew Ramer

Andrew Ramer é escritor, pintor e terapeuta. Formado pela Universidade da Califórnia, em Berkeley, onde se graduou em Estudos Religiosos, ele também cursou o Instituto Sueco de Massagens, em Nova York.

Andrew é autor e ilustrador de *little pictures*, *Two Flutes Playing* e *Tools for Peace*. Juntamente com Donna Cunningham, outra escritora da Ballantine, ele escreveu *The Spiritual Dimensions of Healing Addictions* e *Further Dimensions of Healing Addictions*.

Ele ouve os anjos desde a infância, conversa com eles desde 1982 e está ensinando indivíduos e grupos a se comunicarem com eles desde essa época.

Timothy Wyllie

Timothy Wyllie nasceu na Inglaterra durante a Segunda Guerra Mundial e formou-se arquiteto. Trabalhou no Reino Unido e nas Bahamas antes de entrar para uma comunidade religiosa e viajar com ela pela Europa e Estados Unidos. Em 1977 ele deixou a comunidade e montou uma empresa em Nova York. Desde 1981 ele pôde dedicar-se em tempo integral a seu antigo interesse pelas inteligências espirituais. Seu livro *Dolphins*Extraterrestrials*Angels* é largamente recomendado como um clássico nessa área. Atualmente ele divide seu tempo entre a casa, no deserto do Novo México, e as praias da costa leste da Austrália, onde continua suas investigações com golfinhos em estado selvagem. Seu livro mais recente, *Dolphins, Telepathy and Alternate Realities*, deve ser publicado pela Bear & Company em 1993.

Sobre o artista

Yanni Posnakoff é um artista e ilustrador internacionalmente conhecido cuja ambição pessoal é desenhar, esculpir ou pintar um milhão de anjos. Yanni criou anjos em camisetas, vitrais, massa de pão, papel e tela. Durante alguns anos ele foi proprietário da Angel Gallery, um ateliê-loja-museu, em Nova York, que continha exclusivamente livros, obras de arte e músicas relacionadas aos anjos. Yanni ilustrou a edição original do *best-seller "Children's Letters to God"* e sua continuação. Atualmente mora em Atenas, Grécia.

ANJOS
MENSAGEIROS DA LUZ

Guia para o crescimento espiritual

Terry Lynn Taylor

Os anjos, mensageiros da Divina Providência, estão sempre dispostos a ajudá-lo na criação do céu em sua vida; eles são o elo perdido da corrente de auto-ajuda e do processo de autodesenvolvimento e autoconfiança da humanidade.

Anjos, Mensageiros da Luz é um livro cujo propósito é expandir a sua consciência com relação aos anjos; é sobre conhecer e notar o comportamento dos anjos para que você possa incorporar a ajuda angélica na sua vida cotidiana.

Leia este livro como um guia para a descoberta do reino dos Anjos. Descubra maneiras de criar a consciência angélica e de atrair os anjos para a sua vida. Se o fizer, eles irão partilhar com você segredos que lhe ensinarão como driblar os inconvenientes causados pela tensão da vida moderna, pelo envelhecimento e pela gravidade.

EDITORA PENSAMENTO

OS ANJOS
Espíritos Protetores

Penny McLean

"Quando acabei de escrever *Contatos com o Anjo da Guarda* – o primeiro livro da série – eu não tinha a menor idéia do que as minhas reflexões e experiências iriam provocar. Logo após a sua publicação, recebi uma verdadeira enxurrada de cartas repletas de perguntas, pedidos de conselhos e, mesmo, relatando experiências pessoais. Neste novo livro, eu gostaria de fornecer mais informações não constantes do primeiro sobre contatos com seres invisíveis, respondendo, assim, a todas as perguntas que, afinal, são válidas para todos.

"Fiquei especialmente surpresa e feliz com o enorme interesse despertado pela minha comunicação com o mundo espiritual, invisível. Por esse motivo, consultei todas as minhas anotações e documentos sobre o assunto e comecei a trabalhar neste livro apoiada quase que exclusivamente na decisão de não revelar aqui meras experiências sobre contatos com Anjos da Guarda, pois acredito que o aprendizado a ser alcançado pela simples leitura de histórias pode ser substancialmente intensificado quando continuamos o nosso trabalho levando em conta os resultados já obtidos.

"Eu gostaria de deixar bem claro que conduzi o assunto no sentido de proporcionar uma ampliação da consciência e, não, de publicar algo simplesmente espetacular pois, qualquer que seja o tipo de experiência que se faça ou de energia espiritual que se contate, ela será de pouca ajuda se não soubermos como empregá-la ou transformá-la em nosso benefício."

Penny McLean

Penny McLean é a autora de outros títulos, também publicados pela Editora Pensamento: *Contatos com o Anjo da Guarda* e *Nossos Guias Espirituais*.

Leia também: *Anjos - Mensageiros da Luz* de Terry Lynn Taylor e *Meditando com os Anjos* de Sônia Café e N. Innecco.

EDITORA PENSAMENTO

OS ANJOS

GUARDIÃES DA ESPERANÇA

Terry Lynn Taylor

Os Anjos são mestres em tudo o que diz respeito à felicidade e querem o melhor para cada um de nós. Estão sempre dispostos a elevar o nosso espírito e a nos mostrar o lado alegre e divino de nossas experiências. As mensagens dos Anjos são aplausos que buscam nos conscientizar de nossa importância como seres humanos. Eles querem que nos sintamos como os integrantes de uma única e vasta família humana.

Os Anjos Guardiães da Esperança oferece uma ampla seleção de práticas que podem proporcionar-lhe mais alegria, amor, esperança, divertimento e aventura na sua vida diária. Através da compreensão dos princípios da energia desses seres superiores, você poderá aprender a

- comunicar-se com os Anjos através do pensamento e da confiança,
- reforçar o seu pensamento positivo,
- libertar a sua criança interior,
- trabalhar com os Anjos como guardiães de seus passos mais importantes,
- aprender a perdoar a si mesmo e a se desapegar,
- tornar-se um Anjo guerreiro,
- e muito mais.

Você irá amar este livro pela sua praticidade e eficácia. Ao lê-lo e ao aplicar as informações nele contidas, você irá colher as recompensas de uma vida em harmonia com o Reino Angélico e terá muito o que compartilhar com os outros.

* * *

Da mesma autora a Editora Pensamento já publicou *Anjos – Mensageiros da Luz.*

EDITORA PENSAMENTO

Contatos com o ANJO da GUARDA

Penny McLean

Este livro nos ensina a mais elevada arte da comunicação com os Anjos, através dos sonhos, da imaginação e amplia a nossa percepção em relação aos níveis mais elevados da consciência.

A autora, Penny McLean, tem provas concretas da existência desses espíritos protetores e da sua valiosa proteção. Desde a mais tenra infância, ela vem desenvolvendo seus talentos no campo da percepção extra-sensorial e tem passado por experiências reveladoras nesse sentido.

Seu bom humor está presente em toda esta narrativa, através da qual ela nos introduz de forma convincente no mundo dos Anjos da Guarda e dos espíritos protetores. Penny McLean também nos ensina maneiras práticas de comprovar a existência dessas energias que foram colocadas a serviço do homem e afirma que todos temos a capacidade de perceber suas vibrações mais sutis e de lidar com elas de forma criativa.

Penny McLean é a autora de outros títulos, também publicados pela Editora Pensamento: *Os Anjos: Espíritos Protetores* e *Nossos Guias Espirituais*.

Leia também: *Anjos - Mensageiros da Luz* de Terry Lynn Taylor e *Meditando com os Anjos* de Sônia Café e N. Innecco.

EDITORA PENSAMENTO

Outras obras de interesse:

ANJOS – Mensageiros da Luz
Terry Lynn Taylor

OS ANJOS GUARDIÃES DA
ESPERANÇA
Terry Lynn Taylor

OS ANJOS – Espíritos Protetores
Penny McLean

CONTATOS COM O ANJO DA
GUARDA
Penny McLean

NOSSOS GUIAS ESPIRITUAIS
Penny McLean

MEDITANDO COM OS ANJOS
Texto – *Sônia Café* – Ilustrações
– *Neide Innecco*

O CAMINHO DO GUERREIRO
PACÍFICO
Dan Millman

A JORNADA SAGRADA DO
GUERREIRO PACÍFICO
Dan Millman

PONTE DE LUZ – Instruções
Práticas para a Transformação
Espiritual
LaUna Huffines

O HOMEM QUE TOCOU OS
SEGREDOS DO UNIVERSO
Glenn Clark

O RETORNO DAS
TRIBOS-PÁSSARO
Ken Carey

A FRATERNIDADE DE ANJOS E
DE HOMENS
Geoffrey Hodson

A COMUNICAÇÃO COM OS
ANJOS E OS DEVAS
Dorothy Maclean

OS CHAKRAS
C. W. Leadbeater

AUXILIARES INVISÍVEIS
C. W. Leadbeater

MÃOS DE LUZ
Barbara Ann Brennan

MANUAL DA AURA
Laneta Gregory e *Geoffrey
Treissman*

A AURA PESSOAL
Dora van Gelder Kunz

O CORPO DE LUZ
John Mann e *Lar Short*

O CORPO ASTRAL
Arthur E. Powell

DECIFRANDO A LINGUAGEM
DOS SONHOS
Stanley Krippner (org.)

Peça catálogo gratuito à
EDITORA PENSAMENTO
Rua Dr. Mário Vicente, 374 – Fone: 272-1399
04270-000 – São Paulo, SP